Deutscher Verband für
das Skilehrwesen e.V. (Hrsg.)

SKI-LEHRPLAN
BAND 1

BLV

Ski alpin

Die Deutsche Bibliothek –
CIP-Einheitsaufnahme

Skilehrplan / Deutscher Verband für das Skilehrwesen e.V. (Hrsg.). [Autoren des Skilehrplans Erhard Gattermann...]. – München; Wien; Zürich: BLV.
hrsg. vom Deutschen Verband für das Skilehrwesen
NE: Gattermann, Erhard; Deutscher Verband für das Skilehrwesen
Bd. 1. Ski alpin. – 7., völlig neubearb. Ausg., (Neuausg.). – 1993
ISBN 3-405-14292-X

Mitgliedsverbände im Deutschen Verband für das Skilehrwesen e. V.

Arbeitsgemeinschaft Ausbildung im Skilauf an Hochschulen

Bundesministerium für Finanzen – für den Bereich des Zollgrenzdienstes

Bundesministerium der Verteidigung – für den Bereich der Bundeswehr

Deutscher Alpenverein e.V.

Deutscher Skilehrerverband e.V.

Deutscher Skiverband e.V.

Deutscher Sportlehrerverband e.V.

Deutscher Turnerbund e.V.

Deutscher Behindertensportverband e.V.

Deutsches Polizeisportkuratorium

Touristenverein »Die Naturfreunde« Bundesgruppe Deutschland e.V.

Verband deutscher Berg- und Skiführer e.V.

Mitglieder der Kommission für Technik und Methodik – Autoren des Skilehrplans

Erhard Gattermann, Vorsitzender und Fachredaktion

Norbert Barthle
Dr. Ulrich Göhner
Hannsjörg Held
Hans Werner Janda
Wolfgang Wagner

Mitglieder der erweiterten Kommission:

Dr. Peter Brüggemann
Stefan Heigenhauser
Dr. Jochen Mester

BLV Verlagsgesellschaft mbH
München Wien Zürich

80797 München

7., völlig neubearbeitete Auflage (Neuausgabe)

Satz: Setzerei Vornehm GmbH, München
Lithos: Typodata GmbH, München
Druck und Binden: Passavia Passau

Gedruckt auf chlorfrei gebleichtem Papier

Printed in Germany
ISBN 3-405-14292-X

Bildnachweis

Titelbild:
Erhard Gattermann

Fotos:
Helmut Drescher
Erhard Gattermann
Walter Kaiser
Leonhard Lenz
Peter Stückl

Zeichnungen:
Jörg Mair, Odelzhausen

Grafische Entwürfe:
Hans Werner Janda

Umschlaggestaltung:
Zero Grafik & Design, München

Layout:
Peter Fruth, Aschheim

Herstellung:
Friedrich Wilhelm Bonhagen

Inhalt

Vorwort 7
Einführung 8

Teil 1: Grundschule – Grundlegende Ziele 10

Erste Erfahrungen 12
Ausrüstung kennenlernen und erproben 13
Wissenswertes 18
Gleiten und Schußfahren .. 19
Anhalten oder Bremsen 20
Liftfahren 22
Abheben und Springen 23
Wissenswertes 24
Pflugbogenfahren 25
Schrägfahren, Halbpflugfahren und Seitrutschen 26
Erstes längeres Abfahren ... 27

Paralleles Grundschwingen 30
Das Technikleitbild des Parallelen Grundschwingens 31
Skizzenhafte Beschreibung und Begründung 31
Detaillierte Beschreibung und Begründung 32
Hilfreiche Vorstellungen und Empfindungen 35
Methodik des Parallelen Grundschwingens 36
Die Lehrwege im Überblick 36
Auswahl der Lehrwege 36
Auswahl der Aufgabenstellungen 38
Lehrweg: Vom rhythmischen Pflugdrehen zum Parallelen Grundschwingen 38
Wissenswertes 44
Lehrweg: Vom Pflugschwingen zum Parallelen Grundschwingen 46
Wissenswertes 53
Lehrweg: Über das Winkelspringen zum Parallelen Grundschwingen 54
Wissenswertes 57

Erfahrungen erweitern 59
Das Parallele Grundschwingen gezielt verändern 60
Einfache Veränderungsmöglichkeiten 60
Das Verändern des Aufrichtens 60
Das Verändern der Skistellung 62
Das Verändern der Rumpfdrehung 63
Das Variieren der Kurvenlage 64
Arm- und Stockbewegungen verändern 66
Komplexe Veränderungsmöglichkeiten 67
Schwünge miteinander verschmelzen 67
Schwingen mit variablem Kurvenverlauf 68
Schwingen mit variabler Belastung 69
Schwingen mit selbstgewählter Veränderung 70
Zur Lehrweise 71
Wissenswertes 71

Teil 2: Spezialschule – Spezielle Ziele 74

Fahren auf anspruchsvollen Pisten 76
Fahren auf steilen Hängen 77
Fahren in Buckelpisten 80
Fahren an kritischen Stellen 84
Wissenswertes 85

Fahren bei schwierigen Schneeverhältnissen 86
Fahren auf harter, eisiger Piste 87
Fahren in tiefem Firn 88
Fahren in Bruchharsch 92
Wissenswertes 95

Fahren im Tiefschnee 96
Wissenswertes 101

Stangenfahren 102
Das Fahren nach Linien entwickeln 103
Erste gezielte Einschränkungen 103
Nachziehen vorgegebener Fahrlinien 104
Experimentieren mit der eigenen Fahrlinie 105

Die Grundtechniken weiterentwickeln 107
Gleiten 107
Schwingen.................. 110
Springen 115
Wissenswertes............. 118

Gesundheitsbewußtes Fahren 119
Allgemeine Regeln und Empfehlungen.............. 120
Schonendes Parallelschwingen 121
Wie man schonendes Schwingen lernen kann ... 123
Schonendes Fahren in besonderen Situationen ... 123
Wissenswertes............. 124

Ästhetisches Fahren 127
Elegantes Skifahren: Schönskifahren............. 128
Die positiven Empfindungen beim Schwingen: Genußskifahren............ 130

Formen- und variantenreiches Fahren 132
Variieren der Zielsetzungen................... 133
Aufwand und Einsatz beachten.................... 133
Bewegungsrhythmus erkennen und variieren.... 134
Spurpläne erstellen und variieren..................... 136
Haltungs- und Bewegungsmuster von anderen erkennen und erproben ... 136
Variieren der Bewegungsformen....................... 137
Vorhandene Bewegungsmuster erschweren und variieren 137
Schwingen mit Asymmetrien: La-Ola-Schwingen .. 139
Wissenswertes............. 140

Synchron- und Formationsfahren 142
Das Synchronfahren 143
Das Formationsfahren 146
Die Gruppengestaltung ... 149
Wissenswertes............. 150

Vorbereitung auf das Skifahren.................... 152
Vorbereitung auf den Skiwinter 152
Vorbereitung auf den Skitag........................ 152
Aufwärmen 152
Cool down 152
Vorbereitung auf die Abfahrt 153

Sicherheitserziehung im Skiunterricht........... 154
Sicherheitserziehung in der Skilehrerausbildung 154
Sicherheitserziehung im Skiunterricht............. 154
Methodik der Sicherheitserziehung 154

Umwelterziehung im Skiunterricht............... 155
Problembereiche zwischen Skisport und Natur................... 155
Methodik der Umwelterziehung 156

FIS-Verhaltensregeln für Skifahrer............... 157

Vorwort

Ein neuer Skilehrplan

Endlich ist er da, der neue Skilehrplan, mit dem wir ins Jahr 2000 gehen wollen.
Alles ist in Bewegung, Stillstand wäre Rückschritt. Wir entwickeln uns weiter und mit uns unsere Wünsche und Erwartungen.
Daß auch wir Skilehrer die Veränderung im Kundenverhalten registrieren und sofort auf die Erwartung unserer Schüler in unserem Unterrichtskonzept eingehen, ist ein gutes Zeichen.
Schon in der Konzeption der früheren Lehrplanserie stand der Schüler im Mittelpunkt. Unter Schülerorientierung verstand man dabei das Eingehen auf homogene, typische Schülergruppen, wie z. B. Urlauber oder sportliche Jugendliche.
Im neuen Lehrplan sprechen wir den Schüler noch individueller an.

- Wir bieten ihm Unterrichtseinheiten, die auf seine individuellen Wünsche und Ziele abgestimmt sind.
- Wir ermöglichen ihm eine Vielzahl von Bewegungsausführungen, die sich zwar an einem Leitbild orientieren, drillen aber keine normierten Schwungformen.
- Wir unterstützen das Lernen durch selbständiges Erkunden, Erproben und Experimentieren, statt durch starre Übungsreihen.
- Dabei betonen wir die Bedeutung von Rhythmus und Bewegungsharmonie beim Erlernen des Schwingens.

Neben der Darstellung der modernen Technik vom Anfänger bis zum Könner, von der Grundtechnik bis zum Variieren, befaßt sich der Lehrplan auch mit neuen Zielen und Trends, wie z. B. mit Schontechniken, gestaltendem Skifahren, Formationsfahren u. a.
Selbstverständlich werden dabei die neuesten Erkenntnisse über das Bewegungslernen berücksichtigt und das Lernen durch vielfältige bildliche Darstellungen des Bewegungsablaufes unterstützt.
Dies alles ist leicht lesbar in einer einfachen Sprache unter bewußtem Verzicht auf »Verwissenschaftlichung« dargestellt. Dadurch soll der Skilehrplan nicht nur für den Skilehrer, sondern auch für den Skischüler verständlich bleiben und den unmittelbaren Bezug zur Praxis erhalten.
Mit der Abkehr von starren Übungsreihen und pauschalen Vorgaben für den Gruppenunterricht zeichnet dieser Lehrplan einen neuen Weg vor, bei dem der Schüler als Individuum im Mittelpunkt des Unterrichts steht. Grundlage für diese neue Konzeption bildete ein Forschungsprojekt unseres Verbandes mit der Deutschen Sporthochschule Köln und der Universität Tübingen, das beim Interski-Kongreß 1991 in St. Anton vorgestellt wurde. Den Mitarbeitern an diesem Projekt, das unter der Leitung von J. Mester stand, P. Brüggemann, E. Gattermann, U. Göhner, H. Janda, L. Lampe, gebührt unser besonderer Dank. Der deutsche Beitrag fand über unsere Grenzen hinweg große Beachtung.
Mit dem neuen Ski-Lehrplan 1 hat die Kommission für Technik und Methodik nun neue Dimensionen erschlossen. Dieser Kommission und ihrer Kreativität verdankt der Deutsche Verband für das Skilehrwesen letztlich seine nationale und internationale Reputation.
Für ihre unermüdliche Arbeit im Interesse der Weiterentwicklung des Skiunterrichts sei all ihren Mitgliedern an dieser Stelle Dank gesagt.

Dr. Harald Kiedaisch
Präsident
des Deutschen Verbandes
für das Skilehrwesen

Einführung

Der Deutsche Verband für das Skilehrwesen gibt seit langem in jedem Jahrzehnt neue Skilehrpläne heraus. In der Regel hat sich über mehrere Jahre hinweg das Skifahren so stark verändert, daß neue Leitlinien für das Unterrichten in den 12 Mitgliedsverbänden notwendig wurden.
Auch der voraussichtlich letzte Lehrplan in diesem Jahrtausend macht da keine Ausnahme. Seit den letzten, den 81er Lehrplänen, ist deutlicher denn je erkennbar geworden, daß das Skifahren für viele eine einmalige und mehr oder weniger unverzichtbare Bewegungs- und Erlebniswelt erschließt. Der neue Skilehrplan stellt diese Perspektive in den Mittelpunkt seiner Ausführungen.
Bereits bei den »Ersten Erfahrungen« (Kapitel 1) geht es darum, das Spezifische des Skifahrens, das Gleiten und Schußfahren, so intensiv wie möglich erfahrbar zu machen. Von diesen ersten Erfahrungen geht es weiter zur zweiten, zentralen Zielsetzung, zum Schwingen. Drei alternativ einsetzbare Lehrkonzepte zeigen (im zweiten Kapitel) die Möglichkeiten auf, wie man zur grundlegenden Form des Schwingens, zum Parallelen Grundschwingen, kommen kann.
Dieses Parallele Grundschwingen ist in seiner Ausführungsform weitgehend auf die Realität einerseits und auf neuere wissenschaftliche Erkenntnisse andererseits ausgerichtet. Das bedeutet, daß es in einer Form vorgestellt und empfohlen wird, die sehr viele individuelle Bewegungsspielräume zuläßt. Die Eigenarten eines jeden Skifahrers sollen und müssen, wenn sie seinem technischen Fortkommen nicht im Wege stehen, geduldet werden.
Bis zum Lehren und Lernen des Parallelen Grundschwingens ist der Lehrplan konsequent an dem zentralen Ziel des Schwingens ausgerichtet. Danach ändert sich diese Vorgehensweise: Nun werden nicht mehr wie in früheren Zeiten einzelne Schwungtechniken und Schwungvarianten in ihrer mehr oder weniger ausgeprägten Fein- und Feinstform als neue Ziele vorgegeben. Es geht jetzt vielmehr darum, den Skifahrer auf eine farbige Palette, auf ein breites Spektrum von unterschiedlichen, speziellen Zielsetzungen vorzubereiten. Hierzu dienen die im dritten Kapitel beschriebenen Überlegungen zur Erfahrungserweiterung.
Dabei geht es vorrangig um das Anwenden- und Ausnutzen-Lernen von mehr oder weniger großen Varianten des Parallelen Grundschwingens. Dieses Schwingen wird also nicht mehr bis zu einer Feinstform weitergeschult, sondern es werden die Möglichkeiten der Veränderung und Erweiterung angegangen, soweit sie in unterschiedlichen Situationen brauchbar sind.
Vollkommen neu ist nun, daß der Skilehrplan danach eine »horizontal gegliederte« Erfahrungs- und Lernwelt aufbereitet. Gleichberechtigt nebeneinander – und keineswegs übereinander – werden acht spezielle Zielsetzungen behandelt:
das Fahren auf anspruchsvollen Pisten,
das Fahren bei schwierigen Schneeverhältnissen,
das Tiefschneefahren,
das Stangenfahren,
das gesundheitsbewußte Fahren,
das ästhetische Fahren,
das formen- und variantenreiche Fahren und
das Synchron- und Formationsfahren.
Bei einem Teil dieser speziellen Zielsetzungen werden bekannte und bewährte Traditionen aufgegriffen und über den aktuellen Stand hinaus fortgeschrieben. Andere Zielsetzungen sind neu. Sie sind in den Lehrplan aufgenommen worden, weil durch sie sehr viel deutlicher als bisher das spielerische und kommunikative Element des Skifahrens zum Tragen kommen und dann auch gefördert werden kann. Das Skifahren der nächsten Jahre soll das gemeinschaftliche Tun stärker herausheben. In und mit der Gruppe kann es bislang noch viel zu wenig beachtete soziale Erlebnisse vermitteln. In einer Zeit, in der die Bewegungs- und Begegnungswelten immer enger und Individualisierungen immer begehrter werden, müssen die Möglichkeiten für gemeinsames Tun stärker kultiviert werden, und dies – wie schon angeführt – bei weitgehender Tolerierung persönlicher Eigenarten.
Am Schluß des Lehrplans stehen Hinweise zur Sicherheits- und Umwelterziehung im Skiunterricht. Dies ist nicht der Beleg dafür, daß das Unwichtigste an das Ende gesetzt wurde, und es ist nicht als Alibi zu verstehen, daß man am Ende der Praxis doch noch schnell darauf eingeht. Beide Themen sind so wichtig, daß sie ausführlich mit Unterrichtsbeispielen im Band IV behandelt werden. Dennoch soll mit der Aufnahme in diesen Praxisband, in dem immer wieder Hinweise vor allem zur Sicherheit zu finden sind, die Bedeutung hervorgehoben werden.

Kommission
für Technik und Methodik

Erhard Gattermann,
Vorsitzender
Norbert Barthle
Ulrich Göhner
Hannsjörg Held
Hans-Werner Janda
Wolfgang Wagner

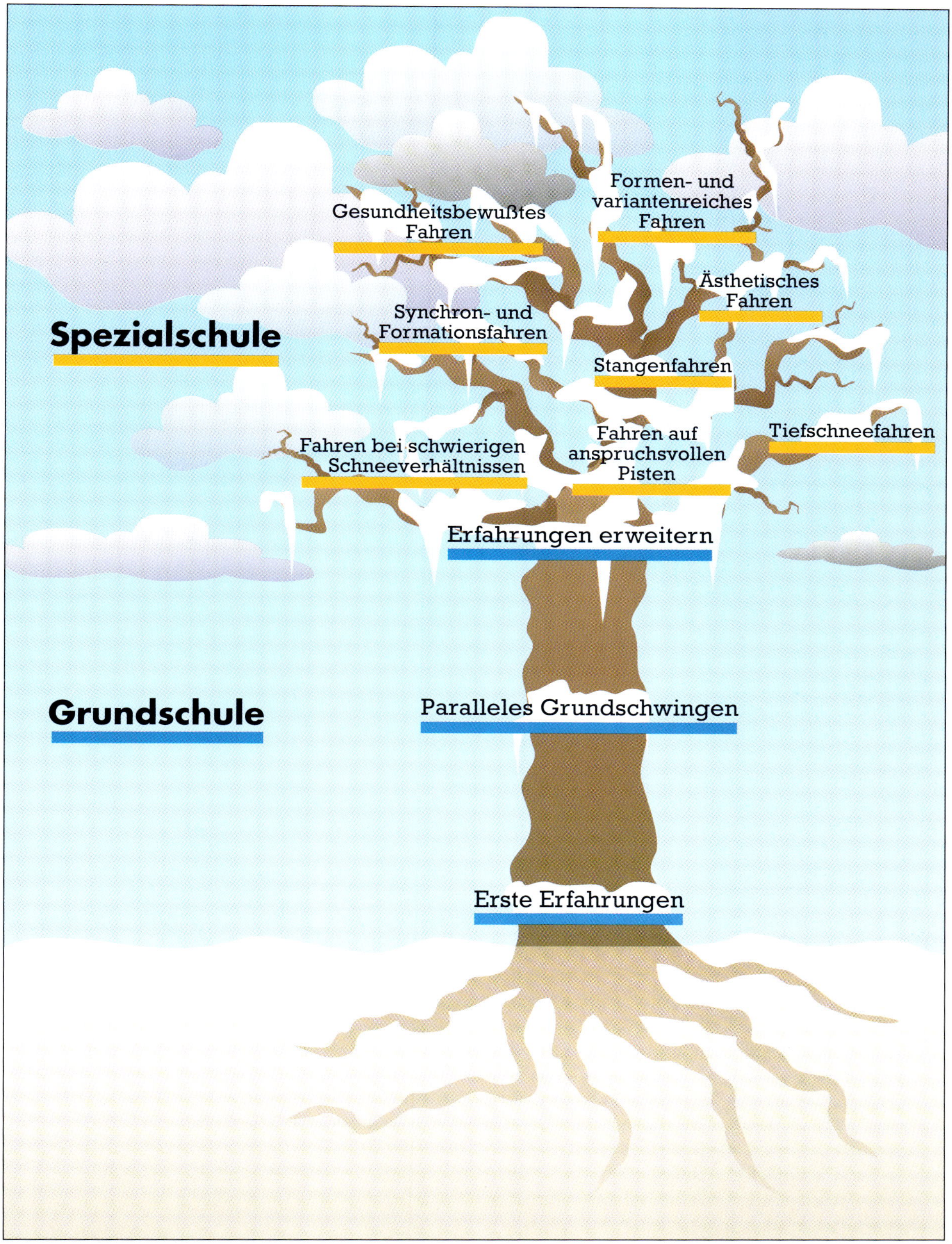

Formen- und variantenreiches Fahren
Gesundheitsbewußtes Fahren
Ästhetisches Fahren
Synchron- und Formationsfahren
Spezialschule
Stangenfahren
Fahren bei schwierigen Schneeverhältnissen
Fahren auf anspruchsvollen Pisten
Tiefschneefahren
Erfahrungen erweitern
Grundschule
Paralleles Grundschwingen
Erste Erfahrungen

Teil 1: Grundschule – Grundlegende Ziele

Erste Erfahrungen

Ausrüstung kennenlernen und erproben

Beim Skisport ist die Ausrüstung – wie bei vielen anderen Sportarten – eine zentrale Größe: wer diesen schönen Sport betreiben will, muß erst seine »Geräte« kennenlernen. Zum Ski, zur Skibindung oder zu den Skistöcken hat niemand von Natur aus schon Beziehungen. Alle müssen erst Erfahrungen sammeln. Die ersten Seiten des Skilehrplans werden helfen, daß man die richtigen Erfahrungen machen kann.

Ski an- und abschnallen

Wer einen uralten Ski anschaut, der sieht sofort, wie damals das »Anschnallen« funktioniert hat. Seitdem hat sich vieles verändert. Es sind Bindungssysteme entwickelt worden, die den Ski einerseits bestens mit Schuh und Bein verbinden, ihn andererseits zugleich aber auch zum passenden Zeitpunkt problemlos wieder freigeben. Wer sich heute einer Skibindung anvertraut, muß lernen, wie man mit ihr umgeht.

Altes Bindungssystem

So geht das Anschnallen:

- **Schuhspitze in den Vorderbacken einführen**
- **Schuh gerade ausrichten und Ferse runterdrücken.**

Einfacher kann es kaum gehen. Was die Bindungstechnologie heute zur Verfügung stellt, ist fast ein Wunderwerk. Drei kleine Vorgänge sind auszuführen, und schon ist man mit den Ski bestens verbunden.

Ski anschnallen

Und so geht das Abschnallen:

- **Das Körpergewicht auf einen Ski verlagern,**
- **mit der Spitze des Skistocks auf den Ausstiegshebel des Fersenautomaten des unbelasteten Ski drücken,**
- **Ferse anheben und aussteigen.**

Ski abschnallen

So einfach, wie sich die Beschreibung des An- und Abschnallens anhört, ist es allerdings nur, wenn folgende Punkte beachtet werden:

- Die Ski sollten zum Einsteigen immer auf planen, möglichst festen und waagrechten Untergrund gebracht werden; der Druck zum »Step in« fehlt sonst.
- Bindung und Schuhsohle müssen schneefrei sein.
- Am Hang steigt man leichter zunächst in den unteren, den Talski, und danach in den oberen, den Bergski, ein.
- Bei belebtem Skibetrieb nutzt man den Rand der Skipiste zum An- und Abschnallen.
- Manchmal muß man anderen beim An- und Abschnallen helfen. Da ist es gut, wenn man sich vorher schon einmal andere Bindungssysteme im Sportgeschäft hat erklären lassen.

Sowie der Ski mit dem Schuh fest verbunden ist, ist man ein anderer Mensch. Die langen Ski und die schwerfälligen Schuhe diktieren, was man noch machen kann. Erste Gewöhnungsübungen werden notwendig.

Bewegen am Ort

Vom Alltag ist man gewohnt, die Beine stets so einzusetzen, wie man sie gerade braucht: wenn man sich nach vorne, zur Seite oder nach hinten bewegen will, wenn man sich umdrehen will, wenn man beim Gehen anhalten oder auf eine kleine Erhöhung steigen will, reflektiert man nicht mehr, was die Beine hierbei zu machen haben. Alles funktioniert im Unterbewußtsein. Genau dies ist mit dem Ski am Bein nicht mehr so; nichts scheint mehr so zu gehen, wie man das gewohnt ist.
Das ändert sich aber schnell, wenn man sich mit dem Ski auf vielfältigste Weise zu bewegen versucht. Am besten ist es, vor Ort, im Stand erst einmal auszuprobieren, welche Bewegung mit der neuen Ausrüstung leicht, welche nur schwerfällig geht (und welche man tunlichst vermeiden soll).

Dazu bieten sich folgende Bewegungen an:

- ❑ *Ski wechselweise anheben und absetzen.*
- ❑ *Einen Ski anheben, drehen, wieder zurückdrehen usw. und absetzen.*
- ❑ *Ski vorne anheben, hinten anheben.*
- ❑ *Einen Ski vor- und zurückschieben, beide wechselweise vor- und zurückschieben.*
- ❑ *Beide Ski gleichzeitig mit*

einem Körperschwung vorschieben.

- ❑ *Auf den Ski stehend den Körper vorsichtig nach vorne legen, also Vorlage einnehmen.*
- ❑ *Auf den Ski stehend den Körper vorsichtig nach hinten legen, also Rücklage einnehmen.*
- ❑ *Immer tiefer in die Hocke gehen. Besonders Bewegliche versuchen, bis zum Sitzen auf den Ski abzuhocken.*
- ❑ *Sich neben dem Ski seitlich in den Schnee setzen und wieder aufstehen (möglichst mit Stockhilfe).*

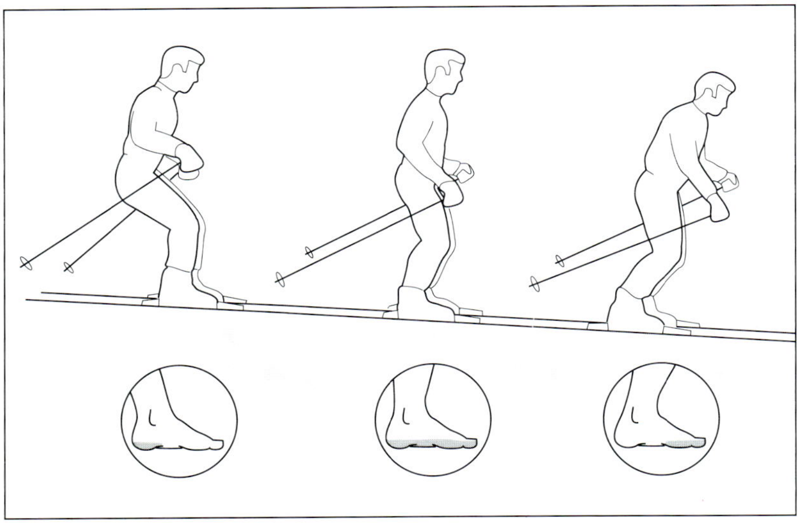

Rücklage, Mittelage, Vorlage

- ❑ *Im Wechsel nur den Körper, nicht die Ski mal nach vorne und mal nach hinten bewegen.*
- ❑ *Das Gewicht wechselweise auf den rechten und linken Ski verlagern.*
- ❑ *Das Gewicht so weit auf eine Seite verlagern, bis man umzufallen droht... dann aber das Fallen mit dem anderen Bein oder mit einem Sprung auf dem belasteten Bein noch rechtzeitig abfangen.*
- ❑ *Schlußspringen (also beidbeiniges gleichzeitiges Springen) am Ort.*
- ❑ *Schlußspringen seitwärts.*
- ❑ *Schlußspringen in einen etwas breiteren Stand und wieder zurückspringen.*
- ❑ *Schlußspringen mit kleinen Drehungen.*
- ❑ *Im Wechsel aus schmaler in breite Skistellung springen.*

Das (aller)erste Gleiten und erstes Fortbewegen

Unmittelbar nach den verschiedenen Standübungen mit der neuen Ausrüstung muß dem Drang zur Fortbewegung nachgegeben werden. Dabei ist die Erfahrung der Gerätbesonderheit in den Vordergrund zu stellen: Der Ski ist in erster Linie ein Gleitgerät und daher sollte man sich sofort dem Gleiten widmen (er ist nur für unabänderliche Fälle auch zum Gehen zu benutzen). Über schieben, sich schieben oder ziehen lassen kann man erste Gleiterfahrungen machen.

Als Aufgaben bieten sich in ebenem Gelände an:

- ❑ *Durch Arm- und Körperschwung sich wiederholt in kurzes Gleiten versetzen.*

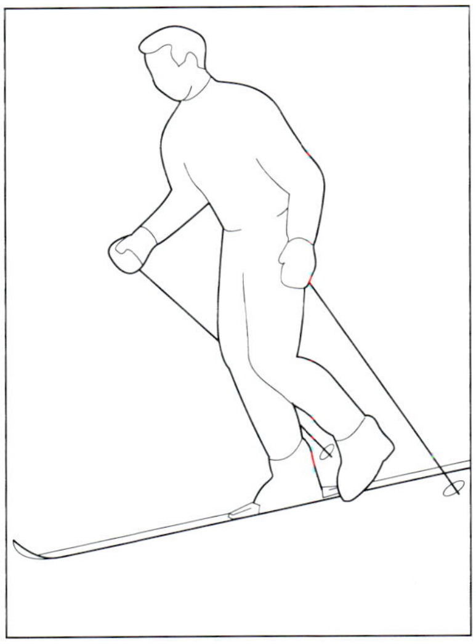

Rollern

- ❑ *Durch (zwei) kleine Schrittbewegungen sich wiederholt in kurzes Gleiten versetzen.*
- ❑ *Sich von Partnern schieben lassen.*
- ❑ *Sich von Partnern ziehen lassen.*
- ❑ *Rollern, also nur einen Ski anschnallen und sich mit dem skilosen Bein zu mehr oder weniger langem Gleiten auf dem Ski abstoßen.*

Die Bewegungsfähigkeit mit der neuen Ausrüstung kann verbes-

Von unten durch die Schlaufe

Stockgriff umfassen

sert werden, wenn nun auch die Stöcke benutzt werden. Sie sollten allerdings richtig in die Hand genommen werden:

- **Hände von unten durch die Stockschlaufe führen**
- **Stockgriff (zusammen mit den beiden Anfangsstücken der Stockschlaufe) umfassen.**

(Diese Halteart bewirkt, daß der Stock auch bei unfreiwilligem Öffnen des Griffs noch am Handgelenk hängen bleibt.)

Aufgaben zum Gleiten in der Ebene mit Stockhilfe:

- ❑ *Durch gleichzeitigen Einsatz beider Stöcke, also durch Doppelstockschub sich ins Gleiten versetzen.*

Doppelstockschub

- ❑ *Den Stockschub variieren: mal kurze und schnelle, mal kräftige und lange Stockschübe ausführen.*
- ❑ *Wechselweise mal mit dem linken, mal mit dem rechten Stock schieben.*
- ❑ *Im Wettbewerb mit anderen mit drei (fünf...) Stockschüben so weit wie möglich gleiten können.*
- ❑ *So schnell wie möglich schieben*

Wenden, Gehen, Steigen

Am schönsten wäre es, wenn man ohne Ende – durch eigenen oder fremden Schub erzeugt – gleiten könnte. Doch alle schönen Erlebnisse gehen einmal zu Ende; auch das Gleiten. Man muß zur Ausgangsstelle zurück oder einen anderen passenden Ort suchen. Ganz einfach geht das durch Abschnallen und Tragen der Ski. Die Ski werden mit der Lauffläche aneinandergebracht, wenn möglich mit einem Band zusammengeklammert und – mit den Spitzen nach vorne unten geneigt – auf den Schultern mit der Bindung hinter den Schultern getragen. Beide Stöcke werden auf der anderen Körperseite getragen. (Vorsicht bei schnellen Körperdrehungen, die überstehenden Skienden haben schon manchen »Treffer« bei Mitgehenden gelandet!) Das Abschnallen und zu Fuß gehen lohnt aber nicht immer. Gehen, Steigen und Wenden kann man durchaus auch mit dem Ski am Bein. Es will allerdings gelernt sein. Folgende Techniken sind dabei nützlich und besonders hilfreich:

Auf der Schulter

Vor dem Körper

Wenden durch Umtreten um die Skienden:

- **In der parallelen Skistellung beginnend einen Ski ausscheren (die Skispitze also wegdrehen und dabei das Skiende am Ort lassen),**
- **Ski absetzen, auf ihn umsteigen und anderen Ski nachholen.**
- **Danach wieder den ersten Ski ausscheren, absetzen, auf ihn umsteigen usw.**

Für besonders Bewegliche gibt es noch eine zweite Möglichkeit des Wendens.

Wenden mit Spitzkehre:

- **In paralleler Skistellung beginnen.**
- **Oberkörper (bis zur Hälfte) in die gewünschte Richtung drehen und dabei die Stöcke links und rechts hin-**

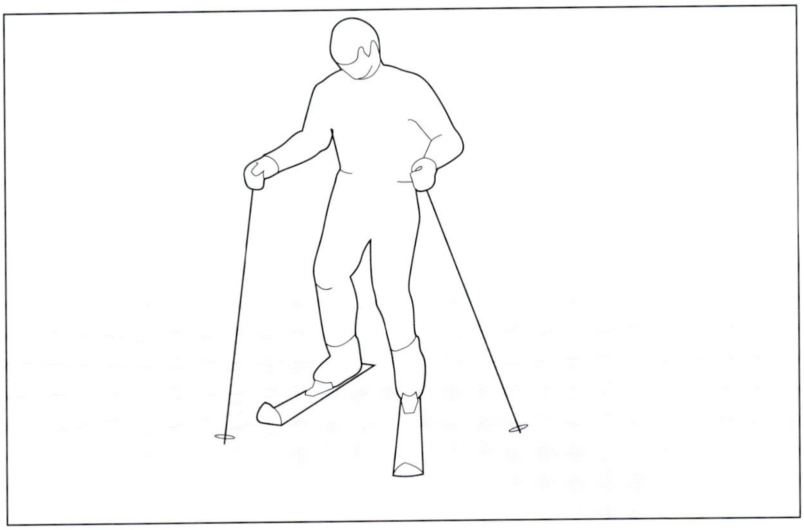

Umtreten um die Skienden

ter beiden Ski einsetzen. Das Gewicht auf den hinteren Ski verlagern,

- den vorderen (jetzt entlasteten) Ski mit der Skispitze voran anheben, um 180 Grad in die gewünschte Richtung drehen und parallel zum belasteten Ski wieder aufsetzen.
- Das Körpergewicht nun vorsichtig auf den gedrehten Ski verlagern, die Stöcke nacheinander vom Boden lösen und
- den noch nicht gedrehten Ski zugleich mit dem entsprechenden Stock nachholen.

Die Wendetechnik der Spitzkehre erlaubt sehr schwungvolle Drehungen, vor allem auch an Hangstellen, an denen das Umtreten um die Skienden nicht mehr geht. Sie ist aber nicht ungefährlich, weil man in der Zwischenstellung, in der man die Beine ziemlich verdreht positionieren muß, nicht stürzen darf. Ehe sie an schwierigen Orten ausgeführt wird, muß man sie daher in günstigen Situationen, also auf ebenem oder nur leicht geneigtem Gelände mit guten Standbedingungen immer wieder fleißig üben und auch dort einsetzen, wo sie nicht unbedingt nötig ist.

Gehen:
Der Ablauf ähnelt dem normalen Gehen. Die Beine bzw. Ski werden jedoch beim Vorbringen kaum bzw. gar nicht angehoben, und wenn das Bein bzw. der Ski nach vorne gebracht worden ist, dann kann sich auch eine kurze Gleitphase anschließen. Die Arme bewegen sich ebenfalls wie beim normalen Gehen gegengleich; der (manchmal beobachtete) Paßgang, bei dem der rechte/linke Arm zusammen mit dem rechten/linken Bein nach vorne gebracht wird, muß vermieden werden. Sehr hilfreich beim Gehen mit Ski ist die Stockbenutzung. Mit ihr kann man zum einen die Balance halten, zum zweiten das Rückrutschen der Ski auf ansteigendem Gelände verhindern und zum dritten auch noch eine Schubhilfe nutzen. Der Armbewegung entsprechend wird der linke Stock eingesetzt, wenn das rechte Bein nach vorne bewegt wird und umgekehrt.

Wegen der starren Verbindung zum Ski kann der alpine Skisportler keine großen Schritte machen. Wer dagegen einen Langlaufski oder einen Tourenski hat, der nutze seine Bewegungsfreiheit, um größere Schritte auszuführen.

Spitzkehre

Gehen

Schlittschuhschritte

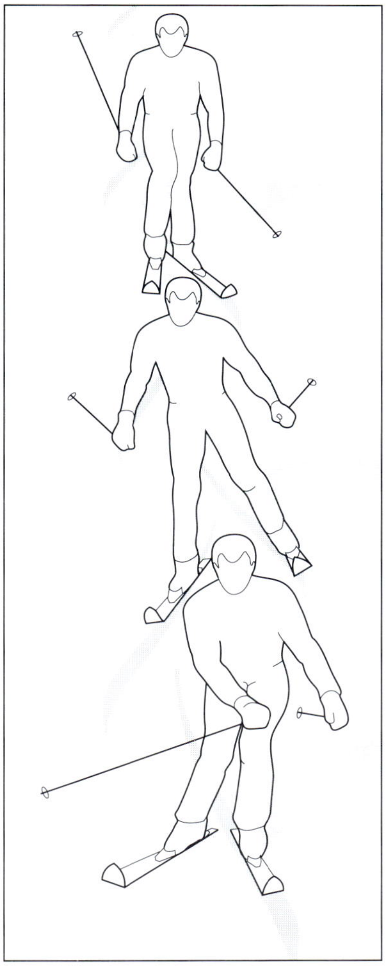

Besonders effektiv, weil antriebswirksam ist die Gehart, die vom Eislaufen kommt, das Gehen mit Schlittschuhschritten.

Gehen mit Schlittschuhschritten:

- Dem Eislaufen (oder Rollern) entsprechend von einem seitlich auswärts gerichteten Ski zum Gleiten auf dem anderen, ebenfalls leicht auswärts gescherten Ski abstoßen.
- Abstoßbein und Ski heranholen und nicht parallel, sondern leicht auswärts geschert aufsetzen.
- Abstoßen vom bisherigen Gleitski und Gleiten auf dem vorherigen Abstoßski usw.

Die Stöcke werden anfangs nicht benutzt.

Steigen kann man mit dem Ski allerdings nicht mehr wie gewohnt. Man muß umlernen und eigene Schritt-Techniken erlernen. (Einen Hang direkt mit dem Ski am Bein hochgehen geht zwar, aber nur dann, wenn der Hang flach ist und man viel Kraft mit den Armen aufwendet, um das Zurückrutschen der Ski zu verhindern.)

Steigen mit Treppen- oder Halbtreppenschritten:

- Die Ski quer zum Hang aufstellen.
- Den Bergski einen Schritt seitlich aufwärts **(Treppenschritt)** oder seitlich voraufwärts **(Halbtreppenschritt)** setzen und auf ihn umsteigen,
- den Talski nachführen und unterhalb des Bergski absetzen.
- Talski belasten und wieder den Bergski seitlich (vorwärts) aufwärts setzen usw.

Wer schneller oben sein will, der kann auch den Grätenschritt einsetzen.

Treppenschritte

Steigen durch Grätenschritt:

- Direkt den Berg Schritt für Schritt hochgehen, jedoch mit links und rechts ausgescherter Skistellung.
- Stöcke hinter dem Körper stützend einsetzen.

Grätenschritte

Wissenswertes für Skischüler

Die ersten Erfahrungen mit dem neuen Sportgerät Ski und seinem Zubehör sind von grundlegender Bedeutung. Wer mit dem alpinen Skilauf beginnt, muß zunächst akzeptieren, daß beengende, beklemmende und »gewichtige« Materialien das bislang bekannte natürliche Bewegen bestimmen. Da heißt es Geduld haben und nicht verzweifeln; jeder hat so angefangen. Die Zeit vergeht aber schnell, bis man das Gefühl bekommt, daß das zunächst Beklemmende und Schwerfällige große Vorteile beim Bewegen im Schnee bringt. Eine wichtige Bedingung ist allerdings zu beachten: Man muß die Materialien innerlich akzeptieren. Man darf sich nicht stören lassen von dem, was nicht mehr oder noch nicht geht. Man muß sich vielmehr über all das freuen, was doch geht.
Wie gelingt das? Nun, einerseits stellen die Skilehrer viele Bewegungsaufgaben, die – der Reihe nach gelöst – einen Stück für Stück weiterbringen. Andererseits muß man aber auch als Skischüler immer wieder sich selbst herausfordern, indem man z. B. zwei- oder dreimal mehr als vom Lehrer vorgeschlagen die Bewegungsaufgabe probiert oder indem man während und nach jedem Versuch feststellt, was besser geworden ist, oder indem man unmittelbar vor der nächsten Aufgabe sich kurz konzentriert und vielleicht sogar vorsagt, was man der Reihe nach machen will. Sehr oft hilft das Gespräch, der Meinungsaustauch mit den anderen Schülern, die ja durchaus auch Erfahrungen machen und die für die eine oder andere Aufgabe schon passende Lösungsmuster gefunden haben.

Wissenswertes für Skilehrer

Für den Skilehrer ist es sicherlich schwierig, sich in etwas hineinzuversetzen, was man selbst gar nicht mehr empfinden kann. Alles, was der Skischüler bei seinen ersten Versuchen zu machen hat, funktioniert bei einem selbst vollständig unbewußt. Verstehen kann man daher nicht, was einem da Probleme machen kann.
Und doch muß man sich in den Lernenden einzudenken versuchen. Alles kann ihm Schwierigkeiten machen, und so muß man zurückhaltend sein mit Äußerungen wie »das ist doch ganz einfach«, »das kann doch sogar meine Oma«, »stell Dich nicht so ungeschickt an« oder »mache es doch einfach so, wie ich es vormache«.
Wichtig ist es, den Lernenden Zeit auch für die scheinbar einfachsten Vorgänge zu lassen. Sie müssen ganz einfach immer wieder probieren können. Dazu muß man Bedingungen schaffen (Aufgaben stellen, Anregungen geben, die richtige Geländewahl treffen), die die Skischüler nicht merken lassen, daß sie immer wieder Gelegenheit bekommen, ein- und dasselbe Problem zu lösen. Man kann und muß die verschiedensten Hilfen anbieten, sollte sich vor allem auch viele spielerische Formen ausdenken. Letztlich muß aber der Skischüler »selbst dahinter« kommen. Er muß – bewußt oder unbewußt – seine Mittel finden, die gestellten Probleme zu lösen.
Besonders wichtig ist es, in dieser ersten Phase die Lösungen der Skischüler auch dann zu akzeptieren, wenn sie (noch) nicht den idealen Lehrervorstellungen entsprechen. Der Schüler ist stolz (und kann das auch sein), daß er das gestellte Problem zunächst überhaupt einmal gelöst hat. Da stört es, wenn man ihm gleich »eins draufgibt«, weil er etwas nicht so gemacht hat, wie man es gerne als Lehrer gehabt hätte.
Es ist keine Frage, daß in dieser ersten Erfahrungsphase der Lehrer sich mit Vormachen zurückhalten sollte. Es ist ganz wichtig, daß der Lernende selbst auf seine Lösungen kommt.
Dagegen sollte man den Schülern schon bald die Begriffe der Skifachsprache anbieten (Bergski, Talski usw.) Mißverständnisse lassen sich so am besten vermeiden.

Wissenswertes für Skischulen

In aller Regel kommt der Skischüler mit bereits eingekaufter Ware. Und normalerweise ist er auch mit dem zufrieden, was er bei sich hat. Trotzdem können Nachfragen bezüglich des Materials kommen und Empfehlungen sinnvoll sein. Eine Skischule sollte darauf vorbereitet und eingerichtet sein. Was ist diesbezüglich möglich und sinnvoll ohne dem Fachhandel, den örtlichen Sportgeschäften usw. in die Quere zu kommen?
Skischulen sollen Informationsbörse sein. Sie müssen so neutral wie möglich, aber höchst informativ ihren Skischülern Möglichkeiten anbieten, sich über die materiellen Gegebenheiten ein Urteil bilden zu können. Es kommen in Frage:
- Teststunden am Spätnachmittag,
- Diavorträge am Abend,
- »Besichtigungen« eines kleinen Skischulmuseums usw.

Die mittlere Position und weitere Körperstellungen und Lagen

Gleiten und Schußfahren

Ski, Skibindung, Schuhe und Stöcke sind nach den ersten Aktivitäten schon nicht mehr nur Fremdkörper. Daß man mit ihnen nicht besonders gut gehen und steigen, aber sehr gut gleiten kann, hat man schon erfahren. Das »richtige« Gleiten kommt aber erst mit dem **Schußfahren.**
Ein passender, also möglichst gleichmäßiger, nicht zu steiler Hang mit gutem Auslauf oder gar mit Gegenhügel, die richtige Stellung auf dem Ski und ein bißchen Mut sind die besten Voraussetzungen.

So soll man beim Schußfahren auf dem Ski stehen:

- Fuß-, Knie- und Hüftgelenke und auch die Wirbelsäule leicht beugen.
- Die Fußsohlen ganz belasten, also nicht nur auf den Fußballen oder auf den Fersen stehen.
- Die Ski hand- bis hüftbreit führen.
- Die Stöcke mit leicht angewinkelten Armen so tragen, daß die Spitzen hinter dem Körper sind.
- In Fahrtrichtung und nicht auf die Ski schauen.

Man fährt also in **mittlerer Position**, d. h., man ist bezüglich der **Körperstellung** nicht zu tief in der Hocke und auch nicht zu hoch in aufrechtem Stand und bezüglich der **Körperlage** nicht zu weit nach vorne und ebenso nicht zu weit nach hinten gebeugt. Diese mittlere Position erlaubt am besten, eventuell notwendige Ausgleichsbewegungen nach unten oder oben und nach vorne oder hinten auszuführen.
Um zu erfolgreichem Schußfahren zu kommen, suche man zuerst das richtige Gelände. Ideal ist ein Hangstück, das eine ebene Startfläche hat und dann in ein kurzes und nicht zu steiles Abfahrtsstück übergeht, ehe es mit einer Ebene oder einem flachen Gegenhang endet. Dort lassen sich dann folgende Aufgaben angehen:

- ❑ *Im Stand (zunächst auf ebener Fläche) die beschriebene Schußfahrthaltung mehrmals einnehmen und überprüfen, ob man den ganzen Fuß und nicht nur den Ballen oder die Ferse belastet.*

- ❑ *Auf der Startfläche sich in Schußfahrthaltung aufstellen. Mit Stockschub sich vom Startplatz in den Hang hineinschieben und in der Schußfahrthaltung so lange gleiten, bis die Fahrt von alleine aufhört.*
- ❑ *Wie eben, jedoch während des Abfahrens durch Stockschübe Tempo erhöhen.*
- ❑ *Wie eben, jedoch während des Abfahrens auch mal kurzzeitig eine Hockstellung einnehmen.*
- ❑ *Im Abfahren von hoher zu tiefer Körperstellung wechseln und umgekehrt.*
- ❑ *Im Abfahren die Körperlage ändern und mal die Ballen, mal die Fersen stärker belasten.*
- ❑ *Im Abfahren die Arme mal zur Seite ausstrecken, mal ganz eng an den Körper oder gar hinter den Körper bringen.*
- ❑ *Im Abfahren mal den linken, dann den rechten Ski vor- und wieder zurückführen.*
- ❑ *Für das Abfahren neue Strecken suchen, die über leicht gewelltes Gelände oder auch durch wechselnde Schneearten führen.*
- ❑ *Beim Abfahren neben dem Einhalten des Gleichgewichts auch noch Zusatzaufgaben bewältigen, so z. B. zusätzlich beim Abfahren Gegenstände aufheben und wieder ablegen oder mit mitgenommenen Objekten auf bestimmte Ziele werfen.*
- ❑ *Zu zweit oder zu dritt nebeneinander abfahren und sich dabei an der Hand halten.*
- ❑ *Beim Abfahren die hüftbreite Skistellung verändern und mal schmaler, ganz schmal und mal breiter abfahren.*
- ❑ *Beim Abfahren versuchen, eine »O-Bein-Stellung« einzunehmen.*
- ❑ *Beim Abfahren versuchen, eine »X-Bein-Stellung« einzunehmen.*
- ❑ *Beim Abfahren von O- zu X-Bein-Stellung wechseln usw.*
- ❑ *Einbeinig abfahren.*

Anhalten oder Bremsen

Bislang ist für das Schußfahren die Wahl des Geländes so empfohlen worden, daß sich ein Bremsen bzw. Anhalten erübrigte; ein geeigneter Auslauf oder Gegenhang erledigte das Problem.
Das war ziemlich ideal gedacht. Vielfach hat man kein solches Gelände, und häufig möchte man auch nicht warten, bis die Schußfahrt von alleine aufhört. Man muß also anhalten können. Mehrere Möglichkeiten stehen zur Verfügung: das Bogentreten, der Pflug, der Stoppschwung und manchmal auch der Notsturz.

Bogentreten

Das Bogentreten ist die einfachste Art des Anhaltens: Durch mehrere Schritte versucht man, die Abfahrt zur Seite und damit zum Halten zu bringen.

Bogentreten

So sieht das **Bogentreten** (nach rechts) aus:

- Im Abfahren zunächst das Körpergewicht auf den linken Ski verlagern.
- Danach den rechten Ski anheben und nach rechts in die beabsichtigte Richtung ein Stück weit ausscheren, aufsetzen und mit dem Aufsetzen auch gleich voll belasten, also umsteigen.
- Unmittelbar nach diesem Umsteigen den linken Ski anheben und neben dem rechten Ski (möglichst parallel) beisetzen.
- Dieses Ausscheren, Umsteigen und Nachsetzen solange wiederholen, bis eine Richtung erreicht ist, in der die Fahrt zu Ende kommt.

Zum Erlernen empfiehlt es sich, an früher gemachte Erfahrungen anzuknüpfen: Bogentreten ist nichts anderes als Umtreten um das Skiende im Fahren. Das Umtreten im Stand ist daher anfangs noch einmal zu wiederholen und dann nur noch auf die Fahrt zu übertragen. Es empfiehlt sich allerdings, in relativ flachem Gelände zu beginnen, damit das Fahrtempo beim Bogentreten nicht zu groß ist. Man steigere dann das Fahrtempo und versuche auch sehr früh, das Bogentreten nach der anderen Seite und unmittelbar danach auch nach beiden Seiten auszuführen.
Zum Festigen und Vertiefen kann man mal mehr oder weniger große Schritte durchführen. Schließlich wagt man sich mit dem Bogentreten in steileres Gelände.

Pflug

Bogentreten ist aber nicht die einzige Art des Anhaltens. Wer schneller bremsen oder gar anhalten will, der benützt den Pflug.

So sieht der **Pflug** aus:

- Beim Abfahren beide Ski mehr oder weniger stark (wie ein beim Straßendienst eingesetzter Schneepflug) gegen die Fahrtrichtung stemmen, also die Skispitzen nahe beieinander lassen, die Skienden seitwärts-auswärts schieben und die Laufflächen der Ski so aufstellen, daß die Innenkanten gut in den Schnee gedrückt werden können.
- Während des Pflugs eine mittlere Position einhalten,
- die Arme und Stöcke werden wie beim Schußfahren geführt.

Pflug

Aufgaben zum Erlernen des Pflugs (Reihenfolge möglichst einhalten):

- ❑ *Im Stand die Pflugstellung erproben.*
- ❑ *Im Stand auf ebenem Startplatz Pflugstellung einnehmen und sich mit den Stöcken in den Hang schieben und in Pflugstellung zu gleiten versuchen.*
- ❑ *In breiter Skistellung abfahren und allmählich in Pflugstellung übergehen.*
- ❑ *Ein längeres Stück Schußfahren und dann in den Pflug übergehen.*
- ❑ *Abfahren und dabei mehrmals vom Schußfahren in den Pflug übergehen und wieder zurück wechseln.*
- ❑ *Schußfahren und (erst) an markierten Stellen in den Pflug übergehen.*
- ❑ *Schußfahren und sehr schnell in den Pflug übergehen.*
- ❑ *Schußfahren und in den Pflug übergehen und dabei die Skienden weit auseinander drücken.*
- ❑ *Schußfahren und durch Pflug schnellstmöglich zum Halten kommen.*

Stoppschwung

Nicht ganz unwichtig ist es, bereits sehr früh zu lernen, daß man mit dem Ski auch noch auf andere Weise in ganz kurzer Zeit zum Halten kommen kann. (Das ist eine Möglichkeit, die dem Rollschuhläufer z. B. bei weitem nicht so gut gelingt!). Man benutzt dazu den Stoppschwung.

So kann man den **Stoppschwung** ausführen:

- Im Fahren die Ski in Pflugstellung bringen.
- Aus dieser Stellung heraus einen Ski schwunghaft (auf dem Luftweg) zum anderen Ski bringen.
- Mit dem Beisetzen des nachgeholten Ski durch Tiefgehen ins Rutschen gelangen und
- mit beiden Ski quer zur Bewegungsrichtung bis zum Halt weiterrutschen.
- Oberkörper und Arme bleiben so gut wie möglich in der vorab beim Pflug eingenommenen Fahrposition.

Man kann den Stoppschwung auch aus der parallelen Skistellung ansetzen.

Notsturz

Nicht immer kann man das Abfahren »regulär« beenden; Stürzen kommt vor, es gehört durchaus auch zum Skilaufen.

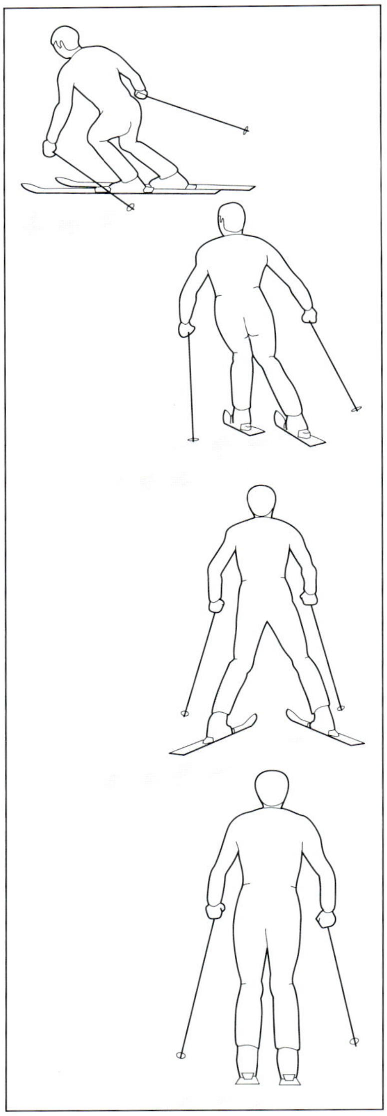

Stoppschwung

Gerade im Anfängerstadium ist das ungewollte Beenden einer Fahrt durch Sturz nie ganz zu vermeiden und oft notwendig, um Zusammenstößen zu entgehen. Aber auch wenn solches Halten ungewollt ist, ungesteuert sollte es nicht sein. Deshalb muß man lernen, das Stürzen auch noch im Fallen zu steuern und zwar so, daß keine Verletzungen entstehen. Stürzen sollte deshalb durchaus absichtlich herbeigeführt werden, damit man dabei das richtige Verhalten üben kann.

So empfiehlt sich der »gekonnte« Notsturz:

- **Abfahren und während der Fahrt tiefgehen und sich neben den Ski in den Schnee setzen.**
- **Bei eventuell einsetzendem Rutschen die Muskulatur anspannen und vor allem die Beine wie einen Block zusammenpressen, damit sich die Ski nicht überkreuzen.**

Zum Aufstehen stellt man beide Ski quer zum Hang, setzt die Stöcke hinter dem Körper in den Schnee und versucht mit Stockhilfe wieder in den Stand zu gelangen.

Liftfahren

Größere Sicherheit beim Schußfahren erhält man nur durch ständige Übung. Mühsam ist es, hierzu immer wieder aufzusteigen. Das wichtigste Hilfsmittel ist daher die mechanische Steighilfe, der Lift. Nur wenige nutzen diese bequeme Aufstiegshilfe nicht aus. Bequem ist sie allerdings erst, wenn man mit ihr auch richtig umgehen kann.

So kommt man mit einem Schlepplift am besten zurecht:

- **Rasch an der Einstiegsstelle sich aufstellen,**
- **Stöcke in die Außenhand nehmen,**
- **Ski parallel in die Liftspur stellen und dann die Anfahrt des Liftbügels beobachten.**
- **Liftbügel hinter das Gesäß bringen und sich dann passiv in leicht gebeugter Körperstellung und ganz leichter Rücklage ziehen lassen.**
- **Ganz wichtig: Sich nicht auf den Bügel setzen und auch nicht mit den Armen am Bügel den vollen Zug übernehmen, sondern sich möglichst passiv vom Lift schleppen lassen.**

Fährt man zu zweit, dann sollte man sich auf keinen Fall vom Partner weg nach außen neigen,

Notsturz

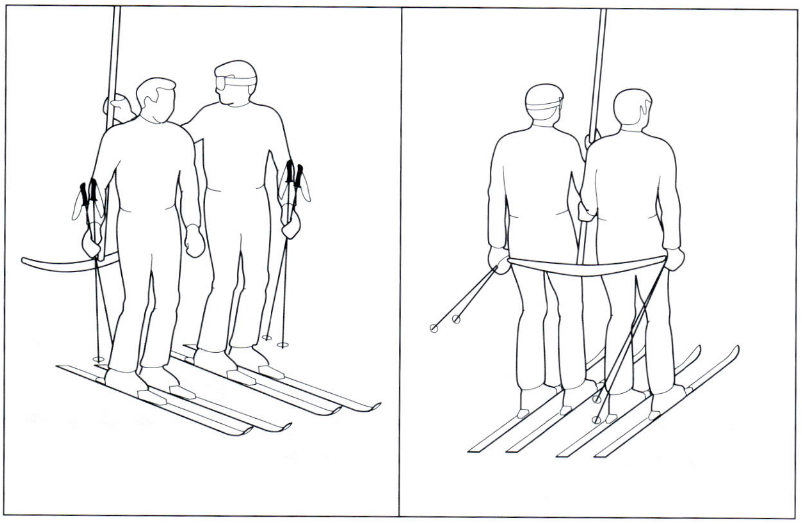

Liftfahren

weil sich sonst zu leicht die Ski verkanten.

Mit verschiedenen Aufgaben kann man sich auf das Liftfahren vorbereiten:

- ❑ *Sich von einem Partner mit Skistöcken, die man zwischen die Beine klemmt, ziehen lassen.*
- ❑ *Sich von zwei Partnern, die einen Skistock quer hinter dem Gesäß halten, schieben lassen.*
- ❑ *Sich von zwei Partnern (von hinten) einen Startstoß geben lassen und danach ausgleiten.*

Ausgestiegen wird aus dem Lift an der meist ebenen Ausstiegsstelle durch rasches Bogentreten.
Das Sesselliftfahren ist bedeutend einfacher und auch bequemer. Es genügt, kurz zu beobachten, wie es die Vorderen machen.

Abheben und Springen

Hat man die erste Liftfahrt hinter sich, dann nutzt man das Abfahren in besonderer Weise aus.

Man fährt z. B. so, daß die Ski auch mal vom Boden abheben und »Fliegen« bzw. Springen möglich wird.

So erreicht man das **Abheben:**

- **Die Schußfahrt so in das Gelände legen, daß Bodenwellen, Buckel oder Hangkanten überfahren werden müssen.**
- **Mit der Bodenwelle oder dem Buckel mithochgehen und die Ski und sich vom Boden abheben lassen.**
- **Beim Wiederaufsetzen in den Sprung- Knie- und Hüftgelenken weich nachgeben.**
- **Je nach Engagement und Temperament des einzelnen kann das Abheben noch durch Abspringen unterstützt werden.**

Vorbereitende Aufgaben:

- ❑ *Beim Abfahren mehrmals (nur) die Arme (oder Stöcke) hochwerfen und so tun, als würde man abspringen wollen.*
- ❑ *Im Abfahren mehrmals leicht abspringen.*
- ❑ *Im Abfahren einmal kräftig abspringen und danach möglichst weich landen.*
- ❑ *Beim Abspringen die Arme kräftig mithochreißen.*

Zur Verbesserung und Erweiterung des Fluggefühls:

- ❑ *Beim Abfahren den Absprung auf einen Buckel legen.*
- ❑ *Über eine kleine, selbstgebaute Schanze springen.*
- ❑ *Schanzenähnliches Gelände zum Springen und Fliegen aufsuchen.*
- ❑ *Über quere Spuren, kleine Schneeballen oder andere Objekte springen.*
- ❑ *Nach dem Abspringen in der Luft kurz die Beine anhocken*

Abheben und Springen

Wissenswertes für Skischüler

Mit den ersten Schußfahrten beginnt das eigentliche Erlebnis Skilauf. Freilich, für die meisten ist es ungewohnt, auf etwas zu stehen, was gleitet. Deshalb sollte man nicht ängstlich darauf warten, bis die Ski wieder einmal unter einem weggleiten.
Man muß so schnell wie möglich herausbekommen, daß man selbst – vor allem durch Stockschieben – sich mit dem Ski ins Gleiten versetzen kann.
Und wenn man einmal im Gleiten ist, dann muß man innerlich mitgehen. Nicht gleich wieder halten wollen! Die Ski führen, wenn man sich in Fallinie abwärts bewegt, tatsächlich von alleine. Je nach persönlichem Geschmack wählt man ein flaches oder etwas steileres Geländestück, um mal weniger schnell oder mal schnell abfahren zu können.
Ganz wichtig ist es, daß man unmittelbar nach den ersten Abfahrten sich der Aufgabe stellt, selbst aktiv zu werden. Skilaufen ist zwar geprägt durch die Abfahrt, aber im Unterschied zu anderen Wintersportarten drückt der Skiläufer jeder Abfahrt auch seinen Stempel auf: er kann und will die Fahrt selbst steuern. Schon von Anfang an achtet man daher als Skischüler auf das Aktivwerden. Die genannten Aufgaben sind nur Beispiele. Man soll selbst versuchen, sich weitere Aufgaben zu stellen.
Die Fahrt einleiten, das Tempo vergrößern und die Fahrt schließlich selbst anhalten können, das sind die wichtigen Ziele, die man mit dem Schußfahren angehen muß. Sie sind schnell erreicht, wenn man sich immer wieder das Bild eines klassischen Schneepflugs vorstellt: Gegen den Schnee mit zwei in Winkelform angestellten Ski angehen. Will man stärker bremsen, dann kann man dazu sowohl die Winkelstellung vergrößern als auch die Ski etwas steiler aufstellen. Daß die Ski in dieser Position nicht mehr nur gleiten, spürt man sofort. Das darf einen nicht beunruhigen, das gehört dazu. Je nach Schneeart empfindet man das Pflügen wie ein Rutschen, Bürsten, Schieben oder Kratzen.

Wissenswertes für Skilehrer

Auch bei den ersten Schußfahrten und Temporegulationen hat der Skilehrer Mühe, genau das nachzuempfinden, was die einzelnen Skischüler wahrnehmen, wovor sie Angst haben, was sie sich zutrauen, was sie sich vornehmen und was sie dann auch umsetzen können. Es sind meistens einfache Dinge, die der Skischüler zu machen hat. Man versteht daher oft nicht, warum sich manche so »deppert« anstellen. Geduld, Geduld, Geduld ist angezeigt. Falsch ist in jedem Fall, wenn man dem Lernenden ständig klarmacht, daß er ja gar nicht viel zu machen brauche, daß das doch eigentlich alles ganz leicht gehe, daß man nur das und das zu beachten habe und schon müßte alles klappen. Falsch ist sicher auch, wenn man ihm dann auch noch durch »lässiges« Vormachen zu demonstrieren versucht, wie leicht alles geht.
Besser ist es, den Lernenden zu motivieren, damit er immer wieder, auch bei weniger gut gelungenen Ergebnissen, neue Versuche startet. Denn es ist in dieser ersten Phase für den Lernenden ganz wichtig, viele Erfahrungen zu machen. Das kann er nicht durch verbale Hinweise, das kann er nur durch viel Selbstaktivität. Man kann und soll zwar Hinweise geben, was er bei der nächsten Fahrt einmal ausprobieren soll. Man soll sich auch immer wieder erzählen lassen, was er sich speziell vorgenommen hat und was – nach seinem Eindruck – dabei herausgekommen ist.
Man muß sich aber als Lehrer immer wieder klarmachen, daß der Skischüler nicht die Vorstellungen des Skilehrers verbal wiedergeben können muß, sondern daß er ein Gefühl dafür bekommen muß, welche Mittel er **selbst** einsetzen kann, um die mit dem Abfahren und Temporegulieren verbundenen Probleme zu meistern.
Bezüglich der ersten Liftverwendung hat der Skilehrer besondere Informations- und Aufsichtspflicht. Man sollte mit den Schülern die Hinweistafeln lesen, das Liftfahren vorab beobachten lassen, das Liftpersonal informieren, Anweisungen über das Verhalten nach einem Sturz und nach dem Ausstieg geben und – wenn möglich – jedem Schüler einen erfahrenen Partner zuteilen. In der Regel fährt der Lehrer als letzter.

Wissenswertes für Skischulen

Jede Skischule sollte darauf achten, daß Anfänger besondere Betreuung benötigen. Das betrifft die Gruppengröße, die persönliche Betreuung und Beratung, aber auch das Übungsgelände, in dem man die Neulinge in die Welt des Skifahrens einführt. Je sorgfältiger die Auswahl der Übungsorte vorgenommen wird, je besser man dieses Gelände (für die ganze Wintersaison) vorbereitet, je mehr man sich Gedanken macht, wo überall für die Schüler Lerngelegenheiten angeboten werden können, desto sicherer kann man sein, daß die Skischul-Aktivitäten von den Schülern anerkannt werden. Dabei sollte man beachten, daß ein **Lernareal** mit Schanzen, Wellen, Toren, Bögen, Dächern und Mini-Liften, wenn es entsprechend angelegt ist, nicht nur Kindern Spaß macht.

Pflugbogenfahren

Je nach Gelände, Schnee- und Hangsituation kann das bislang erlernte Schußfahren stundenlang Spaß machen. Früher oder später kommt aber bei allen das Interesse auf, beim Abfahren nicht mehr nur geradeaus fahren zu wollen.
Richtungsänderungen sind im Skilauf jedoch nicht ganz so einfach wie z. B. beim Autofahren, bei dem man nur das Steuerrad zu bewegen hat. Es ist auch nicht empfehlenswert, irgendwelche spektakuläre Drehversuche anzustellen. Behutsames Vorgehen, Schritt für Schritt, ist empfehlenswert.
Relativ einfach ist zunächst noch das schon besprochene Bogentreten. Mit ihm wird die Richtungsänderung gewissermaßen in Raten erreicht. Das bringt erste Erfolge, aber das Kurven auf Raten ist nicht elegant genug. Die bessere Lösung ist das Pflugbogenfahren. Wer diese Möglichkeit einsetzen kann, der ist in der Lage, längere, nicht allzu steile Pisten abzufahren.

So werden **Pflugbögen bei kleinen Radien** ausgeführt:

- Mit Abfahren in Pflugstellung beginnen,
- während des Pflugfahrens hintereinander mal den rechten und mal den linken Ski stärker belasten und kurz nach außen drücken.

So werden **Pflugbögen mit größeren Richtungsänderungen** gefahren:

- Anfahren in Pflugstellung.
- Aufrichten (Hochgehen) und bogenäußeren Ski andrehen.
- Gewicht nach außen verlagern.
- Tiefgehen und Kante des bogenäußeren Ski in den Schnee drücken, bis die neue Richtung erreicht ist.

Pflugstellung

Pflugbogen

Das gleiche Ziel der größeren Richtungsänderung kann man auch erreichen, wenn es einem gelingt, während des Pflugfahrens beide Ski gleichzeitig (wie ein gemeinsam sich bewegendes Scheibenwischerpaar) etwas in die gewünschte Bogenrichtung zu drehen. Also: Anfahren, Aufrichten und versuchen, beide Ski in die neue Richtung zu drehen.

Als Aufgaben bieten sich an:
- ❑ *Pflug auf relativ flachem Gelände fahren und mehrmals wechselweise einen Ski stärker nach außen drücken.*
- ❑ *Pflug wie eben über ein im Treppenschritt getretenes kurzes Hangstück fahren und danach die Spur analysieren.*
- ❑ *Pflug wie eben fahren, aber das Nachaußendrücken noch kräftiger ausführen.*
- ❑ *Pflug fahren und kleine Drehungen mit beiden Ski ausprobieren, also den linken und rechten Ski in der gewinkelten (Pflug-)Stellung gleichzeitig etwas nach links und danach nach rechts zu drehen versuchen.*
- ❑ *Pflugfahren in der Fallinie, Hochgehen, den neuen Außenski andrehen, dann das Gewicht auf den Außenski verlagern. Tiefgehen und zugleich mit dem (Außen-) Bein versuchen, den Ski zu drehen.*
- ❑ *Wie eben, jedoch mit dem Pflug leicht schräg zum Hang anfahren.*
- ❑ *Wie eben, jedoch das Aufrichten und das Andrehen des Ski verzögern und dadurch größere Bögen fahren.*

Schrägfahren, Halbpflugfahren und Seitrutschen

Wenn man das Plugbogenfahren einigermaßen kann, dann fehlen einem eigentlich nur noch drei Fahrsituationen, um jede, nicht nur die einfache, flache Piste abfahren zu können. Es sind das Schrägfahren, das Fahren im Halbpflug und das Seitrutschen.

Schrägfahren

Das Schrägfahren braucht man, weil es eine einfache, sichere und zuverlässige Art ist, einen (durchaus auch steilen) Hang so zu queren, daß man dort ankommt, wo man auch ankommen will.

So sieht das **Schrägfahren** aus:
- Ski in die gewünschte Querungsrichtung stellen.
- Bergseitige Körperhälfte etwas vordrehen.
- Talski stärker belasten und dabei beide Knie vor-bergwärts beugen.
- Blick auf die Zielstelle richten.

Schrägfahren

Bei der Schulung des Schrägfahrens beachte man stets seinen Zweck: es ist eine bestimmte Stelle auf der anderen Hangseite zu erreichen. Insofern ist empfehlenswert, weniger an der Körperhaltung und mehr am Erreichen ganz bestimmter Zielpunkte auf der anderen Seite des Hanges zu arbeiten. Zur Schulung ist es nützlich, die Hangneigung zu variieren und Schrägfahrten auch in steileres Gelände zu verlegen.

Halbpflugfahren

Der Halbpflug ist dort sehr nützlich, wo man ebenfalls einen Hang queren und dabei zugleich aber auch noch bremsen will.

So sieht der **Halbpflug** aus:
- Anfahren wie bei der Schrägfahrt, dann jedoch den Talski belastet in eine Pflugstellung drehen und mehr oder weniger stark gegen die Fahrtrichtung stellen.

Halbpflug

Zur Einübung des Halbpflugs empfehlen sich folgende Aufgaben:
- ❑ *Schrägfahren und dabei talseitig mehrmals auswinkeln.*
- ❑ *Schrägfahren und talseitig auswinkeln und aufkanten, bis das Fahrtempo deutlich reduziert wird.*
- ❑ *Nach einem Pflugbogen mit Halbpflug weiter (quer zum Hang) fahren*

Seitrutschen

Das Seitrutschen braucht man, weil es letztlich die bequemste und zugleich sicherste Art ist, einen Hang bzw. kurze schwierigere Hangstücke unter Tempokontrolle abzufahren (wobei das Abfahren mehr ein kontrolliertes Abdriften ist).

So sieht das **Seitrutschen** aus:
- In paralleler Skistellung wird schräggefahren und zugleich abwärts gerutscht.

- Die Körperstellung entspricht (fast) der beim Schrägfahren, die Knie sind jedoch nicht mehr bergwärts gebeugt: Wenn das Abwärtsrutschen schneller gehen soll, werden die Knie sogar zur Talseite geführt.

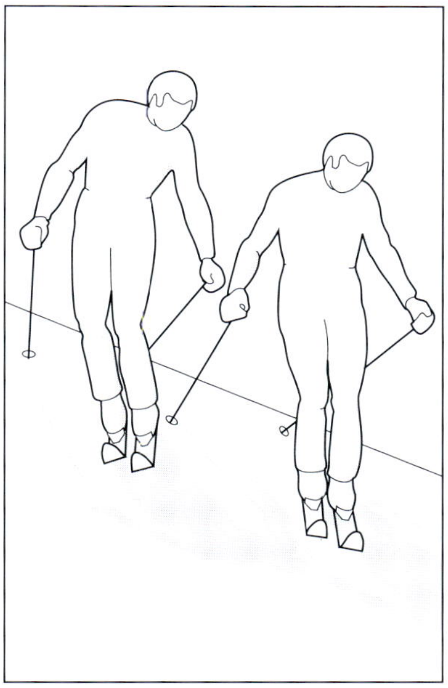

Seitrutschen

Vor allem in etwas steileren Hangstücken kann das Queren im Halbpflug sehr anstrengend und unbequem sein. Sehr viel angenehmer ist es, wenn man für die gleiche Aufgabe das Seitrutschen einsetzen kann.

Das Seitrutschen ist ein brauchbares Mittel, schwierigere Hangstücke fahrend und rutschend zugleich bewältigen zu können. Deshalb genügen einige wenige Aufgaben:

- ❑ *In Schrägfahrtstellung mehrmals talwärts steigen und beim Nachsetzen des Bergski kurz ins Rutschen kommen.*
- ❑ *Wie eben, nur mit dem Nachsetzen zugleich tiefgehen.*
- ❑ *Immer längere Stücke im Seitrutschen bewältigen.*
- ❑ *Bis zu einer bestimmten Stelle seitrutschen.*
- ❑ *Über kurze, aber steilere Hangstücke seitrutschen.*

Das Seitrutschen sollte nur bei führigem Schnee geschult werden.

Erstes längeres Abfahren

Niemand lernt gerne einzelne Techniken nur ihrer selbst willen. Alles, was bisher erlernt wurde, dient vornehmlich dem ersten großen Hauptziel: Einfachere Pisten und Hänge, auch wenn sie nicht nur flach, ebenmäßig und mit bestem Schnee belegt sind, so abfahren zu können, daß man die Fahrroute selbst bestimmen kann.
Die bislang gelernten Bewegungen reichen vollständig aus, um die Abfahrten durchführen zu können, die beispielsweise auf dem großen Bild (S. 28/29) zu erkennen sind. Wichtig ist es, daß man sich schon beim Hochfahren mit dem Lift und spätestens vor der Abfahrt einen Plan macht, an welchen Stellen man in welcher Weise abfahren will.

Nachtrag: Das Skifahren kann problemlos auch mit **Langlaufski** begonnen werden. Wenn das gemacht wird, dann kann durchaus in der hier empfohlenen Weise vorgegangen werden.
Man wird sinnvollerweise allerdings das Gehen intensivieren und es zum gleitenden Laufen erweitern, ehe man zum (Abfahrts-)Gleiten übergeht. Und man wird mit dem Langlaufski öfters ein flaches Hangstück (wieder) hochlaufen und so auf das Liftfahren verzichten.

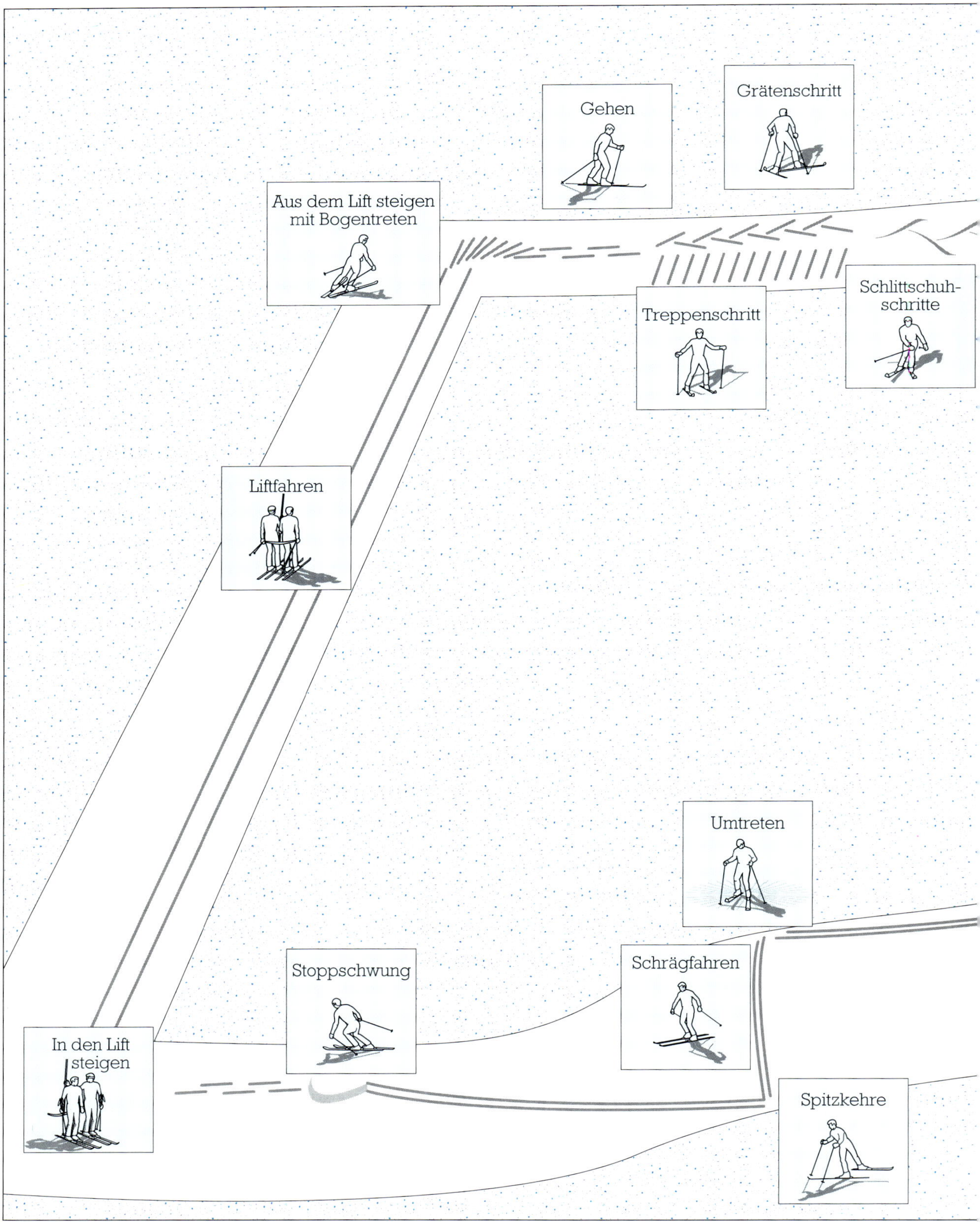
Gehen
Grätenschritt
Aus dem Lift steigen mit Bogentreten
Treppenschritt
Schlittschuh-schritte
Liftfahren
Umtreten
Stoppschwung
Schrägfahren
In den Lift steigen
Spitzkehre

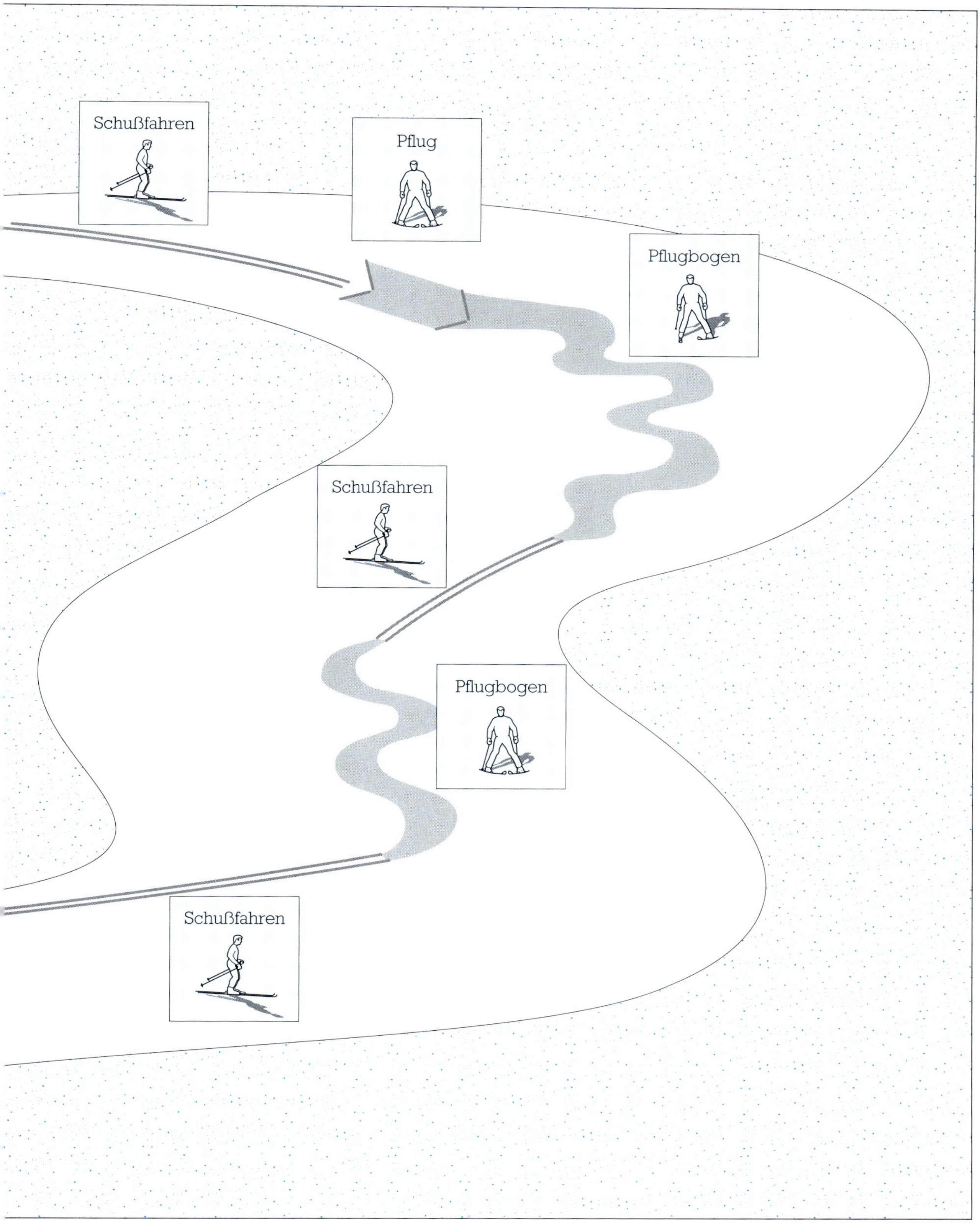
Schußfahren
Pflug
Pflugbogen
Schußfahren
Pflugbogen
Schußfahren

Paralleles Grundschwingen

Der vorausgehende Lehr- und Lernbereich endet mit den ersten längeren Abfahrten auf dem Übungshang mit Schräg- und Schußfahren, Schlittschuhschritten und Bogentreten, Seitrutschen und Pflugbögen.
Das nächste große Ziel ist das parallele Schwingen. Dieses Schwingen fasziniert, weil es in allen Situationen eine flüssige und rhythmische Fahrweise ermöglicht.
Das parallele Schwingen wird in einer grundlegenden Form erlernt. Wir sprechen **vom Parallelen Grundschwingen**.
Damit lassen sich Standardsituationen auf nicht zu schweren Pisten bewältigen.
Aber selbst auf solchen Pisten kann es zwischendurch schwierigere Situationen geben: Ein kurzes Steilstück, ein schlecht präparierter Abschnitt, eisige Stellen o. ä. Hier müssen das Parallele Grundschwingen sinnvoll **abgeändert** und die **Erfahrungen erweitert** werden.
Nach diesem Lehr- und Lernbereich kann man sich den speziellen, anspruchsvollen Zielen zuwenden. Dafür ist das Parallele Grundschwingen die entscheidende Voraussetzung. Es ist also mit einer Drehscheibe vergleichbar, von der sich die Wege zu allen **speziellen Zielen** im Skilauf öffnen.

Das Technikleitbild des Parallelen Grundschwingens

Aus dem Abschnitt »Erste Erfahrungen« ist bekannt, wie man mit Schritten und Pflügen die Fahrtrichtung ändern kann. Nun kommt als weitere Technik für Richtungsänderungen das **Schwingen** hinzu. Seine Merkmale sind:

- Beide Ski sind im Gegensatz zum Pflugfahren kurveneinwärts gekantet: Beim Schwung nach links werden beide Ski auf den linken, beim Schwung nach rechts auf den rechten Kanten möglichst parallel zueinander geführt. So ist das Kurvenfahren auch auf steileren Hängen und bei höherem Tempo möglich.
- Die Ski driften mit Bodenkontakt um die Kurve. Auf diese Weise kann die Kurvenfahrt ständig gut kontrolliert und reguliert werden.
- Die Ski vollziehen die Richtungsänderung im Gegensatz zum Bogentreten kontinuierlich, wodurch ein rundes Kurvenfahren möglich ist.
- Ein besonders kennzeichnendes Merkmal des Schwingens ist der kurveneinwärts gelegte Körper. Man spricht von der **Kurvenlage**, die vom Rad- und Motorradfahren her bekannt ist.

Wird das Schwingen so ausgeführt, daß die Ski während und zwischen den Schwüngen ständig parallel geführt werden, sprechen wir vom **parallelen Schwingen**.

Paralleles Schwingen

Daneben gibt es zahlreiche weitere Formen. Man kann eine Kurvenfahrt
z. B. pflügend beginnen und schwingend beenden (Pflugschwingen),
z. B. mit einem Schritt einleiten und weiterschwingen,
z. B. mit einem Sprung in die Kurve beginnen und weiterschwingen.
Im Laufe der Skigeschichte wurden viele Techniken für das parallele Schwingen entwickelt. Wir gehen in diesem Lehrplan davon aus, daß es ein Bewegungsmuster gibt, das wir zur Grundlage für die gesamte Schwungvielfalt machen und mit dem später alle speziellen Ziele angegangen werden können. Deshalb sprechen wir vom **Parallelen Grundschwingen**. Dieses wird von einigen wenigen wesentlichen Teilbewegungen, **Aktionen** genannt, getragen.
Die Bewegungsausführung wird aber nicht immer gleich ausfallen, denn die Aktionen weisen gewisse Spielräume auf. Man kann sie mal schnell, mal langsam, mal deutlich, mal wenig ausgeprägt, mal energisch, mal weich usw. ausführen. Man kann Aktionen auch durch andere austauschen oder welche hinzunehmen.
Auf diese Weise kann jeder Skifahrer sich Situationen (Gelände, Schnee) anpassen, aber auch zu der Form des Parallelen Grundschwingens finden, die ihm am besten liegt (Grundsatz der Individualisierung).

Skizzenhafte Beschreibung und Begründung

So sieht das **Parallele Grundschwingen** kurz beschrieben aus:

- Aus der mittleren Position den Körper strecken.
- Gleichzeitig den talseitigen Stock stützend einsetzen.
- Mit dem nachfolgenden Beugen des Körpers das Außenbein drehen.

Kurz: **S**trecken – **S**tock – **B**eugen – **B**eindrehen.

Paralleles Grundschwingen

Welche **Funktionen** haben diese Aktionen?
Durch das Strecken und den Stockeinsatz werden notwendige Voraussetzungen für die Schwungsteuerung geschaffen: In erster Linie ist das **Umkanten** der Ski zu nennen.
Ebenso unverzichtbar ist der Wechsel von einer Kurvenlage in die andere. Wir sprechen kurz vom **Kurvenlagewechsel**.
Das Strecken schafft aber auch günstige Bedingungen für die Steuerung. Das Anheben des Körpers ist günstig, weil man im folgenden Tiefgehen mit dem Außenbein die Ski sehr wirksam und gefühlvoll drehen und kanten kann.
Das Beugen und Strecken ermöglicht eine besonders rhythmische Fahrweise und einen ständigen Wechsel von Spannung und Entspannung.

Detaillierte Beschreibung und Begründung

Die Hochbewegung bei der Schwungeinleitung
Aus der mittleren Position wird der Körper gestreckt. An diesem Strecken sind in jedem Fall die Sprung-, vor allem aber die Knie- und Hüftgelenke beteiligt. Es ist aber keine einfache Streckbewegung, wie man sie beim Aufrichten aus der Hocke ausführt. Vielmehr muß man den gesamten Körper **in den Schwung bewegen**, indem man ihn vor-kurveneinwärts neigt und etwas um seine Längsachse dreht.
Dadurch kann man flüssig von einem Schwung in den nächsten wechseln.

Die Arm-Stockbewegung bei der Schwungeinleitung
Mit der Hochbewegung wird die Spitze des Talstockes durch eine Arm- und Handbewegung nach vorne geführt. Im Laufe der Körperstreckung wird der

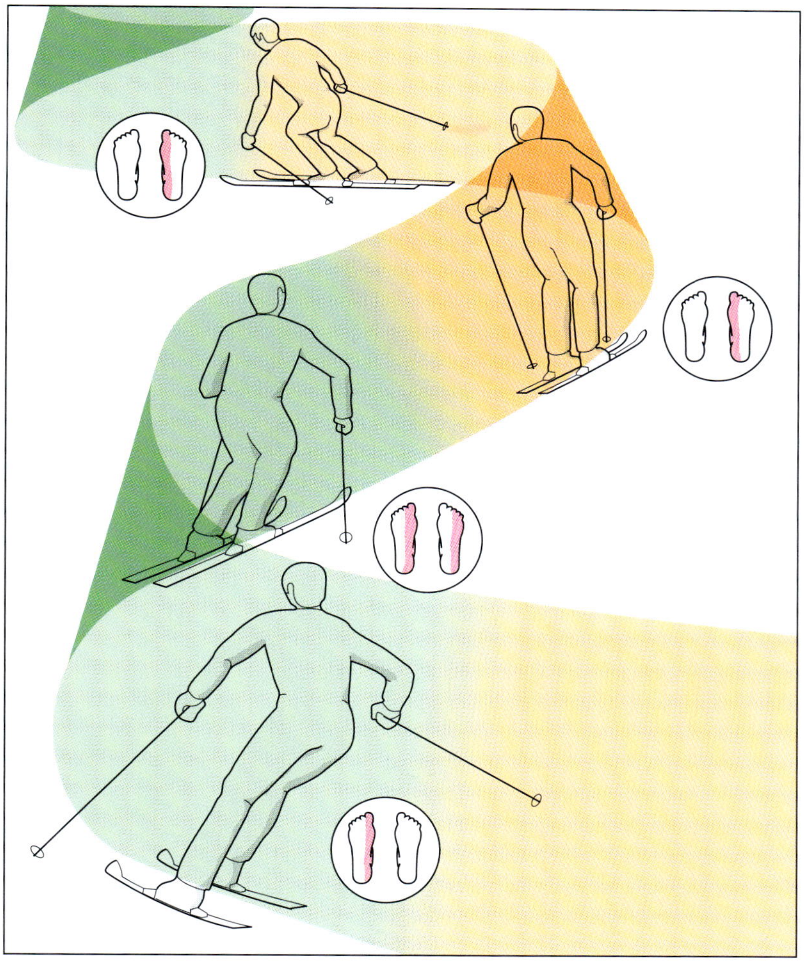

Wechsel von Kurvenlage und Belastung

Stock eingesetzt. Der Körper fährt in Kurvenlage an ihm vorbei.

Die Beindrehbewegung im Tiefgehen während der Schwungsteuerung
Größte Bedeutung kommt dem sog. **Drehen des Außenbeines** zu: Der schwungäußere Oberschenkel wird während der Beugebewegung einwärts gedrückt und zugleich um seine Längsachse gedreht. Dadurch wird das sich beugende Knie einwärts geführt. Die Bewegungen von Oberschenkel und Knie, die über den Unterschenkel auf den Fuß übertragen werden, zeigen zwei Wirkungen. Einmal wird der Fuß gedreht. Dies führt zur **Skidrehung**. Zum anderen wird der **Fuß auf die Innenseite gekippt**. Dadurch wird das **Kanten** des Außenski bewirkt bzw. verstärkt. Diese Beindrehbewegung muß möglichst unabhängig von Becken, Rumpf und Armen ausgeführt werden. Dies ist deshalb wichtig, damit die präzisen, oft auch schnellen Beinbewegungen nicht durch die große Masse des Oberkörpers beeinträchtigt werden.

In den Schwung bewegen

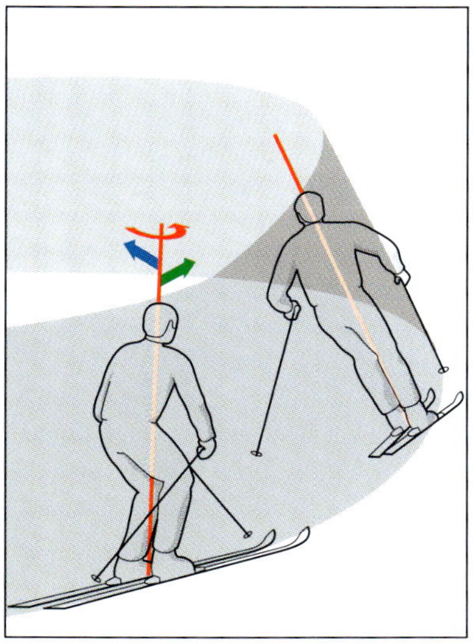

Arm-Stockbewegung

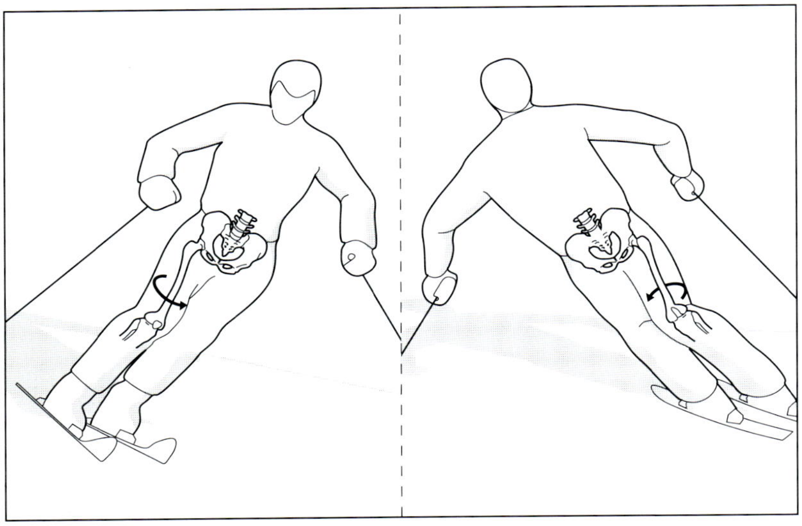

Drehen des Außenbeines

Die Rumpf- und Armbewegungen in der Schwungsteuerung
Werden in der Kurvenlage die Oberschenkel schwungeinwärts gedrückt, so müssen Rumpf und Arme das Gleichgewicht stabilisieren. Dies wird erreicht, wenn beim Tiefgehen der Oberkörper zum Außenski nach vorne bewegt wird.
Die Arme werden leicht angewinkelt und etwas seitlich ruhig vor dem Körper geführt. So kann das Gleichgewicht kontrolliert und der nächste Stockeinsatz ohne Umwege vorbereitet werden.

Weitere Kennzeichen, die vor allem der Fahrsicherheit dienen:
Das Bewegungsmuster für das Parallele Grundschwingen gewährleistet ein Höchstmaß an Fahrsicherheit durch folgende Kennzeichen:
Die offene Skistellung
Die offene Skistellung schafft für die Beine einen größeren Bewegungsspielraum. Dadurch läßt sich der Außenski besser drehen und kanten. Sie ermöglicht zudem, die Beine im ganzen Schwungverlauf voneinander unabhängig zu bewegen. Dadurch können Innen- und Außenbein unterschiedliche Aufgaben übernehmen.
Die offene Skistellung schafft aber auch eine größere Stützfläche. Dadurch wird eine höhere Fahrstabilität erreicht. Der verbreiterte Abstand der Ski reduziert zudem die Gefahr des Überkreuzens.
Die Außenskibelastung und der Belastungswechsel
Wenn von Außenskibelastung gesprochen wird, so ist damit gemeint, daß der schwungäußere Ski stärker als der schwunginnere Ski belastet ist. Unter dieser Voraussetzung kann man zielgenau steuern und die Gefahr des Stürzens nach innen vermindern. Dies bedingt, daß beim Schwungwechsel ein Belastungswechsel auf den neuen Außenski zu vollziehen ist.
Außenbein und Außenski dominieren also die Richtungsänderung, Innenbein und Innenski wirken unterstützend. So können mit dem Innenbein Gleichgewicht und Kantengriff unterstützt und fein reguliert werden.
Die ausgewogene Ballen- und Fersenbelastung
Von einer ausgewogenen Ballen- und Fersenbelastung sprechen wir, wenn an Ballen und Ferse etwa gleich große Druckempfindungen registriert werden können. Nur während der Hochbewegung ist es günstig, den Druck mehr auf die Ballen als auf die Fersen zu verlagern, also die Ski vor der Skimitte stärker zu belasten als hinter der Skimitte. Im Verlauf der Schwungsteuerung sollte man möglichst schnell zur ausgewogenen Ballen- und Fersenbelastung kommen. Hierbei kommt der Rumpfposition größte Bedeutung zu. Die Masse des Rumpfes muß ständig über der Mitte der Ski bewegt werden. Also: beim Hochgehen nicht nach hinten lehnen und beim Tiefgehen nicht absitzen.

Rumpf- und Armbewegung

Offene Skistellung

Außenskibelastung und Belastungswechsel

Hilfreiche Vorstellungen und Empfindungen

Die bisherige Beschreibung des Parallelen Grundschwingens ist eher geeignet, den Lernenden von **außen** anzuleiten. Es ist genauso wichtig, darauf einzugehen, wie sich die Bewegung »von **innen** anfühlt«, wie sie empfunden, erlebt wird. Auch mental läßt sich das Bewegungslernen stützen. Geeignet sind passende Vorstellungen und bildhafte Vergleiche, die es dem Schüler ermöglichen, die Schwungbewegungen immer detaillierter zu begreifen:

- Jeder Schwung ist eine Abfolge von zwei Abschnitten: Einem relativ kurzzeitigen Strecken mit Stockeinsatz, gefolgt von einem vergleichsweise längeren Beugen mit Beindrehen: Strecken, Stock – Beugen, Beindrehen – Strecken, Stock – usw. Als Gedächtnisstütze kann dienen: Der Buchstabe **S** ist scharf und kurz, der Buchstabe **B** weich und dehnbar!
- Das Strecken und Beugen erfaßt viele Glieder des Körpers. Man fühlt sich wie eine **Ziehharmonika**, die sich vielgliedrig öffnet und schließt.
- Das Strecken und Beugen bleibt nicht ohne Einfluß darauf, wie man die Ski und die Füße wahrnimmt. Am Ende der Streckbewegung und am sich direkt anschließenden Beginn der Tiefbewegung empfindet man ein kurzes **Schweben**. Die Ski streichen eher sachte über den Schnee. Im weiteren Schwungverlauf wird der Körper zusammengedrückt, man fühlt sich **schwer**, der Druck auf die Fußsohlen wächst.
- Auch die Vorstellung von einem Wohnwagen kann helfen. Die Masse seines Inhalts muß möglichst auf die Achsen zentriert sein, wenn er spurtreu dem PKW folgen will. Auch der Ski, der zentral, mittig belastet ist, spurt sicher.
- Wie nehmen wir unsere Ski wahr? Die Ski bewegen sich wie ein Auto, dessen Reifen beim Powersliding **wegdriften**. Auch das Bild vom Sandbahnfahrer in der Kurve ist nützlich, dessen Hinterrad unter seinem Körper wegdriftet. Beim Schwingen muß dieses Wegdriften vor der Fallinie durch Eigenarbeit erzwungen werden, nach der Fallinie muß man es unterdrücken.
- Welche Vorstellungen sollten wir von unserem Körper haben? In die Schwungsteuerung sollte man mit der Vorstellung gehen, daß der Körper geteilt ist in die besonders aktiven Beine und in den eher ruhigen, ausgleichenden Oberkörper.
- Auch die folgende Vorstellung kann helfen: Jeder Schwung über die Fallinie läßt sich vergleichen mit einer **Kurvenfahrt**, bei der eingangs die Kurve **überhöht** ist, die Überhöhung abnimmt und in eine nach **außen hängende** Kurve umschlägt. Deshalb muß man vor allem im zweiten Kurventeil auf der Hut sein.
- Der Skistock ist beim Schwingen manchmal Taktgeber, Aufspießer, Gehstock, Balancestange und Bewegungsfühler in einem. Der Stock gibt den Auftakt für die Schwungeinleitung. Seine Spitze wird in den Schnee geführt, als wollte man ein herumliegendes Papier von der Straße aufspießen. Am Stock kann man den Schwerpunkt hochheben. Mit dem Stock kann man in der hohen Körperposition den Körper seitlich stützen. Mit den Stöcken kann man die Kurvenlage ausbalancieren. Die Stockspitze liefert beim Stockeinsatz und bei der Schwungsteuerung, wenn sie im Schnee schleift, wichtige Informationen über Schnee und Gleichgewicht.
- Beim Steuern stellen sich manche vor, als würden die Hände einen Gymnastikreifen halten, der um den Körper in Höhe des Beckens getragen wird.

Methodik des Parallelen Grundschwingens

Die Lehrwege zum Parallelen Grundschwingen im Überblick

Es gibt viele Wege zum parallelen Schwingen. Im folgenden werden **drei** Lehrwege beschrieben. Da stellt sich natürlich die Frage, warum wir uns nicht auf einen Lehrweg beschränken oder sogar noch weitere Lehrwege anbieten. Wir meinen, daß man mit diesen drei Lehrwegen recht gut in allen möglichen Lern- und Lehrsituationen erfolgreich arbeiten kann. Ganz wesentlich ist allerdings, daß man sie unter Berücksichtigung der Individualität der Schüler und der äußeren Unterrichtssituation sorgfältig auswählt und flexibel handhabt. Deshalb sollen die drei Lehrwege zunächst vorgestellt und miteinander verglichen werden.

Die Bezeichnung der Lehrwege

Über das Pflugdrehen zum Parallelen Grundschwingen, kurz: Weg Pflugdrehen
Man beginnt mit einem schnellen, rhythmischen Pflugbogenfahren nahe der Fallinie, mit dem Pflugdrehen.

Über das Pflugschwingen zum Parallelen Grundschwingen, kurz: Weg Pflugschwingen
Man beginnt mit Richtungsänderungen, die pflügend eingeleitet und schwingend fortsetzt bzw. beendet werden, man beginnt mit dem Pflugschwingen.
Über das Winkelspringen zum Parallelen Grundschwingen, kurz: Weg Winkelspringen
Man beginnt mit schnellen, rhythmischen Drehsprüngen, mit dem Winkelspringen.

Die Grundideen der drei Lehrwege

Weg Pflugdrehen
Das schnelle, rhythmische Pflugdrehen wird durch Hochtiefbewegungen, Beisetzen des Innenski und höheres Tempo zum Parallelen Grundschwingen umgewandelt.

Weg Pflugschwingen
Das Pflugschwingen wird durch Verkürzen der Pflugphase und entsprechendes Verlängern der Schwungphase zum Parallelen Grundschwingen umgewandelt.
Weg Winkelspringen
Das rhythmische Winkelspringen wird durch Drehen der Ski nach dem Landen und durch Abbau der Sprungdynamik zum Parallelen Grundschwingen umgewandelt.

Wichtige Merkmale der drei Lehrwege

Bewegungsrhythmus
Die Wege Pflugdrehen und Winkelspringen sind geprägt von einem raschen, rhythmischen Richtungswechsel nahe der Fallinie und von dynamischen Hochtiefbewegungen, welche die Rhythmisierung verstärken. Beim Weg Pflugschwingen wird der Rhythmus des Parallelen Grundschwingens dagegen erst allmählich angebahnt und durch Schrägfahrten immer wieder unterbrochen.

Individuelle Bewegungsspielräume
Die individuellen Bewegungsspielräume sind bei den Wegen Pflugdrehen und Winkelspringen geringer als beim Weg Pflugschwingen.
Der Weg Pflugdrehen fordert den ständigen deutlichen Belastungswechsel und mehr das Einbeinfahren (»Umsteigen«).
Der Weg Winkelspringen ist zunächst mehr von einer beidbeinigen Fahrweise und großer Beindynamik geprägt.
Der Weg Pflugschwingen läßt sowohl eine mehr einbeinige als auch beidbeinige, sowohl eine weniger dynamische als auch eine dynamische Fahrweise zu.

Welche Voraussetzungen bezüglich Schnee und Gelände sind notwendig?
Bei allen drei Wegen ist eine führige, griffige Schneeauflage die beste Lernvoraussetzung.
Die Wege Pflugdrehen und Winkelspringen setzen anfänglich einen gleichmäßig, leicht fallenden, später einen etwas stärker geneigten Hang voraus.
Für den Weg Pflugschwingen kann der Hang gegliederter sein, von leicht bis mäßig fallend.
Der Lernerfolg wird bei allen drei Wegen gesteigert, wenn man angelegte oder natürlich gegebene Geländeformen miteinbezieht.

Welche Voraussetzungen sollen die Schüler für die Wege haben?
Der Weg Pflugdrehen verlangt gute Beinbeweglichkeit und Rhythmusfähigkeit.
Der Weg Winkelspringen setzt ausgeprägte Sprungkraft, gute Rhythmus- und Gleichgewichtsfähigkeit voraus.
Der Weg Pflugschwingen macht keine besonderen Fähigkeiten erforderlich.

Die Teilziele der drei Wege

Jeder der drei Lehrwege setzt voraus, daß die Inhalte aus dem Kapitel »Erste Erfahrungen« gelernt worden sind.
Die Wege sind in jeweils vier Abschnitte gegliedert, die den Lernfortschritt etappenweise beschreiben. Diese Abschnitte werden **Teilziele** genannt.

Auswahl der Lehrwege

Um nach den ersten Erfahrungen den Kursteilnehmern den erfolgversprechendsten Weg

Lehrwege zum Parallelen Grundschwingen

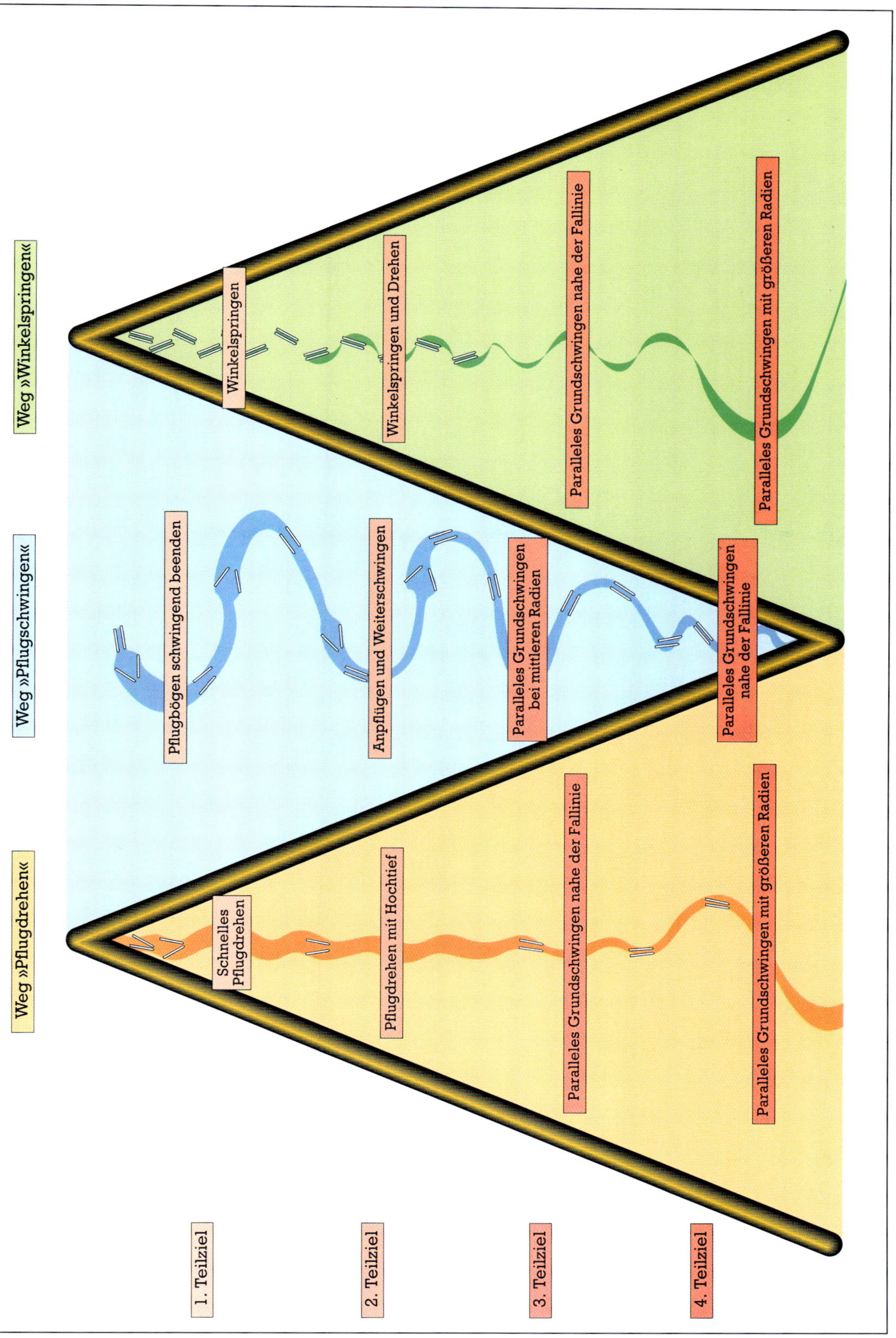

anbieten zu können, muß der Skilehrer diese von Anfang an genau beobachten. Die nachfolgenden **Fragen** können hilfreich sein:
- Welche konditionellen Voraussetzungen besitzt der Schüler?
- Wie ausgeprägt sind sein Gleichgewichtsvermögen, seine Beweglichkeit, seine Fähigkeit, schnelle Bewegungen durchzuführen?
- Kann er seine Ski schon sicher in die Bewegungen miteinbeziehen?
- Wie groß ist seine Fähigkeit, Bewegungen nachzuvollziehen, sie zu steuern und zu regulieren?
- Ist er ängstlich oder risikobereit?
- Besitzt er Behinderungen oder Schäden am Bewegungsapparat, insbesondere an den Hüft-, Knie- und Fußgelenken, die seine Beweglichkeit einschränken?

Der Skilehrer sollte sich am besten seine Beobachtungen aufzeichnen, um dann die richtige Entscheidung für einen Lehrweg sicher treffen zu können.
Besonders wird darauf hingewiesen, daß Kursteilnehmer mit Schäden am Herz- und Kreislaufsystem oder am Knochen- und Bandapparat wegen der höheren Belastung keinesfalls über den Weg Winkelspringen geführt werden dürfen.
Nur selten werden in einer Skischule oder in einem Verein so viele Kursteilnehmer vorhanden sein, daß man in Gruppen mit einheitlichen Lehrwegen einteilen könnte. Auch wäre ein Trennen der Gruppe meist nicht im Sinne der Schüler. In der Regel wird sich daher der Lehrer für einen Weg entschließen, den er für den Großteil der Schüler als den erfolgversprechendsten ansieht. Ist er geschickt, wird es ihm gelingen, auch die Minderheit gleichzeitig über den ihr angemessenen Weg zum Ziel zu führen. Möglicherweise zeigt sich im Verlauf des Unterrichts auch ein Mischweg als der vorteilhafteste. Die Qualität des Lehrers offenbart sich nun in seinem Vermögen, die Aufgabenstellungen aus den verschiedensten Wegen so anzubieten, daß sie jeden auf dem kürzesten und sichersten Weg zum Ziel führen. Es kann also durchaus sinnvoll sein, auf der Stufe der jeweiligen Teilziele auch Aufgaben aus anderen Lehrwegen zu stellen.

Auswahl der Aufgabenstellungen

Wie man aus dem Überblick über die Lehrwege sehen kann, sind diese jeweils in vier Teilziele gegliedert. Für jedes dieser Teilziele sind unterschiedliche Aufgaben angeboten.
Sie sind unterteilt in
- **vorbereitende Aufgaben**,
- eine oder zwei **Zielaufgaben**,
- **erweiternde Aufgaben**.

Für sehr gute Schüler benötigt man bei jedem Teilziel meist nur die Zielaufgaben. Normalerweise muß man vorbereitende Aufgaben einsetzen. Die erweiternden Aufgaben dienen insbesondere dazu, bei den Schülern das Lernen über die Sinne anzubahnen. Teilweise dienen sie aber auch dazu, die Fahrsicherheit zu erhöhen.
Beispiele: Rhythmus- und Geschwindigkeitswechsel helfen, die Fähigkeit zu verbessern, differenzierter zu empfinden und die Bewegungsimpulse differenzierter einzusetzen.
Fahrten mit geschlossenen Augen lassen die taktilen und kinästhetischen Informationen besonders deutlich bewußt wahrnehmen.
Fahrten mit gegensätzlichen Bewegungen (z. B.: Wechsel zwischen Ballen- und Fersendruck) erhöhen die Empfindsamkeit.
Bei Formationsfahrten lernen die Schüler unter anderem, sich gegenseitig zu beobachten, Abstände einzuhalten, sicher zu überholen und sicher anzuhalten.
Der Lehrer, der sich immer am Lernfortschritt der Schüler orientiert, wird aus dem reichlichen Aufgabenangebot überlegt auswählen und eigene Ideen einbringen.

Lehrweg: Vom rhythmischen Pflugdrehen zum parallelen Grundschwingen

Dieser Weg vom Pflugbogen zum parallelen Schwingen war Inhalt des deutschen Beitrages beim Weltskikongreß 1991 in St. Anton. Im Zusammenhang mit diesem Weg wurden erstmals auch die technischen Spielräume für eine individuelle Bewegungsausführung gezeigt.
Die Frage, welche Voraussetzungen die Schüler für diesen Weg haben müssen, kann nicht eindeutig beantwortet werden. Rhythmisierungs- und Koordinationsfähigkeit sowie gute Beweglichkeit der Beine lassen in der Regel die empfohlenen Aufgabenstellungen lösen. Häufig lernen aber auch schwerfällig und ängstlich erscheinende Schüler über das rhythmische Pflugdrehen schnell und sicher das parallele Schwingen.
Es kann sich bei diesem Weg aber auch zeigen, daß doch manche Schüler durch schnellere, dynamische und rhythmische Bewegungsausführungen sowie längere Übungsstrecken überfordert werden. Ein Wechsel zum Lehrweg über das Pflugschwingen ist dann dringend angebracht.

1. Teilziel: Schnelles Pflugdrehen nahe der Fallinie

Voraussetzung für das Lösen des Teilzieles ist ein nur **gering geneigter Hang mit führiger Schneeauflage**. Das Gelände darf keinesfalls eine stark bremsende Pflugstellung erzwingen. Diese würde den schnellen, rhythmischen Belastungswechsel verhindern. Die Abweichungen der Richtungsänderungen dürfen auf keinen Fall zu groß sein, um die Gesamtbewegung möglichst flüssig durchführen zu können.
Eine große Hilfe ist das Üben des Belastungswechsels und der Beindrehbewegung in Pflugstellung im Stand ohne und mit Ski. Die Ausführung bei den ersten Fahrversuchen gelingt dadurch leichter. Das bei diesen Vorübungen wahrgenommene Gefühl der Druckverstärkung an der Innenseite der Außenfußsohle kann dann während der Fahrübung für die anzustrebende Bewegungsausführung genutzt werden. Bei diesen Übungen erkennt man auch, daß für das Drehen der Beine das Kniegelenk gebeugt sein muß.

So soll das **schnelle Pflugdrehen aussehen:**

- Pflugfahren in der Fallinie.
- Die Belastung ganz auf ein Bein verlagern.
- Das belastete Bein drehen.
- Die Belastung wechseln.
- Das belastete Bein drehen usw.

Kurz: Belastung wechseln – drehen

➠ Welche Bewegung auch möglich ist:
– Das Pflugdrehen kann durch ein Vorausdrehen des Rumpfes und/oder des Außenarmes unterstützt werden.

Vorbereitende Aufgaben:
- ❑ *Im Stand ohne Ski in geöffneter Beinstellung den Körperschwerpunkt wechselweise auf ein Bein verlagern und dieses beugen.*
- ❑ *Wie eben, jedoch mit dem Oberschenkel das Knie nach innen führen und zugleich den Fuß um den Ballen drehen.*
- ❑ *Versuchen, während des Belastungswechsels und der Beindrehbewegung den zunehmenden Druck an der Innenseite der Sohle des Außenfußes und am Ballen sowie die Muskelspannung wahrzunehmen.*

Schnelles Pflugdrehen

Belastungswechsel und Beindrehen

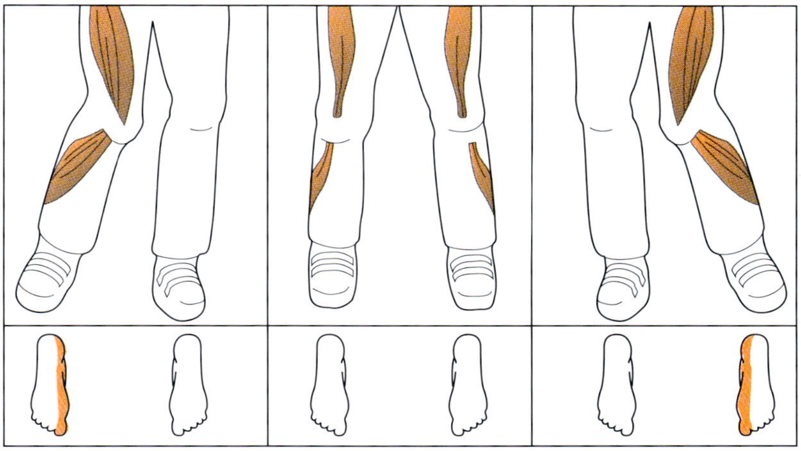

- *Die vorgenannten Übungen mit Ski im Stand in Pflugstellung wiederholen.*
- *Erkennen, wie der Belastungswechsel und die Beindrehbewegung zum stärkeren Kanten des jeweiligen Ski führt.*

Zielaufgabe:

- ***In der Pflugfahrt durch schnelles, rhythmisches Belastungswechseln und Beindrehen Richtungsänderungen nahe der Fallinie durchführen.***

Erweiternde Aufgaben:

- *Die Schüler auffordern, besonders auf die Druckempfindungen und Muskelspannungen zu achten und die Wahrnehmungen mitzuteilen.*
- *Den Rhythmus laut mitsprechen: »Drehen, drehen, drehen, drehen, ...«*
- *Ohne Stöcke fahren, die Hände in die Hüfte stützen.*
- *Die Arme vom Körper wegstrecken.*
- *Mit der Außenhand das Knie von außen berühren und dieses nach innen drücken.*
- *Den Rhythmus wechseln: z. B. drei schnelle Wechsel, drei langsame Wechsel. (»Drehen, drehen, drehen, d r e h e n, d r e h e n, d r e h e n, drehen, drehen, drehen, d r e h e n, d r e h e n, d r e h e n, ...«). An der Spur erkennen, wie sich die Bögen durch den gedehnten Belastungswechsel und die Beindrehbewegung verändern.*
- *Lehrer und Schüler fahren nebeneinander. Der Lehrer spricht den Rhythmus vor und gibt, wenn nötig, Hinweise zur Verstärkung der Bewegung.*
- *Paarweise nebeneinander fahren. Ein Partner spricht den Rhythmus vor.*
- *Paarweise hintereinander fahren. Der Nachfahrende beobachtet den Vorausfahrenden und versucht, dessen Fahrt zu synchronisieren.*
- *Durch Übungen die sehr stark belastete Hüftmuskulatur lockern: z. B. Schußfahren, Bogentreten bergwärts, Seitrutschen, Schwung bergwärts.*

2. Teilziel: Pflugdrehen mit kräftigen Hochtiefbewegungen

Die Hochtiefbewegung, auch **Vertikalbewegung** genannt, hat zwei Aufgaben: mit ihr muß man die rhythmische Grundstruktur des parallelen Grundschwingens vorbereiten und die Pflugstellung zunehmend verringern. Sie muß deshalb betont ausgeführt werden.

Für manche Schüler ist die betonte Hochtiefbewegung zunächst nicht leicht. Der größere Bewegungsumfang ist ungewohnt, aber auch die starren und hohen Skischuhe hemmen diese Bewegung. Die Ausführung der Vertikalbewegung kann dadurch angebahnt und erleichtert werden, daß die Beuge- und Streckbewegung im Stand ohne und mit Ski geübt wird. Dabei wird den Schülern ohne Störfaktoren das Gefühl für die Hochtiefbewegung vermittelt, und sie können die Empfindungen in den Gelenken und Muskeln wahrnehmen und speichern. Auch das Üben mit geöffnetem Schuhschaft verstärkt unter Umständen das Bewegungsgefühl und erweitert die Erfahrungen. Bei der Hochtiefbewegung ist darauf zu achten, daß die gleichmäßige Fußsohlenbelastung beibehalten wird. Keinesfalls darf eine Verlagerung der Belastung auf die Fersen erfolgen. Die Pflugstellung wird sich nicht immer unmittelbar mit dem Einsetzen der Vertikalbewegung stark verringern. Erst die zunehmend flüssigere Gesamtbewegung wird die graduelle Annäherung langsam einleiten und verstärken. Lehrer und Schüler brauchen Geduld. Es kann aber auch sein, daß manchen Schülern schon von selbst durch ein kurzes Anheben des Innenski bei diesen Übungen ein annähernd paralleles Drehen gelingt.

Der **Stockeinsatz** soll bei den Übungen im Stand und in der Fallinie zwar schon mit in die Hochtiefbewegung einbezogen werden, um seine Koordination in die Gesamtbewegung schrittweise anzubahnen. Seine Verwendung während des Pflugdrehens ist aber auf dieser Stufe nicht immer ratsam.

Der Hang darf nach wie vor nur **leicht geneigt** sein, um die rhythmische Gesamtbewegung nicht durch einen bremsenden Kanteneinsatz zu hemmen. Es ist weiter darauf zu achten, daß die Abweichung der Bögen von der Fallinie gering bleibt. Das Fahrtempo soll langsam zunehmen.

So soll das **Pflugdrehen mit kräftiger Hochtiefbewegung** aussehen:

- **Nach dem Drehen dynamisch und umfangreich strecken.**
- **Die Belastung auf das Außenbein wechseln und dieses im Beugen kräftig drehen.**
- **Nach dem Drehen wieder dynamisch und umfangreich strecken.**

Kurz: Strecken – Belastung wechseln – Beugen – Drehen

➠ Welche Bewegungen auch möglich sind:

- Das Pflugdrehen kann mit dem Rumpf und/oder dem Außenarm unterstützt werden.
- Die Belastung braucht nicht eindeutig auf den Außenski gewechselt werden, sondern führt aus der Hochbewegung im Beugen zu einem Abstützen auf dem Innenski.
- Das Pflugdrehen wird mit dem gesamten Körper durchgeführt.

Individuelle Bewegungsführung

Vorbereitende Aufgaben:

- ❑ *Im Stand ohne Ski und Stöcke in offener Beinstellung langsame, aber im Umfang große Hochtiefbewegungen durchführen.*
- ❑ *Wie eben, die Hochtiefbewegung aber schneller und dynamischer ausführen. Die Muskelspannung und -entspannung wahrnehmen*
- ❑ *Beide Stöcke vor dem Körper einsetzen und die Hochbewegung mit Armkraft unterstützen.*
- ❑ *Die Stöcke im Wechsel rhythmisch links und rechts zur Unterstützung der Hochbewegung einsetzen.*
- ❑ *Alle genannten Übungen im Stand mit Ski ausführen, dabei immer die gleichmäßige Fußsohlenbelastung empfinden.*
- ❑ *Während der Hochbewegung den Körper wechselweise in Richtung vordere und hintere Skihälfte verschieben, dabei auf Druck und Zug im Fuß- und Schuhbereich achten.*

Pflugdrehen mit Hoch-Tiefbewegung

Schußfahren und Pflügen im Wechsel

- ❑ *Schußfahren in der Fallinie mit kräftigen Hochtiefbewegungen. Dabei versuchen, in der Hochbewegung ein- und in der Tiefbewegung auszuatmen.*
- ❑ *Schußfahren in der Fallinie, aber den Körper bei der Hochtiefbewegung wechselweise in Richtung vordere und hintere Skihälfte verschieben.*
- ❑ *Fahren in der Fallinie, dabei die Hochbewegung bis zum Abspringen verstärken:*
  - *ohne Stockunterstützung,*
  - *mit Doppelstockeinsatz,*
  - *mit wechselndem Stockeinsatz.*
- ❑ *Gleitpflügen in der Fallinie mit etwas höherem Tempo und dabei kräftig hochtiefgehen.*
- ❑ *Im Wechsel Gleitpflügen und durch eine Hochbewegung die Ski zur Schußfahrt schließen. Zunächst langsam, dann in immer schnellerem Wechsel.*

Alle Abfahrten in Fallinie möglichst mit Bogentreten beenden!

Zielaufgabe:

- ❑ ***Im Pflugdrehen mit schnellem Richtungswechsel beginnen und nach und nach das Drehen mit rhythmischer Hochtiefbewegung zu längeren Bögen nahe der Fallinie überleiten.***

Erweiternde Aufgaben:

- ❑ *Die Tiefbewegung dehnen: »Hoch – t i e f, hoch – t i e f, hoch – t i e f, ...«*
- ❑ *Die Hochbewegung dehnen: »H o c h – tief, h o c h – tief, h o c h – tief, ...«*
- ❑ *Im Tiefgehen das Drehen des Außenbeines betonen: »Hoch – **drehen**, hoch – **drehen**, hoch – **drehen** ...«*
- ❑ *Die Drehbewegung dehnen: »Hoch – d r e h e n, hoch – d r e h e n, hoch – d r e h e n, ...«*
- ❑ *Im Tiefgehen das Ausatmen betonen.*
- ❑ *Teile der Übungsfahrt mit geschlossenen Augen fahren.*
- ❑ *Paarweises Üben wie beim 1. Teilziel.*
- ❑ *Übungen zur Lockerung.*

3. Teilziel: Paralleles Grundschwingen nahe der Fallinie

Nach dem Festigen der rhythmischen Hochtiefbewegung steht nun der **Abbau der Pflugstellung** im Vordergrund. Entscheidende Hilfe für diese Aufgabe ist ein höheres Fahrtempo. Es ist deshalb ein **stärker geneigter Hang** als bei den vorausgegangenen Übungen notwendig. Sobald die ersten annähernd parallelen Schwungsteuerungen sicher gelingen, kann der Stockeinsatz bewußt in den Bewegungsablauf einbezogen werden.
Zunächst werden die Richtungsänderungen meist immer noch aus einer geringen Pflugstellung eingeleitet. Mit zunehmender Übung wird diese immer stärker abgebaut. Für diesen Prozeß benötigen Lehrer und Schüler viel Geduld.

So soll das **Parallele Grundschwingen nahe der Fallinie** aussehen:

- Gegen Ende des Schwunges noch während der Tiefbewegung den Stockeinsatz vorbereiten.
- Direkt im Anschluß an das Beugen mit Stockunterstützung strecken und die Belastung wechseln.
- Direkt im Anschluß an das Hochgehen zügig tiefgehen, kräftig und anhaltend das Außenbein drehen, den Stockeinsatz vorbereiten.

Kurz: Beugen und Stock vorbereiten – ohne Pause mit Stockunterstützung strecken – gleich wieder beugen.

➠ Welche Bewegungen noch möglich sind:
- Das Parallele Grundschwingen kann mit dem Rumpf und/oder dem Außenarm unterstützt werden.
- Die Belastung braucht nicht eindeutig auf den Außenski gewechselt werden, sondern führt aus der Hochbewegung im Beugen zu einem Abstützen auf dem Innenski.
- Das parallele Grundschwingen wird mit dem gesamten Körper durchgeführt.

Vorbereitende Aufgaben (insbesondere für Schüler, denen das Schließen der Ski Schwierigkeiten bereitet):

Paralleles Grundschwingen nahe der Fallinie

- *Pflugschrägfahrt, dabei mit einer Hochtiefbewegung den Bergski zum Talski beidrehen oder beisetzen. Auch als Hanggirlande fahren.*
- *In der Fallinie im Gleitpflug anfahren, durch ein dynamisches Hoch- (Schließen der Ski) Tiefgehen (Drehen der Ski) aus der Fallinie herausschwingen. Auch als Hanggirlande fahren.*
- *Übungen aus dem Lehrweg »Über das rhythmische Winkelspringen zum Parallelen Grundschwingen«.*

Zielaufgabe:

- *Mit höherem Tempo in Bögen nahe der Fallinie fahren. Wiederholt versuchen, im Hochgehen die Pflugstellung durch Anheben und Beidrehen des Innenski in die parallel-offene Skistellung überzuführen. Dabei den Stock stützend einsetzen.*

Erweiternde Aufgaben:

- *Das Innenbein während der Streckbewegung deutlich anheben und parallel-offen neben dem Außenski aufsetzen. (»Anheben – beidrehen, anheben – beidrehen, anheben – beidrehen. . . «)*
- *Die Hochbewegung sprunghaft ausführen und mit kräftigem Stockeinsatz unterstützen. (»Sprung – beidrehen, Sprung – beidrehen, Sprung – beidrehen . . . «)*
- *Die Hochbewegung etwas dehnen, aber die Beuge- und Beindrehbewegung schnell und kräftig ausführen. (»H o c h – **drehen**, h o c h – **drehen**, h o c h – **drehen** . . . «)*
- *Die Hochtiefbewegung und das Drehen verzögern. (»H o c h – d r e h e n, h o c h – d r e h e n, . . . «)*
- *Die Skistellung bei den Schwüngen beobachten.*
- *Markierungen (»Pilze«, Torlaufstangen) für den Schwungwechsel setzen. Die Radien und Schwungwinkel durch Vergrößern und Verkleinern der Abstände sowie seitwärts Versetzen der Markierungen verändern.*
- *Beim Schwingen während der Hochbewegung bewußt ein-, bei der Tiefbewegung ausatmen.*
- *Beim Schwingen eine rhythmisch angepaßte Melodie mitsingen.*
- *In Formationen mit gleichbleibendem und wechselndem Rhythmus abfahren.*

4. Teilziel: Paralleles Grundschwingen mit zunehmend größeren Radien

Nachdem der Schüler jetzt rhythmisch nahe der Fallinie parallel schwingen kann, lernt er nun Schwünge mit zunehmend größeren Radien **in mittelsteilem Gelände**. Dazu muß er lernen, bei etwas höherem Tempo die Schwünge länger auszusteuern. Die Hochbewegung wird zwar noch umfangreich, aber nun gedehnter ausgeführt. Sie muß jedoch immer noch entlastungswirksam sein, um das Umkanten und die Dreheinleitung zu erleichtern. Es ist ferner darauf zu achten, daß die Hochbewegung zu einer Drehung des Körpers um seine Längsachse führt und er sich dabei mehr vor-talwärts neigen muß. Die Beindrehung ist bei den längeren Schwüngen gezielter zu regulieren. Weiter ist in der Schwungsteuerung nun stärker auf das Ausgleichen der Beinbewegung durch den Rumpf Wert zu legen.
Auch beim Tolerieren aller angeführten möglichen indivi-

Paralleles Grundschwingen mit größeren Radien

duellen Lösungen sind die Schüler in diesem letzten Teilziel mehr und mehr aufzufordern und zu ermutigen, den Außenski deutlich zu belasten und das **Drehen und Steuern mit dem Außenbein** einzuleiten. Ebenso sollte das Beindrehen möglichst **unabhängig** von Rumpf, Becken und Armen erfolgen. Die individuelle Lösung darf aber keinesfalls zu stark eingeengt oder gar abgeblockt werden. Mit korrigierenden Aufgabenstellungen sollte man erst dann eingreifen, wenn der Schüler bei seiner Aufgabenlösung Bewegungsausführungen zeigt, die den Lernfortschritt behindern, eventuell eine spätere Weiterentwicklung verbauen oder seine Sicherheit ernstlich gefährden.

So soll das **Parallele Grundschwingen** aussehen:

- **In der Schrägfahrt Strecken und die Belastung auf den Außenski wechseln.**
- **Mit der Hochbewegung den talseitigen Stock stützend einsetzen.**
- **Beugen und mit dem Außenbein drehen, bis man die Schrägfahrt erreicht hat.**

Kurz: Strecken – Stockeinsatz – Belastungswechsel – Beugen – Beindrehen

Aufgaben:
Paralleles Grundschwingen in mäßig fallendem Gelände nahe der Fallinie verändern zu Schwüngen mit längeren Radien durch:

- ❑ *Versetzen von Markierungen (»Pilze«, Stangen),*
- ❑ *Dehnen der Drehbewegung des Außenbeines (»Hoch – d r e h e n, hoch – d r e h e n, hoch – d r e h e n, ...«),*
- ❑ *Dehnen der Hoch- und Tiefbewegung (»H o c h – d r e h e n, h o c h – d r e h e n, h o c h – d r e h e n, ...«).*
- ❑ *In mittelsteilem Gelände die Schwungradien zunehmend vergrößern.*
- ❑ *Bei den Fahrten Abhängigkeiten erkennen:*
  - *Wenn die Schwünge weiter von der Fallinie abweichen sollen, muß die Drehung des Außenbeines aktiver und länger wirken und der Druck an der Innenseite des Außenfußes stärker werden,*
  - *wenn der Schwungwechsel nicht so schnell erfogen soll, muß das Beugen gedehnt und die Muskelspannung länger gehalten werden,*
  - *wenn der Schwung weiter von der Fallinie weggedreht werden soll, muß die Hochbewegung beim Schwungwechsel dynamischer sein,*
  - *wenn die Schwünge mit Schrägfahrt verbunden werden, kann sich der Körper aufrichten und entspannen; die nächste Schwungeinleitung muß aber dann durch erneutes Tiefgehen vorbereitet werden.*

Wissenswertes für Skischüler

In diesem Abschnitt wird der für jeden Schüler langersehnte Lernschritt vom Bogenfahren zum Schwingen vollzogen. Dieser Schritt verlangt viel Geduld und Übung, man wird aber durch die Freude an der zunehmenden Beweglichkeit auf Ski und dem Erleben des Bewegungsrhythmus bei den kurzen schwunghaften Richtungsänderungen reichlich belohnt.
Entscheidend für den Lernerfolg ist nun der Wechsel von dem mehr statischen Pflugbogenfahren zum schnellen, kraftvollen Drehen der Ski mit Hilfe der Beine. Man spürt erstmals deutlich den Belastungswechsel und den durch die Muskelkraft der Beine erzeugten Druck auf die Ski. Die starke Hochtiefbewegung läßt das Gefühl der Spannung und Entspannung verstärkt empfinden.
Die längeren Übungsfahrten mit rhythmischem Pflugdrehen verlangen nun höhere Kraftanstrengungen und höhere Belastungen der Hüft-, Knie- und Fußgelenke. Ist der Bewegungsumfang dieser Gelenke aus irgend-

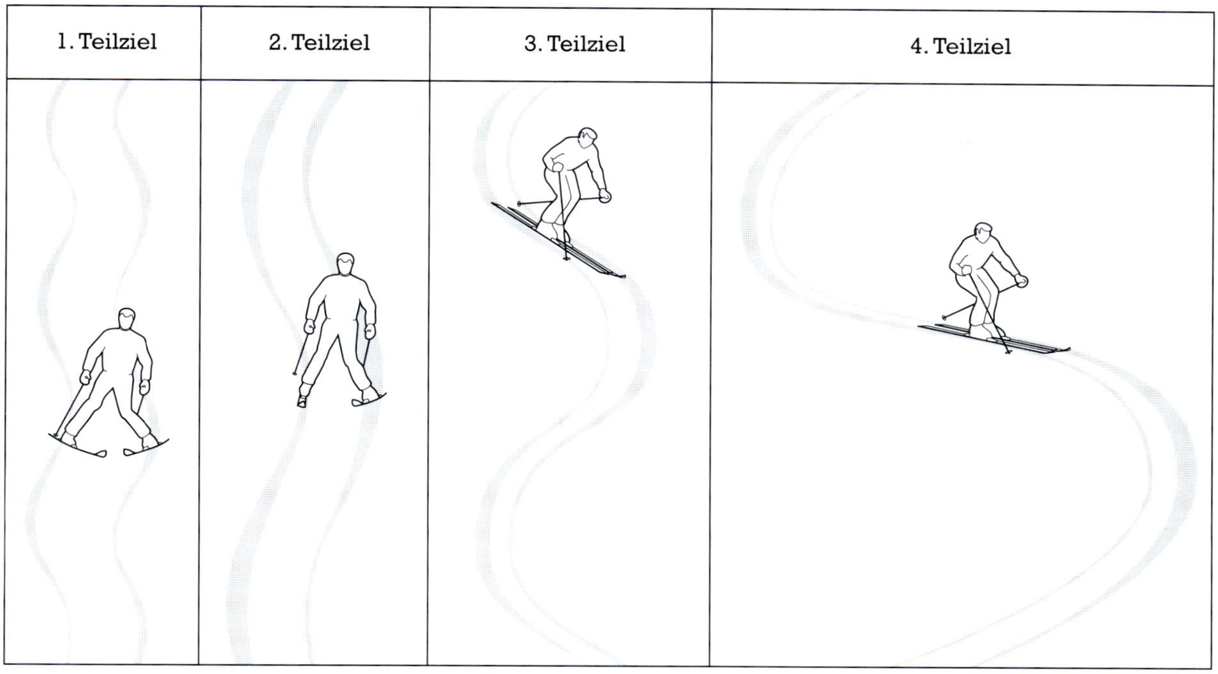

Die Teilziele des Lehrweges »Pflugdrehen« im Überblick

einem Grund eingeschränkt, oder sind die Gelenke nicht im geforderten Maß belastbar, muß der Skilehrer rechtzeitig auf dieses Handicap aufmerksam gemacht werden.
Man muß aber als Schüler auch den Mut haben, den Lehrer anzusprechen, wenn bei einer bestimmten Aufgabenstellung besondere Schwierigkeiten auftreten, und man vielleicht mutlos wird oder an seiner Lernfähigkeit zu zweifeln beginnt. Jeder Lehrer wird gerne der Ursache auf den Grund gehen und einen Rat geben. Man sollte sich aber auch nicht scheuen, den Lehrer aufzufordern, nochmals als Beispiel vorauszufahren, um sich hinter ihm in die Bewegung »hineinziehen« zu lassen. Vielleicht sind aber auch andere Schüler schon soweit, einen »erfahrenen« Trick verraten zu können.
Die längeren Übungsfahrten bieten nun besonders gut die Möglichkeit, in sich hineinzuhorchen, die einzelnen Bewegungen bewußt wahrzunehmen und die Empfindungen, die die Muskeln und Gelenke vermitteln, zu speichern. Die Mitteilungen dieser eigenen Informationen können es dem Lehrer sehr erleichtern, neue Aufgaben zu stellen. Vielleicht kann man sogar beim Erfahrungsaustausch anderen Kursteilnehmern eine selbstgefundene Lösung zu einem Versuch anbieten.
Vielen Schülern ist es nützlich, wenn sie bereits vor dem Start der Übungsfahrt den Bewegungsablauf durch **Selbstbefehle** (z. B. »Hoch – drehen, hoch – drehen«) geistig anbahnen.

Wissenswertes für Skilehrer

Es muß nochmals mit Nachdruck darauf hingewiesen werden, daß die wichtigste Bedingung für den Erfolg des Lehrweges das für jedes Teilziel geforderte Gelände ist. Für die Teilziele 1 und 2 muß ein leicht geneigter Hang und eine führige Schneeauflage mit geringem Drehwiderstand ausgewählt werden. Nur bei diesen äußeren Voraussetzungen ist es dem Schüler möglich, die Aufgabenstellungen im geforderten Gleitpflug zu lösen, einen entsprechenden Abdruck für die Hochtiefbewegung zu finden und die Richtungsänderung der Fallinie entlang zu fahren. Sollten im Geländebereich der Skischule diese Bedingungen nicht vorhanden sein, kann dieser Lehrweg nicht empfohlen werden. Für die Teilziele 3 und 4 ist eine geringe Zunahme der Geländeneigung vorteilhaft. Das Fahrtempo wird dadurch im erforderlichen Maß erhöht, was wiederum die Drehung der Ski und das Beisetzen oder Beidrehen des Innenski erleichtert.
Eine **ständige Liftbenutzung** ist für den Übungsablauf dringend notwendig. Nur durch die Anwendung längerer zusammenhängender Übungsfahrten sind die Lernziele sicher erreichbar.
Der **Aktion des Beidrehens oder Beisetzens des Innenski** ist beim Teilziel 3 beson-

dere Aufmerksamkeit zu schenken. Es ist vorerst unerheblich, ob der Innenski ohne Schneekontakt zum Außenski beigesetzt oder mit Schneekontakt beigedreht wird. Der Schlüssel zum parallelen Schwingen ist der Erwerb des Gefühls für den Zeitpunkt und die sichere Durchführung dieser Aktionen. Diese Entwicklungsschritte können von manchem Schüler spontan vollzogen werden, benötigen aber in der Regel längere Übungszeit. Vor allem dann, wenn das Gleichgewicht noch nicht stabil ist und/ oder die Fähigkeit, mit den Beinen unabhängig zu arbeiten, noch nicht ausreichend vorhanden ist. Man muß dem Schüler dann die Möglichkeit anbieten, **selbständig**, auch einmal ohne direkte Beobachtung durch den Lehrer, **zu üben, zu erproben und zu experimentieren**. Der Lehrer muß sich gedulden und darf keinen Druck ausüben. Er muß wissen, daß der Schüler vielleicht auch zuerst das Angstgefühl, durch Aufgabe der Pflugstellung in Sturzgefahr zu kommen, langsam abbauen und durch positive »Erfahrungen« sich schrittweise selbst mehr und mehr ermutigen muß. Manchmal genügt dem Schüler nach einer gewissen Übungsdauer ein dem Zeitpunkt für das Beisetzen angepaßtes **akustisches Signal**, ein Zuruf, wie z. B.: »Abheben« oder »Beidrehen«.
Eine größere Bedeutung als in den bisherigen Lernabschnitten fällt nun der **Lehrerdemonstration** zu. Da dieser Weg durch eine ganzheitliche Verfahrensweise geprägt ist, und das Erfassen der rhythmischen Struktur im Vordergrund steht, ist es angebracht, die Aufgabenstellungen häufiger zu demonstrieren, um die Rhythmisierung immer wieder anschaulich zu verdeutlichen. Auch ist es sehr hilfreich, den Schülern als »Leader« öfter vorauszufahren.

Lehrweg: Vom Pflugschwingen zum Parallelen Grundschwingen

Der Lehrweg vom Pflugschwingen zum Parallelen Grundschwingen ist der klassische Lehrweg zum parallelen Schwingen. Zahllose Schüler haben so sicher und gut das Skifahren gelernt. Der Lehrweg kommt vor allem etwas älteren oder ängstlichen Anfängern entgegen, die weder besonders konditionsstark sind noch auf vielfältige sportliche Erfahrungen zurückgreifen können. Besondere Bedeutung erhält dieser Lehrweg dadurch, daß sich in vielfältiger Weise individuelle Bewegungsspielräume nutzen lassen und er dadurch gute Voraussetzungen für schnelles, freudvolles Lernen bietet.
In der Praxis lassen häufig die Geländebedingungen nur diesen Weg zu, denn nicht immer steht ein sanft geneigter, auslaufender Hang zur Verfügung, wie ihn die Wege Pflugdrehen und Winkelspringen verlangen. Die Kritiker dieses Lehrweges wenden ein, daß die Lernenden von Anfang an falsch geprägt werden. Sie führen an, daß die Schüler dann mehr auf die Schrägfahrt als auf die Fallinie ausgerichtet sind und so auch später in kritischen Situationen immer wieder in die Schrägfahrt »flüchten«.

1. Teilziel: Pflugbögen schwingend beenden

Die Schüler haben bereits erste Erfahrungen mit dem Verbinden

Pflugbogen schwingend beenden

von Pflugbögen und Schrägfahrten . Dabei kamen die Ski beim Schließen meist schon etwas ins Rutschen. Dieses Rutschen muß nun zu einem ersten, kurzen Schwingen geformt werden. Dabei sollte man beachten, daß der Übergang vom »stabilen« Pflugbogenfahren zum Schwingen für viele Schüler eine völlig neue Bewegungserfahrung ist, die durchaus Mut verlangt. Dieser Übergang läßt sich mit der Situation beim Autofahren vergleichen, wenn man zunächst sicher durch eine Kurve fährt (Fahren im Pflug), aber plötzlich das Heck wegdriftet (Schwingen).
Eine Reihe weiterer Lernziele sind im Auge zu behalten :
Der Schwunganteil der Richtungsänderungen soll nach und nach so weit vergrößert werden, daß man schon aus der Fallinie mit dem Schwingen beginnt.
Der Bewegungsrhythmus des Parallelen Grundschwingens soll angebahnt werden.
Die Schüler sollen von Anfang an zur durchgehenden Außenskibelastung angeleitet werden.
Besonders ist darauf hinzuweisen, daß ein geräumiger, gut präparierter, nur mäßig geneigter Hang einen schnellen, sicheren Lernfortschitt begünstigt.

So soll das **schwunghafte Beenden von Pflugbögen** aussehen:

- **In der Schrägfahrt aus der Mittelposition hochgehen und die Ski zum Pflug öffnen. Die Belastung auf den Außenski verlagern.**
- **In hoher Körperstellung über die Fallinie pflügen. Dabei mit dem ganzen Körper die Ski drehen.**
- **Vor Erreichen der Schrägfahrt den Innenski beidrehen, tiefgehen und mit dem Außenbein drehen. Bis in die Schrägfahrt schwingen, usw.**

Kurz: hochgehen – pflügen – tiefgehen – drehen

➠ Welche Bewegungen auch möglich sind:
- Das Öffnen der Ski zur Pflugstellung mit einem Stemmschritt bergwärts (»Umsteigen«), aber auch einfach durch Auseinanderschieben der Skienden erreichen.
- Das Schließen der Ski entweder durch Heranheben oder durch Heranschieben des Innenski herbeiführen.

Individuelle Bewegungsausführung

- Sich beim Schließen der Ski mit dem Innenstock abstützen.
- Durchgehend nur gering um eine mittlere Körperstellung pendeln, wenn die hohe Körperstellung verunsichert.
- Mit Armen und Rumpf vorausdrehen, wenn man nicht so recht ins Drehen kommt.
- Sich zu Beginn der Pflugfahrt mit dem Innenski abstützen und erst ab der Fallinie Außenskibelastung erreichen.

Vorbereitende Aufgaben:
❏ *Abfahren durch Aneinanderreihen von Pflugbogen, Schrägfahrt, Pflugbogen,*

Pflugbogen schwingend beenden

Schrägfahrt, usw. Dabei versuchen, die Abfolge möglichst gleichmäßig zu gestalten. Empfehlenswert ist das Fahren um regelmäßig gesetzte Markierungen, wie Stangen oder »Pilze«.

- ❑ *Wie eben, jedoch die Geschwindigkeit etwas steigern und mit dem Schließen der Ski ein kurzes Rutschen der Ski talwärts anschließen. Versuchen, dieses Rutschen durch Tiefgehen auszulösen und durch Mitsprechen (»T-i-e-f«) zu begleiten. Ausatmen und sich einfach »fallenlassen«. Beim Hochgehen und Öffnen der Ski mitsprechen: »H-o-c-h«, einatmen und sich dabei »großmachen«.*
- ❑ *Erlernen des Beindrehens: Im Stand und ohne Ski in offener Beinstellung das Gewicht wechselweise auf ein Bein verlagern und dieses dabei beugen.*
- ❑ *Wie eben, jedoch mit dem Beugen den Oberschenkel nach innen führen und den Fuß um den Ballen drehen. Dabei während der Beindrehbewegung den zunehmenden Druck an der Innenseite des Außenfußes sowie die Muskelanspannung im Bein zu spüren versuchen.*
- ❑ *Wie eben, jedoch die Bewegungen mit Ski im Stand und in Pflugstellung ausführen. Dabei erkennen, wie durch das Beindrehen der Ski auch gekantet wird.*
- ❑ *In der Schrägfahrt hochgehen, dann kräftig tiefgehen und Beindrehen: bergwärts schwingen. Diese Aufgabe gelingt leichter, wenn man es an einer gut präparierten Kante oder Hangrundform versucht.*

Zielaufgaben:

- ❑ *Pflugbögen durch einen kurzen Schwung beenden: erstes Pflugschwingen.*
- ❑ *Pflugbögen so weit verkürzen, bis man aus der Fallinie schwingt: Pflugschwingen mit wachsendem Schwunganteil.*

Erweiternde Aufgaben:

- ❑ *Pflugschwingen mit Sprechbegleitung: »H-o-c-h« (Ski öffnen und pflügen), »D-r-e-h-e-n« (Schwingen).*
- ❑ *Pflugschwingen mit bewußtem Atmen: Beim »H-o-c-h« einatmen, beim »T-i-e-f« ausatmen.*
- ❑ *Das »H-o-c-h« verkürzen, das »T-i-e-f« verlängern.*
- ❑ *Pflugschwingen entlang von Kurven, die mit »Pilzen« markiert sind und in deren Verlauf je eine Stange eingebaut ist. Jeweils an der Stange den Schwung ansetzen. Die Stange schrittweise immer mehr zur Schwungmitte setzen.*
- ❑ *Experimentieren mit den Bewegungsspielräumen:*
  - *Die Ski mit einem Schritt bergwärts öffnen oder die Ski auseinanderschieben.*
  - *Die Belastung mit dem Öffnen der Ski schnell oder erst beim Pflügen wechseln.*
  - *Beim Schließen der Ski den Innenski betont heranheben.*
  - *Beim Schließen der Ski sich mit dem Stock abstützen.*
  - *Ganz ohne Stöcke fahren.*
- ❑ *Beim Schwingen gegenüberstellen: Außenbein betont belasten, beugen und drehen; Innenbein belasten und beugen.*
- ❑ *Beim Belastungswechsel und beim Fahren über die Fallinie auf die Druckempfindungen an der Fußsohle und die Spannungsempfindungen in der Muskulatur des Außenbeines achten.*
- ❑ *Beim Pflugschwingen kann die Vorstellung hilfreich sein, daß die Pflugphase ruhig und entspannt abläuft, während die Schwungphase von entschlossener Dynamik gekennzeichnet ist.*

2. Teilziel: Anpflügen und weiterschwingen

Mit dem ersten Teilziel hat man gelernt, etwa die zweite Hälfte der Richtungsänderung schwingend zu bewältigen. Will man nun noch kürzer pflügen, um schon vor der Fallinie mit dem Schwingen zu beginnen, so muß man eigentlich keine einzige neue Aktion lernen. Allerdings ist nun das Hochgehen und Öffnen der Ski zügiger auszuführen. Zudem wird jetzt die Kurvenlage verstärkt erlebt. Eine weitere Veränderung ergibt sich aus der nunmehr längeren Schwungkurve. Man muß anhaltender mit dem Außenbein drehen und das Tiefgehen gleichmäßig auf die Kurve verteilen.

So soll das **Anpflügen und Weiterschwingen** aussehen:

- **In der Schrägfahrt aus der Mittelposition zügig hochgehen und die Ski zum Pflug öffnen. Die Belastung zügig auf den Außenski verlagern.**
- **In hoher Körperstellung kurz pflügen. Mit dem ganzen Körper die Ski drehen.**
- **Vor Erreichen der Fallinie den Innenski beidrehen, über die Schwungsteuerung verteilt tiefgehen und das Außenbein anhaltend drehen, bis man die Schrägfahrt erreicht hat, usw.**

Kurz: zügig hochgehen – kurz pflügen – tiefgehen, anhaltend beindrehen

➠ Welche Bewegungen auch möglich sind:

- Neben den im ersten Teilziel bereits geschilderten Bewegungsspielräumen ist hier besonders darauf hinzuweisen, daß der **Stock** verwendet werden kann, um das

Anpflügen und weiterschwingen

Pflügen, Schwingen

Gleichgewicht beim Einnehmen der Kurvenlage zu stabilisieren.

Anpflügen und weiterschwingen

Vorbereitende Aufgaben:

- *Pflugschwingen mit einer etwas schmäleren Pflugstellung und näher der Fallinie als bisher.*
- *Wie eben, dabei die Hochtiefbewegungen dadurch flüssiger ausführen, daß man zügiger vom Hochgehen in das Tiefgehen wechselt.*
- *In der Fallinie in hoher Körperstellung pflügen. Mit Tiefgehen und Beindrehen aus der Fallinie schwingen. Dann zunehmend schräg zur Fallinie anpflügen und über die Fallinie schwingen (Pflugschwungfächer).*

Zielaufgaben:

- *Bis vor die Fallinie pflügen und dann weiterschwingen.*
- *Immer kürzer anpflügen und immer länger schwingen.*

Erweiternde Aufgaben

- *Pflugschwingen mit Sprechbegleitung: »1-2-3 (Hochgehen und Ski öffnen) – Drehen (Ski schließen und Schwingen)«, »1-2-3-Drehen«, usw., dann »1-2-D r e h e n «, »1-2-D r e h e n «, usw., schließlich »1-D r e h e n «, »1-D r e h e n «, usw.*
- *Pflugschwingen um mit »Pilzen« markierte Kurven. In jeder Kurve wird der Schwungansatz durch eine Stange gekennzeichnet. Diese wird zunehmend an den Schwunganfang versetzt.*
- *Das Einnehmen und Stabilisieren der Kurvenlage im Schwungverlauf bewußt »miterleben«.*

3. Teilziel: Paralleles Grundschwingen bei etwa mittleren Radien

Nach dem Erreichen des zweiten Teilzieles hat das Pflug-

schwingen bereits einen überwiegend schwunghaften Charakter. Ziel ist jetzt, auf das kurze Anpflügen zu verzichten, um aus der Schrägfahrt direkt und flüssig das Schwingen einzuleiten. Durch das Anpflügen konnte der Außenski umgekantet und auch etwas in die neue Richtung gebracht werden. Weil diese »Vorteile« nun aufgegeben werden, muß die Hochbewegung direkt in den Schwung hineinführen. Mit dem Strecken müssen somit die Ski umgekantet, die Belastung auf den Außenski gewechselt, die Ski in Drehung versetzt und Kurvenlage eingenommen werden. Dazu kommt ferner, daß die einleitende Hochbewegung ohne Unterbrechung in die Tiefbewegung der Schwungsteuerung übergehen muß. Die Richtungsänderungen werden dadurch flüssiger und rhythmischer.
Die meisten Schüler bevorzugen etwa mittlere Radien und verbinden die Schwünge mit kurzen Schrägfahrten. In diesen Schrägfahrten kehren sie immer wieder in die Mittelposition zurück, um von ihr aus erneut den Auftakt zum nächsten Schwung zu suchen. Bewegungsbegabte und rhythmisch veranlagte Schüler suchen meist sofort das kürzere Schwingen näher an der Fallinie. Sie erreichen gleichsam das dritte und vierte Teilziel auf einmal!

So soll das **Parallele Grundschwingen** aussehen:

- **In der Schrägfahrt Strecken und die Belastung auf den Außenski wechseln.**
- **Dabei den talseitigen Stock stützend einsetzen.**
- **Beugen und mit dem Außenbein drehen, bis man die Schrägfahrt erreicht hat, usw.**

Kurz: Strecken, Stockeinsatz, Belastungswechsel – beugen – Außenbeindrehen

Paralleles Grundschwingen mit mittleren Radien

➠ Welche Bewegungen auch möglich sind:
- Das Drehen der Ski kann mit dem Rumpf und/oder dem Außenarm unterstützt werden.
- Bei der schwungeinleitenden Hochbewegung kann man beide Beine gleichermaßen belasten und die Belastung erst beim Tiefgehen auf das Außenbein verlagern. Man kann aber auch gleich zu Beginn der Hochbewegung das Gewicht sehr schnell vom Tal- auf den Bergski verlagern. Meist hebt dann der entlastete Ski deutlich sichtbar vom Schnee ab: Man steigt um.

Vorbereitende Aufgaben:

❑ *Pflugschwingen nahe der Fallinie bei gesteigertem Tempo. Am Schwungende dynamisch und umfangreich strecken, möglichst gleich wieder die nur wenig geöffneten Ski schließen und tiefgehen.*

❑ *Übungen zum Stockeinsatz:*
  - *Im Stand die Stöcke wechselweise, flüssig und rhythmisch nach vorne und nach hinten führen. Darauf achten, daß jeweils die Spitze des nach vorne geführten Stockes in den Schnee sticht.*
  - *Wie eben, jedoch in Verbindung mit Hochtiefbewegungen. Die Hochbewegung mit dem Stock unterstützen.*
  - *Wie eben, jedoch während einer Schuß- oder Schrägfahrt.*
  - *Wie eben, jedoch den Stockeinsatz variieren: Den Stockeinsatz nur auf einer Seite ausführen, beide Stöcke gleichzeitig einsetzen.*
  - *Wie eben, jedoch die Hochbewegungen mit Unterstützung durch den Stockeinsatz bis zum Abspringen steigern.*

❑ *Schwungfächer: Zunächst in der Fallinie anfahren, Beugen, im Strecken mit Stockunterstützung zur Seite schwingen. Dann zunehmend schräg zur Fallinie anfahren und über die Fallinie schwingen.*
Dabei erkennen, daß die

schwungeinleitende Hochbewegung immer dynamischer in den Schwung hineinführen muß.

- ❑ *Schwungfächer an einer leichten Kante, Welle oder Geländerundform. Dabei erkennen, wie durch das Gelände die Schwungeinleitung erleichtert werden kann.*

Gleiten, Schwingen

Zielaufgabe:

- ❑ *Paralleles Grundschwingen bei mittleren bis größeren Schwungradien.*

Ergänzende Aufgaben:

- ❑ *Mit der Hochbewegung experimentieren: Erst mit starker Vor-, dann mit mäßiger Rücklage strecken. Mal betont, mal eher vorsichtig Kurvenlage einnehmen. Leicht, aber auch kräftig den Körper um die Längsachse drehen. Erkennen, wie sich die gegensätzlichen Bewegungsausführungen auf Einleitung und Steuerung auswirken.*
- ❑ *Mit der Rumpf- und Armführung experimentieren: Beim Tiefgehen mit dem Einwärtsdrücken der Oberschenkel mal Rumpf und Arme bewußt schwungeinwärts, mal bewußt schwungauswärts neigen. Dabei erkennen, wie durch Rumpf und Arme das seitliche Gleichgewicht und damit die Außenskibelastung beeinflußt wird.*
- ❑ *Mit verschiedenen Drehmechanismen experimentieren: Die Beine betont unabhängig von Rumpf und Armen drehen. Dann Beine, Rumpf und Arme wie im Block drehen. Auch mit Rumpf und Armen vorausdrehen und die Drehung über die Beine auf die Ski übertragen.*
- ❑ *Schwingen mit bestimmten Vorstellungen: Es kann hilfreich sein, sich den Übergang vom Strecken zum Beugen wie den Übergang vom Aufsteigen zum Herunterfallen eines Balles oder Luftballons vorzustellen.*

4. Teilziel: Rhythmisches Paralleles Grundschwingen nahe der Fallinie

Im vorausgehenden Teilziel gelang dem Schüler der entscheidende Durchbruch zum Parallelen Grundschwingen. Man darf sich aber noch nicht zufrieden geben. Dieses Schwingen braucht auf Grund der mittleren bis größeren Schwungradien und des Verbindens der Schwünge mit kurzen Schrägfahrten noch viel Raum. Das Schrägfahren und der

Paralleles Grundschwingen nahe der Fallinie

erneute Schwungauftakt schränken ferner Bewegungsfluß und Bewegungsrhythmus ein.
Ziel ist jetzt, näher an der Fallinie zu schwingen und Schrägfahrten zu meiden. Nun müssen die Schüler sozusagen sich der Fallinie »zuwenden« und sich von der Schrägfahrt mehr und mehr lösen. Auch müssen jetzt die Schwünge »Schlag auf Schlag« folgen. Deshalb muß man lernen, sich schon gegen Ende eines Schwunges auf den nächsten vorzubereiten.

So soll das **rhythmische Parallele Grundschwingen nahe der Fallinie** aussehen:

- Gegen Ende des Schwunges noch während der Tiefbewegung den Stockeinsatz vorbereiten.
- Direkt im Anschluß an das Beugen mit Stockunterstützung strecken und die Belastung wechseln.
- Direkt im Anschluß an das Hochgehen zügig Tiefgehen, kräftig und anhaltend das Außenbein drehen, den Stockeinsatz vorbereiten, usw.

Kurz: Beugen und Stock vorbereiten – ohne Pause mit Stockunterstützung strecken – gleich wieder beugen und Außenbein drehen, usw.

Vorbereitende Aufgaben:

- ❑ *Schußfahren mit kräftigen Hochtiefbewegungen mit und ohne Stockunterstützung, bis zum Abspringen steigern. Dabei besonders darauf achten, daß die Beuge- und Streckbewegungen verzögerungsfrei, rund und fließend miteinander verbunden werden.*
- ❑ *Paralleles Grundschwingen nahe der Fallinie auf einem flachen Hang. Die Radien verkürzen, die Hochtiefbewegungen durch Selbstbefehle (»Und – D R E H E N «) unterstützen. Darauf achten, daß die Hochtiefbewegungen ohne abzureißen ineinander übergehen.*

Zielaufgabe:

- ❑ *Rhythmisches Paralleles Grundschwingen nahe der Fallinie mit kleineren bis mittleren Radien.*

Ergänzende Aufgaben:

- ❑ *Paralleles Grundschwingen in »Korridoren« (Stangen oder »Pilze« als Markierung), deren Breite man verringert, oder in »Trichtern«, die sich verengen.*
- ❑ *Über eine* ***flache Wellenbahn*** *schwingen. Dabei die Schwünge an den Wellenkämmen einleiten. Die Hochtiefbewegungen dem gleichmäßigen »Auf und Ab« der Wellen anpassen.*
- ❑ *Paralleles Grundschwingen nahe der Fallinie nach einer ausgesprochen rhythmischen Melodie. Der Lehrer oder die Schüler begleiten mit Klatschen oder Singen.*
- ❑ *»Hockey-Stopp«: Nach mehreren kurzen Schwüngen auf Zuruf die Fahrt mit einem ganz kurzen Schwung durch starkes*

Die Teilziele des Lehrweges »Pflugschwingen« im Überblick

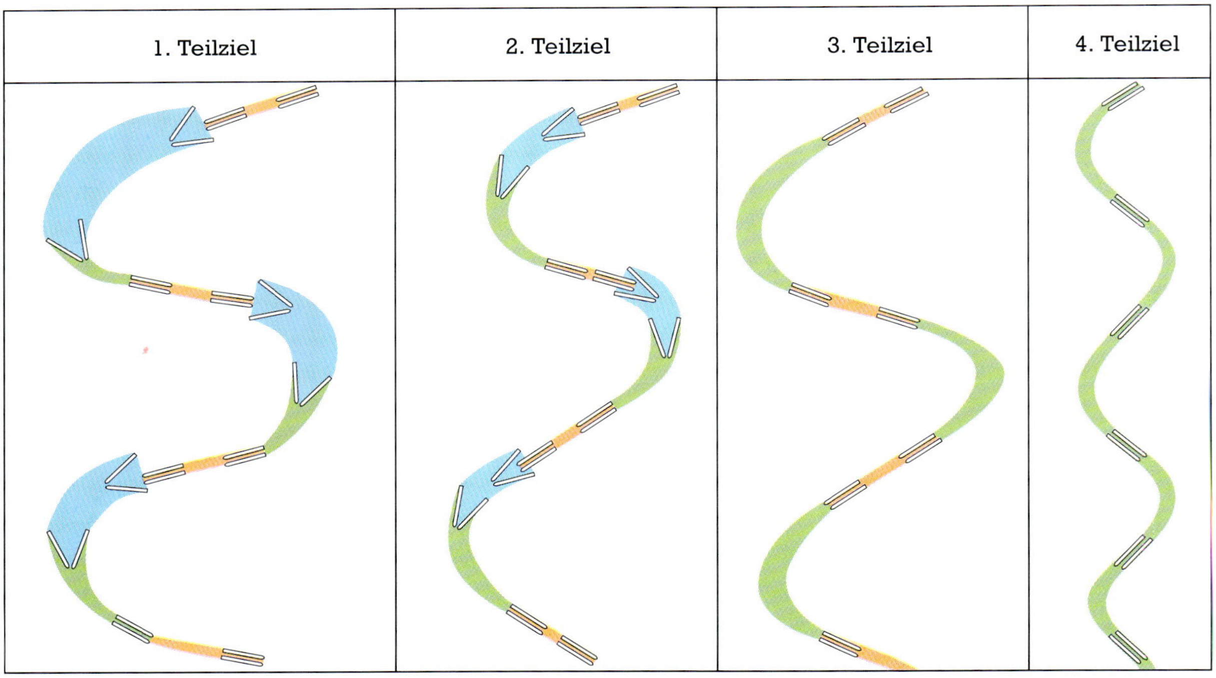

Drehen und Kanten der Ski beenden. Zu beiden Seiten üben.

- *Lehrerbegleitfahrt: Lehrer und Schüler fahren nebeneinander. Der Lehrer spricht den Rhythmus vor oder gibt Hinweise, welche Teile der Bewegung ausgeführt werden sollen, welche zu verstärken, welche abzubauen sind.*
- *Rhythmisches Schwingen nahe der Fallinie. Mit der Hochbewegung ein-, mit der Tiefbewegung hörbar ausatmen.*
- *Auch die Vorstellung von wellenförmigen Hochtiefbewegungen kann hilfreich sein, um flüssig und ohne Unterbrechungen die Schwünge miteinander zu verbinden.*

Wissenswertes für Skischüler

Auf dem Weg zum Parallelen Grundschwingen streift man sozusagen Schicht um Schicht das »Anfängerhafte« ab. Die Richtungsänderungen gewinnen zunehmend einen schwunghaften Charakter, werden flüssiger und rhythmischer miteinander verbunden.
Doch nach einem anfänglich oft raschen Lernfortschritt (vor allem bei den Teilzielen 1 und 2) kann sich dieser deutlich verlangsamen (Teilziele 2, 3). Dann braucht man Geduld. Man muß wissen, daß es ganz natürlich ist, wenn der Lernfortschritt stagniert. Dafür macht der Lernfortschritt oft regelrechte Sprünge. Wenn alles »stimmt«, Stimmung, Wetter, Schnee, Tagesform, geistige Verfassung, usw., so schafft man oft den Durchbruch zum Parallelen Grundschwingen innerhalb kürzester Zeit.
Oft sind es nur Kleinigkeiten, die den Lernerfolg steigern. Als Schüler sollte man sich zwar auf den Lehrer, aber nicht nur auf ihn verlassen. Einige Beispiele: Eigenständiges Üben fernab vom Kurstrubel, genaues Beobachten guter Skifahrer, dem Skilehrer seine Probleme schildern und von ihm Tips erbitten, immer wieder die richtige Konzentration finden, sich nie auf mehr als ein, zwei Dinge konzentrieren, aber auch nicht regelmäßig einfach nur so »ins Blaue« fahren, Entspannung suchen, auch mal völlig unbeschwert üben, eine Melodie summen, mit höherer oder niedriger Körperspannung fahren. Vielleicht ist auch die Ausrüstung veraltet oder nicht »in Schuß«. Eine neue oder gepflegtere Ausrüstung bringt oft einen Motivationsschub und erleichtert das Lernen. Auch Videoaufnahmen von der eigenen Fahrweise, das Studium von Lehrfilmen können hilfreich sein.

Wissenswertes für Skilehrer

Die im Weg Pflugschwingen gestellten Aufgaben können auf recht vielfältige Weise gelöst werden. Dies kommt einmal dadurch zum Ausdruck, daß die am Technikleitbild des Parallelen Grundschwingens orientierten Bewegungsbeschreibungen (»Wie das . . . aussehen soll«) noch gewisse Bewegungsspielräume offen lassen. So wird beispielsweise nicht festgelegt, wie das Öffnen der Ski zur Pflugstellung auszuführen ist. Neben den am Technikleitbild des Parallelen Grundschwingens orientierten Lösungen der Zielaufgaben werden auch alternative Lösungen beschrieben (»Wie das . . . auch aussehen kann«).
Hieraus ergeben sich für den Unterricht entscheidende Ansätze. Die Schüler können **individuelle Lösungen** nutzen, um die für sie günstigste Technik zu entwickeln. Die verschiedenen Schülerlösungen können aber auch die anderen Kursteilnehmer anregen, diese technischen Lösungen zu probieren. So kann verhindert werden, daß im Lernprozeß zu früh ein starres Bewegungsschema gefestigt wird. Dies ist vor allem auch deshalb zu vermeiden, weil die so wichtige Anpassungsfähigkeit an die verschiedenen Gelände- und Schneesituationen so am besten von Anfang an angebahnt werden kann.
Der Lehrer darf sich aber nicht einfach darauf beschränken, die unterschiedlichsten Lösungen probieren zu lassen. Entscheidend ist, den Schülern bewußt zu machen, daß eine veränderte Bewegungsausführung veränderte Wirkungen und damit veränderte Fahrempfindungen hervorruft. Deshalb darf sich das Gespräch zwischen Schüler und Lehrer vor und nach der Bewegungsausführung nicht darauf beschränken, wie die Bewegung aussehen soll oder ausgesehen hat. Darüber hinaus ist zu besprechen, was man dabei empfinden kann bzw. empfunden hat.
Recht differenziert ist beim Weg Pflugschwingen die **Stockarbeit** zu sehen. Grundsätzlich sollte man sehr früh, d. h. schon beim Sammeln erster Erfahrungen damit beginnen, die Arm- und Stockbewegungen in die Bewegungen von Rumpf, Beinen und Ski miteinzubeziehen. Im Verlauf des Lehrweges wird man erkennen, welche Schüler den Stockeinsatz sehr früh benötigen bzw. welche sich eher durch den Stockeinsatz in der Bewegungsausführung behindert fühlen. Fest steht, daß beim dritten Teilziel, spätestens jedoch beim vierten Teilziel der Stockeinsatz erlernt werden muß, weil sonst kein sicheres, anpassungs- und ausbaufähiges Grundschema für das parallele Schwingen entstehen kann.
Abschließend soll darauf hingewiesen werde, daß es oft äußerst erfolgversprechend ist, wenn man diesen Lehrweg mit Teilen der beiden anderen Lehrwege kombiniert, die drei Lehrwege also gewissermaßen miteinander **vernetzt**.

Lehrweg: Über das Winkelspringen zum Parallelen Grundschwingen

Wie bei den anderen Lehrwegen sind die »Ersten Erfahrungen« Vorbedingung für diesen Weg. Der Weg über das Winkelspringen, der auch als »schneller Weg« bezeichnet wird, bleibt allerdings nur einer begrenzten Schülergruppe vorbehalten. Zwingende Voraussetzung sind ausgeprägte Sprungkraft, gute Gleichgewichtsfähigkeit und überdurchschnittliche Koordinationsfähigkeit.
Die Schüler können schnell über eine zunächst vorwiegend beidbeinige Sprungeinleitung paralleles Schwingen erlernen. Auf das Schulen und Festigen der im Leitbild des Parallelen Grundschwingens geforderten unabhängigen Dreh- und Steuerarbeit der Beine muß allerdings dann rechtzeitig besonderer Wert gelegt werden.

1. Teilziel: Winkelspringen

Für dieses Teilziel ist ein **leicht fallender Hang mit führiger Schneeauflage** notwendig. Während der Fahrt darf sich das Tempo keinesfalls stark erhöhen, da bei den Schülern sonst Angst auftreten kann. Die Schneeauflage darf nicht hart oder eisig sein, denn das Aufsetzen nach dem Sprung belastet die Gelenke stark.
Von Anfang an ist eine rhythmische Folge der Hochtiefbewegung anzustreben. Die Landung soll zur Muskelspannung für den folgenden beidbeinigen Absprung genutzt werden. Entscheidend für das Gelingen des Winkelspringens ist der **Einsatz des Stockes**. Für manche Schüler ist der Doppelstockeinsatz eine wesentliche Erleichterung für das Abspringen, die Einleitung der Drehung und die Stabilisierung des Gleichgewichtes. Diese Form des Stockeinsatzes kann ohne Bedenken bis zum Schwingen toleriert werden. Die Überleitung zum wechselnden Stockeinsatz ist später meistens problemlos vollziehbar. Auf Grund der großen Bedeutung des Stockeinsatzes, ist auf seine Koordination in die Gesamtbewegung von Anfang an größter Wert zu legen.
Erfahrungsgemäß werden die Schüler bei der Hochtiefbewegung, insbesondere beim Absprung und dem kräftigen Beugen bei der Landung, durch die noch ungewohnten hohen und steifen Schuhschäfte stark behindert. Der notwendige Bewegungsumfang kann zunächst leichter erreicht und empfunden werden, wenn man anfangs die Schüler ihre oberen Skischuhschnallen öffnen läßt.

So soll das Winkelspringen aussehen:

- **Schußfahren mit offener Skistellung.**
- **Beugen und Stockeinsatz vorbereiten.**
- **Mit Stockunterstützung abspringen und die Skienden zur Seite drehen.**
- **Beim Landen die Beine beugen und den Stockeinsatz vorbereiten.**
- **Mit Stockeinsatz zur entgegengesetzten Seite abspringen usw.**

Kurz: Beugen – Stockeinsatz – Springen

➠ Welche Bewegungen auch möglich sind:
– Nach der Landung können die Ski unter Umständen bereits etwas nach außen rutschen. Falls der folgende Absprung dadurch nicht verhindert wird, ist diese Abweichung nicht störend. Durch korrigierende Aufgabenstellungen muß allerdings dann sofort eingegriffen werden, wenn sich die Skiflächen nach außen verkanten und dadurch Sturzgefahr entsteht. Man muß darauf achten, die Abweichungen der Winkelsprünge von der Fallinie anfangs sehr klein zu halten. Erst mit verbessertem Gefühl für den angepaßten Kanteneinsatz bei der Landung, können die Winkel größer werden.

Vorbereitende Aufgaben:
- ❏ *Standübung: In parallel-offener Skistellung im Wechsel aufrichten und beugen.*
- ❏ *Wie eben, die Hochbewegung mit Doppelstockeinsatz unterstützen.*

Winkelspringen

- *Wie eben, die Hochbewegung mit Stockeinsatz im Wechsel links und rechts unterstützen.*
- *Wie eben, die Hochbewegung im Wechsel über die Ballen und die Fersen ausführen.*
- *Wie eben, die Hochbewegung zunehmend bis zum dynamischen Abspringen verstärken.*
- *Wie eben, mit Doppelstockeinsatz und Stockeinsatz im Wechsel.*
- *Das Abspringen im Wechsel über die Ballen und die Fersen ausführen.*
- *Schußfahrt in offener Skistellung mit kräftiger Hochtiefbewegung:*
  - *die Hochbewegung mit Stockeinsatz unterstützen,*
  - *die Hochbewegung im Wechsel über die Ballen und über die Fersen ausführen.*
- *In Schußfahrt mit offener Skistellung die Hochbewegung bis zum Abspringen verstärken:*
  - *ohne Stockeinsatz,*
  - *mit Stockeinsatz,*
  - *das Abspringen mit Selbstbefehlen unterstützen* (»Und – hopp, und – hopp, und – hopp . . .«),
  - *im Wechsel über die Ballen und die Fersen abspringen, dabei auf die Bewegung der Skispitzen achten,*
  - *auf die Muskelspannung der Beine und Arme beim Abspringen und Beugen achten,*
  - *die Augen streckenweise schließen,*
  - *die Landung so »schlukken«, daß man sie nicht hört.*
- *Im Stand aus offener Skistellung mit Stockunterstützung abspringen und dabei die Skienden leicht um die Skispitzen im Wechsel links und rechts versetzen. Dabei auf abfederndes Landen achten.*

Zielaufgabe:

- *Aus der Schußfahrt durch rhythmisches Beugen und Abspringen mit Stockunterstützung in rascher Folge nahe der Fallinie Richtungsänderungen durchführen.*

Erweiternde Aufgaben:

- *Die Schüler auffordern, besonders auf die Druckempfindungen und Muskelspannungen zu achten und die Wahrnehmungen mitzuteilen.*
- *Den Rhythmus laut mitsprechen: z. B. »Sprung, Sprung, Sprung . . .« oder »Stock, Stock, Stock . . .«*
- *Lehrer und Schüler fahren nebeneinander. Der Lehrer spricht den Rhythmus vor und gibt, wenn nötig, Hinweise zur Verstärkung der Bewegung.*
- *Paarweise nebeneinander fahren und abwechselnd den Rhythmus vorsprechen.*
- *Langsam versuchen, die Winkelabweichungen etwas zu vergrößern.*
- *Die Landungen »schlucken«, um sie unhörbar zu machen.*
- *Den Absprung nach der Landung etwas verzögern: »Sprung- und, Sprung – und, Sprung- und . . .«*
- *Den Sprungrhythmus verändern: z. B. 4 Absprünge mit kurzer Folge, 4 Absprünge mit verzögerter Folge. Die Spurveränderungen betrachten und erklären lassen.*

Alle Fahrten zur Verbesserung der unabhängigen Beinarbeit und des Gleichgewichtes mit Bogentreten beenden lassen.

2. Teilziel: Winkelspringen und Drehen

In diesem Abschnitt sollte das **Gelände etwas steiler** gewählt werden, damit die Drehung der Ski, die sich an die Landung anschließen soll, erleichtert wird. Die Schneeauflage darf weder zu hart noch zu weich sein, um den Kanteneinsatz beim Absprung zu gewährleisten. Das rutschende Drehen bereitet manchen Schülern Schwierigkeiten und muß durch eigene Übungen gezielt vorbereitet werden. Die Auswahl von Geländeformen (Kante, Kegelmantel, Wellen, fallendes Dach), die das Drehen und Rutschen erleichtern, wird dringend empfohlen.
Es gilt nun, beim Drehen nach der Landung, den Einsatz des **Außenbeines** langsam anzubahnen und zu fördern. Das gleichzeitige Einsetzen beider Beine, bedingt durch die beidbeinige Landung, wird aber vorerst bei den meisten Schülern der bevorzugte Drehmechanismus sein.

So soll das **Winkelspringen mit Drehen** aussehen:

- Schußfahren mit offener Skistellung.

Winkelspringen und Drehen

- **Beugen und Stockeinsatz vorbereiten.**
- **Mit Stockunterstützung abspringen und im Sprung die Ski zur Seite drehen.**
- **Im Landen beugen, die Beine, vor allem das Außenbein drehen, den Stockeinsatz vorbereiten.**
- **Mit Stockeinsatz zur entgegengesetzten Seite abspringen und im Sprung die Ski zur Seite drehen.**

Kurz: Beugen – Drehen – Stock einsetzen – Drehsprung

Vorbereitende Aufgaben:

❑ *In Schrägfahrt abspringen, die Ski talwärts drehen, weich landen und durch Drehen des Außenbeines/der Beine ein Rutschen einleiten. Mehrmals nach beiden Seiten üben, auch in Girlandenform.*

❑ *Wie eben, an Kante/Kegelmantel/Welle ausführen.*

❑ *Aus Schrägfahrt nur durch kräftige Hochtiefbewegung und durch Bein-/Beinedrehen bergwärts schwingen.*

❑ *Wie eben, Schrägfahrt etwas steiler legen.*

❑ *Aus Schußfahrt abspringen, die Ski in der Luft möglichst quer zur Fahrtrichtung drehen, weich landen und das Gleichgewicht mit Oberkörper und Armen ausgleichen (gesprungener »Hockey-Stop«).*

❑ *Wie eben, als Wettkampf: Wer stoppt am sichersten vor Markierungen, am schnellsten, mit dem kleinsten Sprung?*

Zielaufgabe:

❑ *In Schußfahrt im rhythmischen Wechsel aus der Fallinie springen, bei der Landung durch Drehen der Beine, vor allem des Außenbeines rutschend einen kurzen Schwung aussteuern. Den Absprung durch Stockeinsatz unterstützen.*

Erweiternde Aufgaben:

❑ *Die Schüler auffordern, besonders auf die Druckempfindungen der Sohleninnenseite des Außenfußes und die Muskelspannungen zu achten.*

❑ *Den Schwungrhythmus laut mitsprechen: z. B. »Sprung – drehen, Sprung – drehen, Sprung – drehen ...«*

❑ *Paarweise nebeneinanderfahren und abwechselnd den Rhythmus vorsprechen.*

❑ *Das Drehen nach der Landung betonen: »Sprung – **drehen**, Sprung – **drehen**, Sprung – **drehen** ...«*

❑ *Wechseln zwischen Winkelspringen und Winkelspringen mit Drehen: z. B. 4 Folgen mit Winkelspringen, 4 Folgen mit Winkelspringen und Drehen.*

❑ *Versuchen, den Absprung zu verringern. Die Ski nur mehr knapp über dem Boden andrehen.*

❑ *Fahren über kleine Schanzen (maximale Höhe 20–30 cm):*
- *ohne Absprung,*
- *mit Absprung und weicher Landung.*

3. Teilziel: Paralleles Grundschwingen nahe der Fallinie

In diesem Abschnitt soll der Drehabsprung mehr und mehr zu einer Hochbewegung ohne Absprung abgebaut werden. Es ist darauf zu achten, die Hochbewegung so auszuführen, daß sie entlastungswirksam wird und damit das Umkanten und die Dreheinleitung deutlich erleichtert. Sie muß den nötigen Raum für das Beugen schaffen. Im Gegensatz zum Drehabsprung soll die Hochbewegung nun zur Einleitung der Kurvenlage talwärts gerichtet werden. Wichtiges Ziel ist jetzt das Umwandeln des Drehens mit beiden Beinen in das **Drehen mit dem Außenbein**, wie es für das Leitbild des Parallelen

Paralleles Grundschwingen nahe der Fallinie

Grundschwingens empfohlen wird.
Das Gelände soll immer noch nur **mäßiges Gefälle** besitzen, um die kurzen Schwünge nahe der Fallinie rhythmisch aneinanderreihen zu können.

So soll das **Parallele Grundschwingen nahe der Fallinie** aussehen:

- **Gegen Ende des Schwunges noch während der Tiefbewegung den Stockeinsatz vorbereiten.**
- **Direkt im Anschluß an das Beugen mit Stockunterstützung strecken und die Belastung wechseln.**
- **Sofort im Anschluß an das Hochgehen zügig Tiefgehen und anhaltend das Außenbein drehen, den Stockeinsatz vorbereiten.**

Kurz: Beugen und Stock vorbereiten – ohne Pause mit Stockunterstützung strecken – gleich wieder beugen.

➠ Welche Bewegungen auch möglich sind:
- Das Parallele Grundschwingen kann mit dem Rumpf und/oder dem Außenarm unterstützt werden.
- Die Belastung braucht nicht eindeutig auf den Außenski gewechselt werden, sondern führt aus der Hochbewegung im Beugen zu einem Abstützen auf dem Innenski.
- Das Parallele Grundschwingen wird mit dem gesamten Körper durchgeführt.

Vorbreitende Übungen:
- ❑ *Aus der Fallinie mit einem Drehabsprung einen Schwung bergwärts ausführen.*
- ❑ *Wie eben, den Drehabsprung zu einer dynamischen Hochtiefbewegung abbauen und die Dreheinleitung und Steuerung mit dem Außenbein verstärken.*
- ❑ *Die Anfahrt etwas vor die Fallinie verlegen und die Schwünge mit mäßigem Absprung rhythmisch aneinanderreihen.*
- ❑ *Wie eben, das Abspringen zur fließenden Hochtiefbewegung abbauen. Versuchen, sich mit der Hochbewegung in die Kurve zu legen.*
- ❑ *Wie eben, das Drehen des Außenbeines betonen: »Hoch – **drehen**, hoch – **drehen**, hoch – **drehen** . . .«*
- ❑ *Wie eben, den Stock als Taktgeber verwenden: »**Stock** – drehen, **Stock** – drehen, **Stock** – drehen . . .«*

Zielaufgabe:
- ❑ *Mit rhythmischer Hochtiefbewegung nahe der Fallinie schwingen.*

Erweiternde Übungen:
- ❑ *Wie eben, die Fahrspur durch Markierungen (»Pilze«, Stangen) vorgeben.*
- ❑ *Durch Versetzen der Markierungen den Schwungrhythmus ändern.*
- ❑ *Paarweise hintereinanderfahren, der Nachfahrende versucht die Bewegung des Vorfahrers synchron auszuführen.*
- ❑ *In selbstgefundenen Formationen fahren.*
- ❑ *Beim Schwingen eine rhythmisch angepaßte Melodie mitsingen.*
- ❑ *Paarweise hintereinanderfahren, der Nachfahrende kreuzt die Spur und fährt »Zöpferl«.*

4. Teilziel: Paralleles Grundschwingen mit zunehmend größeren Radien

Die Lerninhalte dieses Lernziels decken sich mit dem Teilziel 4 des Lehrweges »Vom rhythmischen Pflugdrehen zum Parallelen Grundschwingen«.

Wissenswertes für Skilehrer

Der Lehrweg Winkelspringen führt durch das intensive Springen zu sehr starken konditionellen Belastungen, aber auch zu beträchtlichen Gelenkbeanspruchungen.

Paralleles Grundschwingen mit größeren Radien

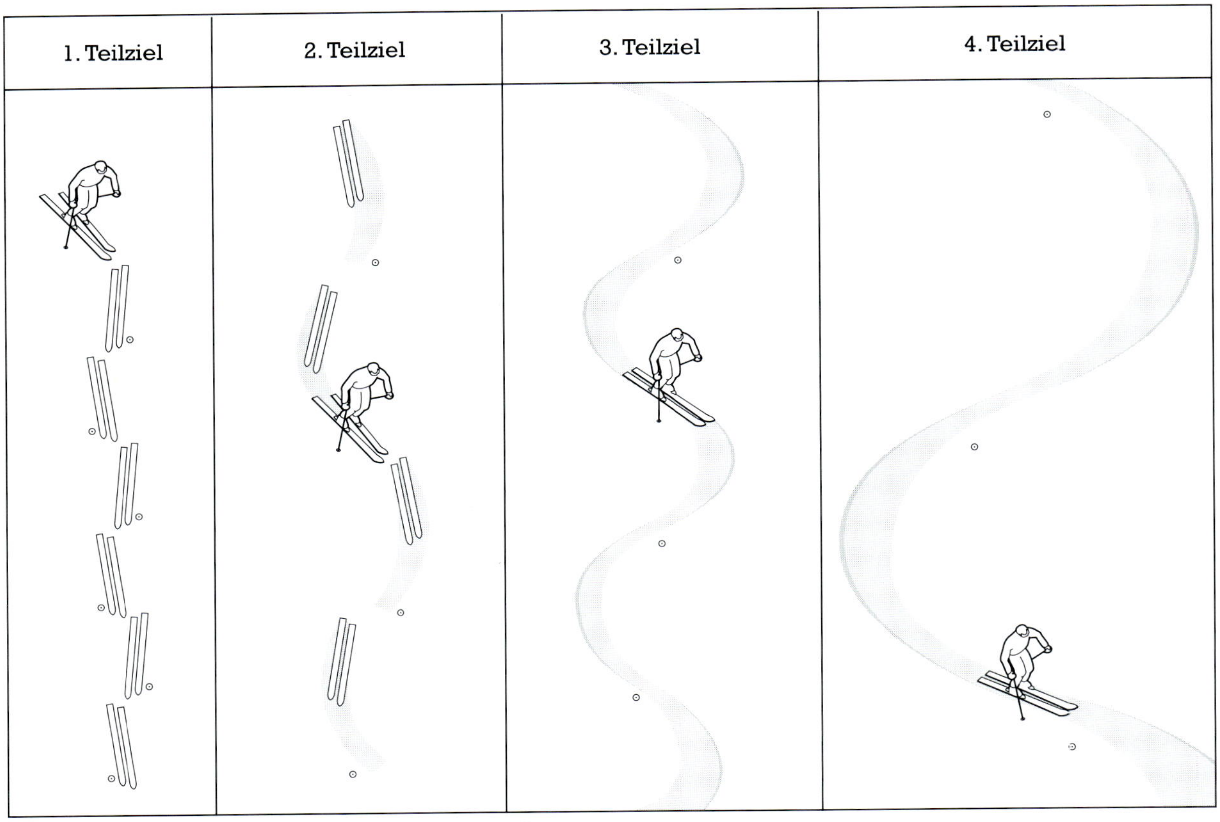

Die Teilziele des Lehrweges »Winkelspringen« im Überblick

Sollten sich bei einzelnen Kursteilnehmern trotz sorgfältiger Auswahl und Zuordnung im Verlauf des Kurses körperliche Überforderungen zeigen, müssen sie über Aufgabenstellungen eines anderen Lehrweges weitergeschult werden. Die Schüler dürfen keinesfalls durch unbedachte Äußerungen des Lehrers bloßgestellt werden.
Die ständige Belastung durch Springen erfordert immer wieder Lockerungsübungen und Pausen. Es ist hier nochmals darauf hinzuweisen, daß Schüler mit Schäden am Herz-Kreislauf-System oder am Knochen- und Muskelsystem nicht über diesen Weg geführt werden dürfen.
Die Ausprägung der individuellen Bewegungsausführungen sind erfahrungsgemäß bei den Teilzielen 1 und 2 sehr gering. Erst bei den Lernzielen 3 und 4 können ausgeprägtere individuelle Lösungen auftreten.
Erwähnenswert ist, daß immer wieder einzelne Lehrer diesen Weg (mit methodischen Erweiterungen) sogar als »direkte Schiene« vom Schußfahren zum Parallelen Schwingen als ideale Lösung favorisieren. Ihrer Meinung nach würde das Ausklammern aller Fahrübungen mit Pflugstellung verhindern, sich später immer wieder mit dem Abbauen der Pflug- und Stemmstellung auseinandersetzen zu müssen. Die Erfahrungen zeigen aber, daß in der Regel die Reihung »Bogenfahren vor Schwungfahren« sinnvoller ist. Natürlich bleibt es keinem Lehrer verwehrt, Versuche mit einem direkten Weg durchzuführen. Bedingung ist, die Gesundheit und die Sicherheit der Schüler nicht zu gefährden.

Erfahrungen erweitern

Das Parallele Grundschwingen gezielt verändern, um neue Situationen bewältigen zu können

Mit dem Parallelen Grundschwingen werden alle Skifahrer in die Lage versetzt, Standardsituationen zu bewältigen. Sie werden damit viele Pisten so abfahren können, daß ihnen das Skifahren ständig mehr Spaß macht.
Trotzdem wird es immer wieder mehr oder weniger schwierige Situationen geben, die sich mit dem Parallelen Grundschwingen in seiner bisher vorgestellten Form nicht gut bewältigen lassen. Mal wird ein Pistenstück etwas steil sein, mal wird der Schnee nicht gut präpariert sein, mal wird wenig Platz zur Verfügung stehen und mal reizt höheres Fahrtempo.
Da wäre es schön, wenn man wüßte, ob und wie man das Parallelschwingen verändern kann, um auch solche Situationen meistern zu können.
Im folgenden wird auf diese Probleme eingegangen. Es werden zunächst einfache Möglichkeiten zur Veränderung des Parallelen Grundschwingens vorgestellt: z. B. das Verändern des Aufrichtens, der Skistellung, der Rumpfdrehung, der Kurvenlage oder der Arm- und Stockbewegungen. Danach wird auf komplexe Veränderungen eingegangen. Hier steht z. B. das Verschmelzen von Schwüngen oder das Anpassen der Aktionen an veränderliche Geländevorgaben, aber auch das Variieren der Belastung zur Diskussion. Abschließend wird dann auf das Lehren und Lernen dieser Möglichkeiten eingegangen.

Einfache Veränderungsmöglichkeiten

Die folgenden Ausführungen zeigen auf, wie man durch mehr oder weniger große Veränderungen von Elementen, die im Parallelen Grundschwingen schon enthalten sind, Möglichkeiten erhält, das Schwingen auch bei nicht ganz so einfachen Schnee- oder Geländesituationen fortzusetzen.
Welche Elemente sind das? Wie lassen sie sich verändern? Wie kann man die veränderte Ausführung beschreiben? Und vor allem: wozu kann die Veränderung genutzt werden, d. h., welche Funktionen kann man ihr zuschreiben?

Das Verändern des Aufrichtens

Bekanntlich sind beim Parallelen Grundschwingen zu Beginn die Beine in den Sprung-, vor allem aber in den Knie- und Hüftgelenken zu strecken und der Rumpf aufzurichten. Dieses Bewegungselement ist keineswegs ganz genau festgeschrieben. Man kann es in zweifacher Weise variieren: man kann es (a) in seiner Dynamik forcieren und (b) auch verlangsamen. Was läßt sich mit diesen beiden Veränderungen erreichen?

Explosives Aufrichten

Zur **Ausführung**: Beim Schrägfahren bzw. am Ende des Aussteuerns des alten Schwungs wird das Aufrichten aus der Grundposition unter Zuhilfenahme des Stockeinsatzes so dynamisch bzw. explosiv ausgeführt, daß die Ski, genauer die Skienden vollständig entlastet werden. Mit Einsetzen der Entlastung werden die Skienden unter dem Körper seit-bergwärts nach außen versetzt. Das Wiederbelasten wird vornehmlich auf dem Außenski vorgenommen, um von da an dann mit den Aktionen des Parallelen Grundschwingens weiterzumachen.
Zur **Funktionalität**: Das explosive Aufrichten soll gemacht werden, um zum **ersten** die Ski möglichst schnell bzw. überhaupt erfolgreich (unter dem Körper hinweg) seitauswärts schieben, sie **zweitens** dabei auch bereits in leichte Drehung versetzen (»andrehen«) und sie **drittens** zugleich auf die neuen

Explosives Aufrichten

Innenkanten stellen zu können. Wenn das Aufrichten in der explosiven Form gelingt, dann ergeben sich bedeutsame Folgen. Es ist leicht erkennbar, daß dadurch die Schwungeinleitung entweder schneller ausgeführt oder bei schwierigeren Gelände- oder Schneebedingungen auch überhaupt erst ermöglicht werden kann. Beides ist dort sehr nützlich, wo man sich mit dem Schwingen nicht allzuviel Zeit lassen kann, also z. B. im steileren Gelände, am Rand der Piste, vor auftauchenden Hindernissen, bei engen Passagen, bei weniger guten Schneebedingungen oder auch bei einem schnellstmöglich durchzuführenden Anhalten. Es ist auch dort brauchbar, wo das Andrehen der Ski mit Widerständen verbunden ist.

Also:

Mit dem explosiven Aufrichten werden sehr deutlich »Hilfsfunktionen«, also Ziele verfolgt, die nur mittelbar mit dem Schwung verbunden sind. Sie müssen nicht, aber sie können je nach Situation verfolgt werden.
Da der Schwungbeginn bei schwierigeren Situationen Probleme machen kann, ist das Ausnutzen von Hilfsfunktionen angemessen.

Ruhiges Aufrichten

Zur **Ausführung**: Das Aufrichten kann in seinem zeitlichen Verlauf aber auch geradezu entgegengesetzt ausgeführt werden: ohne Explosivität, in möglichst ruhiger, fast erholsamer Weise. Der Stock muß hierbei nicht unbedingt eingesetzt werden, dennoch kann man den Arm und den Stock mit dem Körper zusammen hochführen.
Wozu nützt diese langsame Form des Aufrichtens? Ihre **Funktionalität** läßt sich folgendermaßen beschreiben:
Das langsame Aufrichten hat gegenüber der explosiven Form einen ganz anderen Sinn.
Zum **einen** besteht kein Zweifel, daß diese ruhige Bewegung nur mit wenig physischer Anstrengung verbunden ist. Man kann und soll das langsame Aufrichten also immer dort anbringen, wo man »Schnaufpausen« benötigt oder zumindest gut gebrauchen kann. Der **zweite** Nutzen liegt in dem Vorteil, daß man in den neuen Schwung nicht bremsend hineinrutscht.
Man kann ihn daher von Anfang an sehr gut steuern und vor allem zur Tempoerhaltung in flacherem Gelände gut nutzen.
Warum dies so ist, bedarf allerdings einer etwas ausführlicheren Darstellung.
Das Aufrichten ist bisher nur als ruhiges Hochgehen beschrieben worden, es ist aber nicht nur ein ruhiges Hochgehen.
Man muß bei ihm zugleich noch darauf achten, daß der Körper auch vom Hang wegbewegt wird, und zwar mindestens so weit, daß die Ski flachgestellt oder schon auf den neuen Innenkanten aufgesetzt sind. (Das ruhige Aufrichten darf also in keinem Fall nur senkrecht nach oben, sondern muß auch etwas talwärts gehen. Manche haben in diesem Zusammenhang auch vom Kippen gesprochen.)
Wozu dieses etwas komplizierte Aufrichten? Es erlaubt, weil die Ski mit dem Ende des Aufrichtens flachgestellt oder schon umgekantet werden können, den sofortigen Beginn der Skidrehung auf der neuen Kante.
Wenn man danach tiefgeht und, wie beim Parallelen Grundschwingen, die Knie dabei kurveneinwärts drückt, dann können die (neuen) Innenkanten sofort eingesetzt werden. Das ist mit dem beim Parallelen Grundschwingen schon herausgestellten Oberschenkeldrehen besonders gut möglich. Zur größeren Sicherheit soll dabei allerdings der Innenski anfangs unbelastet mitgeführt und auch der kurveninnere Skistock erst etwa mit Beginn des Tiefgehens eingesetzt werden.
In diesem frühen Greifen der Innenkante steckt der zweite Nutzen des ruhigen Aufrichtens, weil mit ihm die Qualität des Steuerns erhöht werden kann: die Ski schlittern nicht (wie beim explosiven Aufrichten beabsichtigt) erst kurvenauswärts, sondern lassen sich von Anfang an auf der vorgesehenen Kurvenlinie führen.

Ruhiges Aufrichten

Wem das langsame, zugleich von der bisherigen Hanglage wegführende Aufrichten etwas zu unsicher oder gar gefährlich erscheint, der kann zwei Hilfen ausnutzen. Er kann zum einen die Skistellung etwas weiter öffnen und zum zweiten beim Aufrichten beide Arme in die Seithochhalte führen, um dann beim Tiefgehen auch beide Stöcke einzusetzen.

Also:

Im Unterschied zum Schwingen mit explosivem Aufrichten beginnt das eben beschriebene Schwingen nicht mit einer bewußt angestrebten Entlastung der Ski. Im Gegenteil: Der Ski soll zum Schwungbeginn mit seinen Innenkanten bereits greifen (und nicht über sie nach außen wegrutschen).
Dazu hilft das ruhige, aber vom Hang weg gerichtete Aufrichten. Diese Aktion erfüllt daher auch wieder eine Hilfsfunktion, die nicht notwendig gemacht werden muß, die aber manchmal sehr sinnvoll eingesetzt werden kann.

Das Verändern der Skistellung

Beim Parallelen Grundschwingen hat man – wie die Benennung es ja anspricht – während des Schwingens eine parallele Skistellung. Aus den Aufgaben, die beim ersten Umgang mit dem neuen Gerät Ski zu lösen waren, weiß man, daß auch andere Skistellungen nützlich sein können. An sie muß man sich nun wieder erinnern, um für bestimmte Situationen gerüstet zu sein.

Paralleles Grundschwingen aus der Talstemme

Zur **Ausführung**: Beim Schrägfahren bzw. am Ende des Aussteuerns winkelt man – wie beim Halbpflug – den talseitigen Ski so aus, daß er mehr oder weniger stark gegen die Fahrtrichtung angestellt ist. Es wird eine »Talstemme« ausgeführt. Gleichzeitig werden Talarm und Spitze des talseitigen Skistocks nach vorne geführt. Aus dieser Position heraus werden nun die Aktionen des Parallelen Grundschwingens angeschlossen, also: Talski ausstemmen, Stock einsetzen, Körper strecken und zugleich etwas kurveneinwärts legen, beim Strecken das Gewicht auf den Außenski umlasten, usw. Zusätzlich muß allerdings nun noch nach dem Umlasten der ausgewinkelte (neue) Innenski an den Außenski wieder herangeführt werden.

Talstemme

Welchen Nutzen hat diese Ausführungsveränderung, welche **Funktionen** lassen sich mit dem vorausgehenden Talstemmen verfolgen?
Man kann **erstens** mit dem Talstemmen während der Schrägfahrt bzw. zwischen zwei Schwüngen, vor allem aber auch schon am Ende eines Schwungs das Tempo regulieren. Wie angedeutet, ist die Talstemme nichts anderes als ein Halbpflug, also ein Bremsmittel. Ihre Ausführung richtet sich daher auch danach. D. h., will man stark bremsen, muß man eine kräftige Talstemme machen, also weit auswinkeln und stark aufkanten. Will man nur leicht anbremsen, dann genügt auch ein geringes Auswinkeln und Aufkanten des Talski.
Die **zweite** Funktion der Talstemme ergibt sich, wenn ein Schwingen mit explosivem Aufrichten folgen soll. Für den dabei benötigten Abstoß ist eine gute Absicherung im Schnee, ein ordentliches Widerlager sehr nützlich. Mit der Talstemme erhält man ein solches Widerlager. Sie ist weitaus besser als die normale, mit parallelen Ski ausgeführte Grundposition.
Wie muß also die Talstemme genau aussehen? Das ist nicht ein für allemal festzuschreiben. Ihre Ausführung hängt davon ab, wie kräftig man den Abstoß machen will. Sie ist sogar so variabel, daß ihr bei einem sehr kräftigen Abstoß noch ein kurzes Tiefgehen vorgeschaltet werden kann.

Also:

Paralleles Grundschwingen sollte man abändern zu einem Schwingen aus der Talstemme, wenn man
1. **das Tempo regulieren und**
2. **eine gute Abstoßposition zum Schwungdrehen haben will.**

Wie schon beim variablen Aufrichten liegt auch hier wieder mit der Talstemme eine Aktion mit Hilfsfunktion vor, also eine Aktion, die nicht unbedingt gemacht werden muß, mit der aber nützliche Teilziele erreicht werden können.

Paralleles Grundschwingen aus der Bergstemme

Zur **Ausführung**: Beim Schrägfahren bzw. mit Schwungende setzt man den bergseitigen Ski gewinkelt seit-aufwärts aus. Zugleich wird der Talarm und die Spitze des talseitigen Stocks vorgebracht. Danach werden wieder die Aktionen des Parallelen Grundschwingens angeschlossen, also: Stock einsetzen, Körper strecken und kurveneinwärts neigen/legen, Gewicht auf den Außenski umlasten, usw.

Bergstemme

Zur **Funktion** der Bergstemme: Der entscheidende Nutzen der Bergstemme liegt in der mit ihr erreichbaren Aufteilung der Fahrtrichtungsänderung in zwei Etappen: Die erste wird mit dem Auswinkeln des Bergski, die zweite mit dem anschließenden Schwingen zurückgelegt. Die erste Etappe wird gewissermaßen überstiegen, die zweite mit dem nach dem Umsteigen auf den Bergski beginnenden Schwung dagegen überfahren. Wenn man also wie etwa bei steilerem Gelände oder bei schwierigerem Schnee Schwierigkeiten mit dem Schwingen vermutet und der Schwung über die Fallinie hinweg einem zu weit erscheint, dann schaltet man sinnvollerweise die Bergstemm-Bewegung vor. Im Extremfall kann man sogar bis über die Fallinie hinweg auswinkeln, ehe dann die Aktivitäten des Schwingens beginnen.

Also:
Auch bei der Bergstemme zeigt sich wieder der helfende, aber nicht unbedingt notwendige Charakter. Man kann letztlich ohne sie auskommen, sie ist aber in bestimmten Situationen sehr nützlich.

Das Verändern der Rumpfdrehung

Beim Parallelen Grundschwingen sind Drehungen des Rumpfs nicht besonders herausgehoben worden. Im Gegenteil: der Rumpf sollte eigentlich gar nicht gedreht werden. Wenn man sich sehr gute Skifahrer anschaut, dann fällt einem bezüglich einer Rumpfdrehung auch überhaupt nichts auf. Das Schwingen scheint bei ihnen alleine von den Beinen bewältigt zu werden.

Bei längerer Beobachtung kann man allerdings immer wieder zwei Veränderungen erkennen: manchmal wird der Rumpf schon vorweg in die Kurve gedreht, und manchmal wird der Rumpf während der Kurve gegen deren Richtung bewegt. Es wird im ersten Fall von **Vorausdrehen**, im zweiten von **Gegendrehen** gesprochen.

Schwingen mit Vorausdrehen

Zur **Ausführung**: Aus der Grundposition des Parallelen Grundschwingens heraus wird der Körper nicht nur aufgerichtet und in die Kurve gelegt, sondern zugleich kräftig (mit der Körperaußenseite) auch in die Schwungrichtung gedreht. Diese Vorausdrehung wird meist durch ein Vor- und Kurveneinwärtsschwingen des Außenarms eingeleitet. Danach schließen sich dann die bekann-

Schwingen mit Vorausdrehen

ten Aktionen des Parallelen Grundschwingens an.
Die **Funktion** des Vorausdrehens: Wie bei vielen anderen sportlichen Bewegungen, so geht es auch hier beim Vorausdrehen um die Mithilfe von (eigentlich unbeteiligten) Körperteilen. Diese Mithilfe besteht darin, daß man hofft, daß sich die Vorausbewegung auf die eigentliche Bewegung überträgt. Von »Bewegungsübertragung« ist daher die Rede. Sie findet man bei vielen sportlichen Bewegungen: Der Turner nutzt die Bewegungsübertragung, wenn er z. B. Schwung mit den Beinen holt, um diesen dann auf den Rumpf zu übertragen, und der Werfer nutzt die Übertragung, wenn er mit dem Rumpf Schwung holt, um diesen dann auf den Arm und damit auf den Speer oder den Diskus zu übertragen.
Auch für das Drehen der Ski kann man die Bewegungsübertragung ausnutzen. Denn so wie man z. B. bei einem Schlußsprung mit Drehung um die Körperlängsachse (also bei einer gesprungenen Pirouette) in der Regel mit Armen und Rumpf vorweg im Stand Schwung holt und diesen dann auf den ganzen Körper überträgt, so kann man auch beim Schwingen auf Ski das Aufrichten mit dem Vorausdrehen des Rumpfes überlagern. Sobald dann der Widerstand am Ski etwa durch Flachstellen oder gar durch Abheben der Ski verringert bzw. aufgehoben ist, kann sich die Rumpfdrehung auf die Beine und damit auch auf die Ski (wirkungsvoll) übertragen.

Also:

Das Vorausdrehen kann zu unterschiedlichen Zwecken eingesetzt werden: Wenn die Beine (als die für das Skidrehen eigentlich verantwortlichen Körperteile) Hilfe brauchen, und das ist z. B. in schwer drehbarem Schnee oder bei weniger guten konditionellen Vorgaben oder bei möglichst energiearmem Schwingen der Fall, dann kann diese Hilfe über das Vorausdrehen geliefert werden.
Das macht deutlich, daß die Teilbewegung Vorausdrehen nicht unbedingt notwendig ist, daß ihr aber eine, in bestimmten Situationen sehr brauchbare Hilfsfunktion, zukommt.

Dabei dürfen allerdings einige Nachteile nicht übersehen werden. Drei müssen besonders hervorgehoben werden.

1. Die Vorausdrehung wird häufig so intensiv ausgeführt, daß des Guten zuviel gemacht wird und als Folge die Ski zu weit gedreht werden. Korrigierendes Zurückdrehen wird notwendig.
2. Die Vorausdrehung wird gemacht, zugleich wird aber nicht darauf geachtet, daß, wenn eine wirkungsvolle Bewegungsübertragung erreicht werden soll, die Ski am Ende des Vorausdrehens möglichst ohne Drehwiderstand sein müssen. Die unangenehme Folge ist, daß der Rumpf zwar schon in die neue Kurve gedreht wurde, die Ski aber nicht nachgekommen sind. Ein Sturz ist kaum mehr abzuwehren.
3. Wenn man schnellere Schwungfolgen fahren will, dann dauert das Vorausdrehen, Übertragen, Skidrehen, usw. meist zu lange. Das Vorausdrehen ist also kein Bewegungselement, das beim (schnellen) Kurzschwingen noch eingesetzt werden kann.

Diese Nachteile zeigen auf, daß die Bewegungsspielräume beim Vorausdrehen besonders beachtet werden müssen.

Schwingen mit Gegendrehen

Zur **Ausführung**: In der zweiten Hälfte des Parallelen Grundschwingens hat man bekanntlich die Beine und den Rumpf zu beugen, ebenso ist das Becken muskulär zu stabilisieren, und mit dem bogenäußeren Bein ist der Schwung zu steuern. Während dieser Aktivitäten kann der Rumpf nun auch noch bewußt nicht in Schwungrichtung, sondern zunehmend stärker **gegen sie gedreht** werden. (Durch dieses Gegendrehen kann im Extremfall die Schulterachse am Ende des Schwungs nicht quer, sondern parallel zur Längsachse der Ski ausgerichtet sein.)
Zur **Funktion** des Gegendrehens: Wie beim Vorausdrehen wird hier wieder die Mithilfe eines anderen Körperteils angesprochen. Wesentlich anders ist jetzt jedoch der zeitliche Aspekt. Die Mithilfe geschieht nun nicht mehr vor der eigentlichen Bewegung, sie findet **gleichzeitig** statt: Die Beine müssen kurveneinwärts drehen, und dies kann – dem physikalischen Prinzip von »actio gleich reactio« entsprechend – unterstützt werden, wenn der Rumpf bewußt gegendrehend eingesetzt wird.
Brauchbar ist das Gegendrehen vor allem in steilerem Gelände, in dem die Schwünge mit engerem Radius gefahren werden und die Ski am Ende der Kurve – wegen des Bremseffekts – ziemlich quer zur Fahrtrichtung zeigen sollen.
Nachteile hat das Gegendrehen durchaus auch. Wenn es sehr intensiv ausgeführt wird, dann beendet man einen Schwung in einer ziemlich verwrungenen Körperposition, in der man z. B. nur schlecht erkennen kann, an welcher Stelle und in welcher Weise man die nächsten Schwünge ausführen soll.

Das Variieren der Kurvenlage

Das äußere Bild eines Skifahrers ist sehr stark geprägt durch die Körperhaltung, die er während

Kurvenlage bei kurzen Schwüngen

Schwingen mit Gegendrehen

des Schwungs einnimmt, also kurz ausgedrückt: durch die Kurvenlage. Hier ist der Skifahrer durchaus mit dem Rad- oder Motorradfahrer vergleichbar, der ebenfalls durch die Art seiner Kurvenlage zeigt, wie gut er Motorradfahren kann.
Beim Parallelen Grundschwingen ist die Art der Kurvenlage noch nicht besonders thematisiert worden. Mit zunehmender Erfahrung lohnt es sich jedoch, auf bestimmte Variationen besonders einzugehen. Dies ist insofern von Bedeutung, als es neben guten und brauchbaren Kurvenlagen auch weniger brauchbare gibt.

Die Kurvenlage bei kurzen Schwüngen

Zur **Ausführung**: Bei Schwüngen mit kleinen, schnellen Richtungsänderungen, also bei dem, was üblicherweise als Kurzschwünge bezeichnet wird, läßt sich eine ganz spezielle Kurvenlage beobachten. Rumpf und Kopf sind – von vorne gesehen – vertikal nach oben, die Beine dagegen kurvenauswärts ausgerichtet. (Je nach Bezugspunkt könnte man diese Position auch so beschreiben: Oberkörper und Kopf sind – senkrecht stehend – kurveneinwärts verlagert. Bildlich gesprochen könnte man diese Lage mit der einer Banane vergleichen, die an eine senkrechte Wand angelehnt wird.)
Zu den **Funktionen** dieser Kurvenlage: Die beschriebene Kurvenlage kann in dreifacher Weise funktionell belegt werden.

1. Mit ihr kann der Körperschwerpunkt kurveneinwärts gelegt werden, was notwendig ist, um die mit dem Schwingen entstehende Zentrifugalkraft ausgleichen zu können.
2. Mit ihr kann eine Kopf-, Hals- und Oberkörperhaltung eingenommen werden, die in gewisser Weise die natürlichste ist. D. h., man kann den Kopf so wie beim Stehen, Sitzen, Gehen oder Laufen positionieren, was dazu nützt, daß das zu beobachtende Geschehen wie bei den bekanntesten Fortbewegungsarten wahrgenommen werden kann. (Ein »Umrechnen« der Beobachtungen, wie das z. B. ein Flugzeugführer erst lernen muß, ist nicht notwendig.)
3. Bei einem Schwungwechsel müssen nur die Beine, und nicht auch Rumpf, Arme und Kopf eine neue Lage einnehmen.

Die Kurvenlage bei längeren Schwüngen

Zur **Ausführung**: Wie häufig beim Rad- oder Motorradfahren

Kurvenlage bei langen Schwüngen

Mit gerader Kurvenlage kann man fahren, wenn größere Schwungradien mit geringer Beanspruchung gefahren werden sollen.

kann man auch beim Skifahren so schwingen, daß man den Körper insgesamt kurveneinwärts legt.
Zu den **Funktionen** dieser Kurvenlage:

1. Wie schon bei der vorab beschriebenen kann man auch mit der geraden Kurvenlage den Körperschwerpunkt kurveneinwärts legen und damit die Zentrifugalkraft kompensieren.
2. Entgegen der Kurvenlage bei kleinen, schnellen Richtungsänderungen wird aber bei der geraden Lage nahezu keine seitliche Beweglichkeit vom Rumpf verlangt, so daß auch keine diesbezüglichen Beanspruchungen etwa in der Wirbelsäule auftreten.

Gegen diese Lage spricht allerdings, daß sie relativ instabil sein kann, weil schon ein geringfügiges Verschneiden der Ski zum Sturz nach innen führen kann und weil man sich mit der visuellen Orientierung an die »Schräglage« (wie der schon genannte Flugzeugführer) erst gewöhnen muß. Daher empfiehlt sich bei der geraden Kurvenlage, betont den Außenski zu belasten.

Also:
Mit zunehmender Sicherheit beim Parallelen Grundschwingen lohnt es sich, auch auf Besonderheiten der Kurvenlage beim Schwingen zu achten. Mit gekrümmter Kurvenlage zu fahren ist angemessen, wenn man gute Orientierung und zunehmend schnellere Schwungwechsel anstreben will.

Arm- und Stockbewegungen verändern

Ähnlich auffällig wie die Rumpfbewegungen sind auch die Bewegungen und Haltungen, die man mit den Armen bzw. den Stöcken ausführen kann. Der eine gestikuliert und schwingt seine Stöcke so, als müßte er ein übergroßes Orchester dirigieren, der andere benutzt sie überhaupt nicht. Welche Spielräume soll man zulassen? Sind Arm- und Stockbewegungen überhaupt so bedeutsam, daß man auf sie eingehen muß?

Stockeinsatz im Hochgehen

Stockeinsatz im Tiefgehen

Doppelstockeinsatz

Was man wissen und auch selbst erproben sollte, ist, daß man alle Kurven durchaus ganz ohne Stockeinsatz fahren kann, daß man in der Regel den Innenstock einsetzt und daß gelegentlich aber auch der Doppelstockeinsatz recht nützlich ist.

Die Art und Weise, wie ein Stock oder beide Stöcke durch Arme und Hände bewegt und geführt werden, ist allerdings sehr flexibel. Manche setzen mit weit nach außen gestreckten, manche mit ganz eng angepreßten Armen die Stöcke ein. Sie mögen vielleicht mit ihren Bewegungen zurechtkommen, doch ist die Gefahr sehr groß, daß sie während der Kurvensteuerung überflüssige, nur zum Ausgleichen notwendige Armbewegungen durchführen müssen. (Sie machen dabei den Eindruck eines schlechten Seiltänzers, der, weil er das Gleichgewicht nicht gut halten kann, ständig Korrekturbewegungen der Arme benötigt.)

Empfehlenswert ist eine leicht offene Armhaltung, bei der nur die Hand den Stock nach vorne bringt und bei der die Stockspitze etwa zwischen Skispitze und Bindung circa 20–30 cm neben dem neuen Innenski eingesetzt wird. Auf diese Weise kann der Stockeinsatz zum Stützen und leichten Abdrücken insbesondere bei Schwüngen mit explosivem Aufrichten aber auch zum Absichern bei Schwüngen mit ruhigem Aufrichten gut benützt werden. Er darf allerdings nur sehr kurzzeitig ausgeführt werden, weil sonst die Gefahr besteht, daß man am eingesetzten Stock vorbeifährt und hierdurch die (stockseitige) Schulter nach hinten gerissen wird (was danach wieder eine eigentlich unnötige Korrekturbewegung erfordert und was auch einen flüssigen Übergang zum nächsten Schwung behindert).

Komplexe Veränderungsmöglichkeiten

Bislang ist so vorgegangen worden, daß immer nur einzelne Elemente aus dem Parallelen Grundschwingen herausgegriffen und auf ihre Veränderungsmöglichkeiten hin verarbeitet wurden. Das ist nicht ohne Grund so gemacht worden. Es ermöglicht Lehrenden wie Lernenden, auf die entstehenden Erweiterungen sich detailliert und mehr oder weniger ausschließlich zu konzentrieren. Insbesondere kann der Lernende jeweils erfahren, was geschieht, wenn er einmal für sich genommen die verschiedenen Skistellungen erprobt, wenn er ein anderesmal das Aufrichten variiert und wieder extra für sich die Vorausnahme oder Überlagerung von Rumpfdrehungen erkundet. Die Folgen, die eintreten, können auf diese Weise unmittelbar mit der vorgenommenen Veränderung verbunden und so deren Funktionalität erfahren werden.
Zur Erfahrungserweiterung gehören aber auch noch Versuche, mehrere der angesprochenen Veränderungen zugleich im Blick auf ein bestimmtes Ziel vorzunehmen. Der Übersichtlichkeit wegen sollen nur wenige Beispiele behandelt werden.

Schwünge nicht nur aneinanderreihen, sondern miteinander verschmelzen

Zur **Ausführung**: Im Sport gibt es sehr viele Bewegungsabläufe, die zu ihrer Zielerreichung je nur einmal ausgeführt werden (und dann gegebenenfalls von neuem wieder ausgeführt werden müssen). Das ist beim Weitsprung oder Kugelstoß in der Leichtathletik so oder auch beim Handstützüberschlag im Kunstturnen.

Im Skifahren liegt eine solche Bewegung auch vor, und zwar dann, wenn man nur einen Schwung ausführt, den man aus der Schrägfahrt beginnt und wieder in ihr enden läßt. Der nächste Schwung, der danach angefügt wird, hat mit dem vorausgehenden praktisch nichts zu tun. Er wird wie eine ganz andere Bewegung völlig neu wieder angefangen. Um sich nicht unter (zeitlichen) Druck zu setzen, ist es richtig, wenn man anfangs so vorgeht.
Mit zunehmender Aktivität empfiehlt es sich allerdings, die Schwünge so aneinanderzureihen, daß sie ineinander **verschmelzen**. Wie beim Gehen oder Laufen ist für diese Ausführungsweise kennzeichnend, daß mit dem Ende der ausklingenden Bewegung zugleich auch schon die Vorbereitung der nächsten Bewegung durchgeführt wird. Für das Parallele Grundschwingen bedeutet dies:

- Zwischen zwei Schwüngen wird auf keinen Fall eine Schrägfahrt eingelegt.
- Das Tiefgehen beim Steuern des (vorausgehenden) Schwunges wird ohne Unterbrechung in das Hochgehen für den nachfolgenden Schwung übergeleitet. Eine Pause in der Mittelstellung gibt es nicht.
- Wenn die (alte) Kurvenlage aufgegeben wird, dann wird sie ebenso ohne Unterbrechung in die neue Kurvenlage übergeführt.
- Das Drehen der Ski beim vorausgehenden Schwung wird ebenso unmittelbar zum (anders gerichteten) Drehen der Ski für den neuen Schwung übergeführt (so daß in der Skispur z. B. kein geradeaus verlaufendes Zwischenstück mehr erkennbar ist).

Zur **Funktionalität**: Diese komplexe Veränderung ist nicht nur Spielerei, sie hat ihren Sinn für ganz bestimmte Situationen.

Schwünge verschmelzen

- Man gewinnt Zeit für das Verbinden von zwei oder mehreren Schwüngen, weil die mehr oder weniger lange dauernde Pause in der Schrägfahrt wegfällt. Das ist überall dort nützlich, wo das Gelände oder die durch Mitfahrer immer auch etwas eingeschränkte Situation auf der Piste es erfordern.
- Man reduziert den Bewegungsaufwand und spart dadurch Energie, weil – wie bei allen zyklischen Ausführungen – zusätzliche Auftaktbewegungen überflüssig werden. (Wer sich davon nicht sofort überzeugen läßt, der versuche einmal so zu gehen, daß jeder Schritt erst beendet und danach der neue Schritt begonnen wird!)
- Man kann mehr Ruhe und damit auch mehr Sicherheit in die Bewegungsabläufe bringen, weil nicht auch noch die Zwischenbewegungen kontrolliert werden müssen. (Auch hier mache man die Probe beim entsprechend verzögerten Gehen!)
- Man kann bei verschmelzender Ausführung sehr viel besser einen Bewegungsrhythmus finden, der – wie an anderer Stelle gezeigt wird – der Einstieg in eine Fahrweise ist, die wesentlich vom Spiel zwischen Spannung und Entspannung geprägt ist.

Schwingen mit variablem, situationsangepaßtem Kurvenverlauf

Wenn man einen breiten, homogenen und gut präparierten Hang vor sich hat, dann spielt es keine Rolle, ob man bei seinem Schwingen mit großen oder kleinen Kurven fährt. Man hat ja genügend Platz, in der einen oder anderen Weise zu agieren. In aller Regel gibt es aber nur ganz selten solche Bedingungen, meist muß man mal mit weniger Platz auskommen, weil die Piste enger wird oder weil andere Fahrer im Weg stehen und häufig muß man auch die Geländeformationen beachten, die einem zum Schwingen mal mehr und mal weniger Platz lassen. D. h., man muß lernen, vor und während des Fahrens

1. den Spurverlauf situationsangemessen vorauszuplanen und
2. das Geplante auch mit den richtigen Mitteln umzusetzen.

Zur **Ausführung**: Vor jedem Start hat man sich klarzumachen, wie Gelände und Schnee beschaffen sind und mit welchem Verlauf man die ersten zwei bis drei Schwünge anlegen will. Dabei muß klar sein, daß man bei steilerem Gelände weiter aus der Fallinie herausfahren muß oder daß man gegebenenfalls auch längere Rutschphasen vorsieht. Ebenso muß klar sein, daß man sich für den Beginn des Schwingens möglichst gute Bedingungen aussucht, damit beim Einstieg nichts schiefgehen kann; also ruhig immer mit der Schokoladenseite beginnen und kleinere Kuppen für den ersten Schwung ausnutzen. Ist man gestartet, dann fährt man die ersten drei geplanten Schwünge nicht einfach ab, um sich erst danach um den Anschluß zu kümmern. Man beobachtet vielmehr spätestens während des letzten Schwungs, in welcher Weise es weitergehen kann und soll. D. h., man schaut nicht ständig nur auf seine eigenen Ski, sondern macht sich kurz vor, spätestens aber beim Drehen der Ski die weitere Route klar. Dementsprechend wird dann das Drehen der Ski entweder langsam(er) ausgeführt, wenn der nächste

Schwung erst weiter weg angefangen werden soll, oder es wird schnell(er) ausgeführt, wenn nur wenig Platz zum Beginn des nächsten Schwungs zur Verfügung steht. Das mehr oder weniger schnelle Drehen der Ski erreicht man seinerseits, indem man das Tiefgehen auf dem Außenbein mehr oder weniger kräftig ausführt und das Aufkanten der Ski durch Kurveneinwärtsführen der Knie regelt und indem man rechtzeitig die Mithilfe durch Voraus- und Gegendrehen einplant.
Ebenso gehört eine ständig aktionsbereite Arm- und Stockhaltung hinzu, weil es schlechterdings nicht möglich ist, mit vernachlässigter oder gar verkehrter Arm- oder Stockhaltung in einen neuen Schwung hineingehen zu wollen.
Diese Vorausplanung (Antizipation) kann nicht früh genug geschult werden. Deshalb vermeide man, stets nur unüberlegt hinter anderen herzufahren.

Schwingen mit variabler Belastung

Unter Belastung wird im Sport Unterschiedliches verstanden. Beim Skifahren dagegen hat Belastung eine klare Bedeutung: Es wird darunter das Druckempfinden verstanden, das man beim Fahren im Fuß-/Schuhbereich hat. Abstrakt ausgedrückt ist Belastung im Skisport die Verteilung der mechanischen Kräfte, die zwischen Schuh und Fuß wirken. (Manchmal ist vereinfachend auch nur die Verteilung der Kräfte gemeint, die zwischen Bindung und Schuh wirken.)
Bei der einfachen Schußfahrt soll eine Körperposition eingenommen werden, bei der beide Füße praktisch gleich belastet sind. Darüberhinaus soll diese Stellung auch noch so ausgerichtet sein, daß man eine gleichmäßige Belastung über die ganze Fußsohle hinweg empfindet. Hierzu verwendeten wir den Begriff der **mittleren Position**. Legt man sich nach vorne, dann ändert sich die Belastung. Es wird vorrangig am Ballen, am Fußrist und am unteren Teil des Schienbeins erhöhter Druck gespürt. In diesem Fall wird von **Vorlage** gesprochen. Analoges gilt für das Zurücklegen des Körpers, also für die **Rücklage**.
Beim Parallelen Grundschwingen kommt noch ein weiterer Wechsel der Belastung hinzu: das Umlasten oder gar das Umsteigen auf den Außenski. Konsequenterweise spricht man hier von der **Außenskibelastung**. Beim Parallelen Grundschwingen wird diese Belastung empfohlen, weil durch sie die Schwünge sicherer und effektiver gefahren werden können.

- Die wichtigsten Belastungsveränderungen erreicht man durch die Beuge- und Streckbewegungen des Körpers, insbesondere der Beine. Bereits beim Schußfahren läßt sich nachempfinden, daß dieses Beugen und Strecken immer auch mit Belastungszu- und abnahmen verbunden ist. Für die Verfeinerung des Parallelen Grundschwingens ist es wichtig zu wissen, wann welche Bewegung welche Belastungsveränderung ergibt.

Eine Abnahme der Belastung, kurz **Entlastung** genannt, ergibt sich über eine kräftige, fast explosiv-sprunghafte Streckbewegung. Entlastung ergibt sich aber auch beim Beugen. Sie ist jedoch so kurz, daß man sie praktisch kaum spüren kann.
Wichtig zu wissen ist, daß mit jeder Entlastung aber auch immer eine deutliche Belastungszunahme, häufig auch verkürzt **Belastung** genannt, einhergeht. Beim Strecken tritt die Belastungszunahme vor und nach dem Strecken auf. Hier kann man durchaus soweit gehen und sagen, daß ohne eine deutliche Belastung keine brauchbare Entlastung zu erreichen ist. Beim Beugen kommt die Belastung (nur) danach. Methodisch sind daher oft die Hinweise auf die mitauftretenden Belastungen hilfreich.
Wozu wird das Be- und Entlasten genützt? Weshalb soll man entsprechende Erfahrungen sammeln? Entlastung nützt man in aller Regel, um ein schnelleres oder erfolgreicheres Seitauswärtsführen und Andrehen der Ski zu erreichen. Es seien hierzu die Ausführungen auf S. 60 in Erinnerung gebracht.
Dagegen benutzt man die Belastung in der Regel, um besseren Kontakt zum Schnee, besseren Kantengriff zu erhalten. Durch die Zunahme der Belastung »gräbt« sich die Kante tiefer in den Schnee ein, die Führung der Ski verbessert sich.

- Das Empfinden für variabel gestaltbare Belastung ist aber auch in der Phase der Wiederaufnahme von Belastung besonders zu schulen. Dieser Phase kann man grundsätzlich nicht aus dem Weg gehen: jeder Entlastung folgt unweigerlich wieder eine Belastung. Zur Schulung der Erfahrungserweiterung gehört es nun, darauf aufmerksam zu machen, daß in der Art der Wiederaufnahme der Belastung häufig die Ursache für Erfolg oder Mißerfolg beim Schwingen liegt.

Für den »Normalverbraucher« empfiehlt es sich, diese Phase so »weich« wie möglich zu machen und sie solange wie möglich hinauszuziehen. D. h., man gibt dem entstehenden Druck vor allem durch Beugen der Beine (und nicht durch Beugen des Rumpfes bei steif bleibenden Beinen) so lange wie möglich nach. Man verhindert dadurch, daß man ruckartig das Gleichgewicht verliert, und man schont darüberhinaus auch noch folgenreiche Überbelastungen.

Anders ist es bei extrem sportiver Fahrweise. Hier kann manchmal eine härtere Belastungsaufnahme erwünscht sein, weil mit ihr ein stärkeres Kanten erzielt und dadurch eine bestimmte Fahrtrichtung besser erreicht oder eingehalten werden kann.

■ Belastung kann und soll man auch noch durch die Art der Kurvenführung variieren. Wie aus der Welt des Motorrad- oder Autofahrens bekannt, nimmt die Belastung spürbar zu, wenn man in eine enge Kurve hineinfährt oder wenn man eine Kurve immer enger fährt, sie »zumacht«.

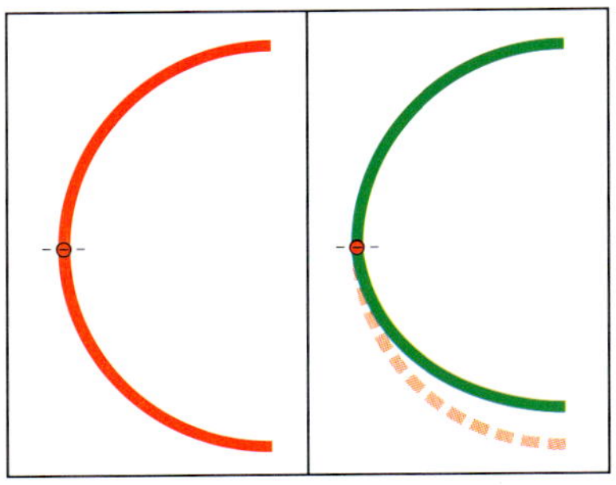

Nicht »zugemachte« und »zugemachte« Kurve

Für das Schwingen ist das Zumachen der Kurve eine besonders elegante Art, Belastung zu erhöhen und damit Druck aufzubauen, d. h., man versucht, vor allem gegen Ende des Schwungs das Drehen und Kanten der Ski ständig zu verstärken, so daß eine immer enger werdende Kurve entsteht. Der Druckaufbau auf diese Weise lohnt sich, weil man ihn durch Nachgeben schlagartig lösen und die dadurch entstehende Entlastung zum Einfahren in die neue Kurve auf ganz einfache Weise nutzen kann. (Das ist übrigens nahezu dieselbe Hilfe, die alle Eiskunstläufer benutzen; ob beim Toulup, Salchow oder Axel, stets geht diesen Drehsprüngen ein kleiner, mehr oder weniger eng gefahrener Bogen voraus, über den ein ganz wesentlicher Teil des Abdrucks zur nachfolgenden Drehung im Sprung geleistet wird.)
Es empfiehlt sich daher, mit zunehmendem Können beim Schwingen an das Zumachen der Kurve heranzugehen, um auf diese Weise Druckvermehrung zu bekommen und dadurch wiederum zu erfahren, wie man durch Auflösen dieses Drucks den nächsten Schwung einleiten kann.

■ Ganz eng verbunden mit der Erfahrung, daß man Druckaufbau durch Zumachen der Kurve erreichen kann, ist die Erfahrung, daß auch geeignete Spurwahl zur Belastungsveränderung führen kann. Von den ersten Aktivitäten her ist bekannt, daß beim Überfahren einer Kante ein kurzes Gefühl der Entlastung entsteht, während das Durchfahren eines Knicks erhöhte Belastung bringt. Beide Erfahrungen kann man für das Schwingen nutzen. Man hat dazu bei der Spurwahl darauf zu achten, daß – wenn man sich das Schwingen etwas erleichtern will – in der Phase der Wiederaufnahme der Belastung das zu befahrende Gelände steiler wird, während in der Phase, in der man einen Druckaufbau möchte, das Geländestück eher einem Knick oder einer Mulde ähneln sollte.
Zur Erweiterung der Erfahrungen gehört daher auch, daß man einen Blick für die (Klein-) Struktur des Geländes bekommt, um erkennen zu können, wo man mit zu- oder abnehmender Belastung rechnen kann oder muß, und daß man im Fahren des laufenden Schwungs auch schon die Spur für den nächsten Schwung vorausplant.

■ Belastungsveränderungen kann man schließlich auch noch nutzen, um kurze Beschleunigungen zu bekommen. Bei der Schußfahrt im Tiefschnee (auf nicht zu steilem Hang!) ist die Wirkung besonders deutlich zu erkennen: Der Übergang zur Vorlage wirkt bremsend, der Übergang zur Rücklage dagegen beschleunigend. Auch in altem Naßschnee ist dieser Effekt sehr deutlich zu spüren.
Zur Verfeinerung der Erfahrungen sollte daher auch im Schwingen das Spielen mit Vor- und Rücklage erprobt werden. Dabei geht es um die Erfahrung, daß man beim Schwingen, um das Tempo zu erhöhen, kurzfristig – etwa beim Überfahren der Fallinie – durchaus in Rücklage gehen kann. Man hat allerdings rechtzeitig dafür zu sorgen, wieder in die normale Lage oder gar in die Vorlage zu kommen. Letzteres ist insofern empfehlenswert, als die Gefahr, daß man das Gleichgewicht verliert und man sich nicht mehr auf dem Ski halten kann, mit stärkerer Rücklage deutlich zunimmt.

Schwingen in selbstgewählter Veränderung, z. B. aus ruhigem Aufrichten mit Bergstemme und Doppelstockeinsatz

Es ist deutlich geworden, daß das Parallele Grundschwingen in relativ vielfältiger Weise sinnvoll variiert werden kann. Meistens wurden bisher aber nur Einzelheiten verändert. Selbstverständlich können sich auch Überlagerungen als sinnvoll erweisen. Eine wird nachfolgend beschrieben. Andere sollten selbst erprobt werden.
So kann man z. B. Schwingen
- aus der Bergstemme
- mit ruhigem Aufrichten
- und Doppelstockeinsatz nach dem Aufrichten.

Die **Funktionalität** dieser komplexen Verlaufsform entspricht mehr oder weniger der Überlagerung der schon besprochenen Einzelveränderungen: Schwingen in dieser Weise ist physisch sehr entlastend, es erlaubt – weil bergwärts gestemmt wird – auch in schwierigeren Gelände- oder Schneesituationen problemlose Übergänge über die Fallinie hinweg und es wird an der einzigen »labilen« Stelle, nämlich beim Umlasten auf den neuen schwungäußeren Ski, durch Doppelstockeinsatz zusätzlich gesichert.

Zur Lehrweise

Die bisherigen Ausführungen dienten dazu, die Möglichkeiten von sinnvollen Veränderungen des Parallelen Grundschwingens darzustellen. Es ist nun noch darauf einzugehen, in welcher Weise man diese Veränderungen lehren kann. Vorab sollte eines klargestellt werden: Die vielen Veränderungsmöglichkeiten dürfen auf keinen Fall monoton der Reihe nach »abgearbeitet« werden. Sie sind und bleiben Möglichkeiten, die nur angeboten werden sollen. Für solches Anbieten sind folgende Lehrweisen am ehesten geeignet.

Kontraste herausstellen

Einige der aufgezählten Möglichkeiten basieren darauf, daß sie mehr oder weniger konträre Ausführungen verfolgen. In diesen Fällen empfiehlt es sich, auch das Lehren auf die Erfahrungen von Kontrasten auszurichten.
Als ein Beispiel dienen Aufgaben zum explosiven Aufrichten und im Kontrast hierzu Aufgaben zum ruhigen Hochgehen. Als ein anderes Beispiel dienen Aufgaben zum (übertrieben ausgeführten) Rotieren und im Kontrast dazu Aufgaben zum Gegendrehen usw.
Kontraste kann man aufgreifen, wenn einzelne Schüler dabei sind, die mehr oder weniger gegensätzlich fahren. (»Wir schauen uns mal den ... genauer an und vergleichen seine Ausführung mit dem ... Was fällt euch auf? ...«) Kontraste kann man aufgreifen, wenn entsprechendes Gelände nahe beieinander liegt. Und Kontraste kann man angehen, wenn plötzliche Wetterveränderungen zur Umstellung der Fahrweise zwingen.

Auf die Erfahrung des Nutzens hinarbeiten

Alle Schwungveränderungen waren nicht Veränderungen um ihrer selbst willen. Sie waren je mit spezifischen Funktionen verknüpft worden und waren insofern stets in bestimmter Weise nützlich.
Für den Lehrer muß das zur Folge haben, daß er solange Aufgaben machen läßt bzw. neue sucht, bis der Schüler diese Nützlichkeit selbst erkennen und vor allem auch mit ihr umgehen kann.
Dabei ist in jedem Fall zu vermeiden, daß man den Nutzen nur theoretisch erklärt. Schüler müssen vom Nutzen selbst überzeugt sein, und das wird erst dann eintreten, wenn man über passende Aufgabenstellungen den Vorteil der veränderten Ausführung entdecken lassen kann.

Optimale Lerngelegenheiten suchen

Das Talent der Lehrenden muß schließlich darin liegen, daß sie immer wieder Situationen aufspüren, die (bewußt oder unbewußt) als Lern- und Erfahrungsgelegenheiten genutzt werden können, also als Gelegenheiten, in denen die Schüler selbst die Nützlichkeit einer Veränderung erleben und erfahren können.

Wissenswertes für Skischüler

Wer das Parallele Grundschwingen erlernt hat, der hat zwei Möglichkeiten, an seinem Skikönnen weiterzuarbeiten: Er kann zum einen dieses Schwingen verfeinern und stabilisieren, indem er so oft wie möglich wiederholt, was er bisher gelernt hat. Er kann zum andern aber auch bereits an erste Veränderungen herangehen; Veränderungen, die für bestimmte Situationen besonders angemessen und brauchbar sind.
Der Skilehrplan favorisiert die zweite Alternative. Vielfache Erfahrungen sprechen dafür, daß man schon früh an die Möglichkeiten herangehen kann, die in der Variation einzelner Teile des Parallelen Grundschwingens stecken.
Für den Skischüler hat dieses Vorgehen den Vorteil, daß das Lernen sehr abwechslungsreich ist, daß man nicht monoton immer wieder dasselbe üben muß. In dem abwechslungsreichen Angebot steckt zugleich aber auch die Gefahr, daß man die eine oder andere Veränderung nur ganz oberflächlich berührt und so ihren eigentlichen Sinn doch nicht erkennen und empfinden kann. Wer bei seinem Skiunterricht diesen Eindruck bekommt, der weise daraufhin und bestehe darauf, daß das eine oder andere Element, die eine oder andere Übung noch einmal durchgeführt und besprochen wird. Es geht in der Tat bei dem behandelten Lehrstoff um die Erweiterung der Erfahrungen, die man durch relativ geringfügige Veränderungen des Parallelen Grundschwingens erreichen kann. Als Schüler hat man ein Recht darauf, daß sich diese Erfahrungserweiterung auch tatsächlich ergibt. Jeder sollte pro Veränderung auch möglichst ein »Aha-Erlebnis« haben: »Jetzt habe ich gemerkt, wozu man diese Stemmbewegung ... dieses Vorausdrehen ... diesen Belastungswechsel ... brauchen kann«. Und wenn man sich als Schüler in dieser Weise laut

bemerkbar macht, dann hat der Skilehrer auch sicher nichts dagegen. Im Gegenteil, es wird ihn in anderen Situationen veranlassen, gegebenenfalls noch weiter nach passenden Aufgaben zu suchen.

Wissenswertes für Skilehrer

Der Abschnitt »Erfahrungen erweitern« hat ganz besondere Bedeutung. Man legt dort die Grundlagen zum weiteren Fortkommen des Schülers, insbesondere zum Einstieg in die verschiedenen speziellen Zielsetzungen. Dem heutigen Stand der Skifahrtechniken entsprechend dürfen diese Grundlagen nicht zu eng sein. Man muß dafür sorgen, daß die Skischüler bei sich die Möglichkeiten entdecken, die sie in ihrer weiteren skiläuferischen Tätigkeit noch nutzen und ausbauen können.
Ganz zentral ist dabei folgender Sachverhalt. Bis zum Erlernen des Parallelen Grundschwingens ist die persönliche Besonderheit in der Ausführung der verschiedenen Schwungbestandteile, die bei fast allen Skischülern zu finden ist, weitgehendst geduldet worden. Dem Schüler sind – im Unterschied zu früheren Lehrauffassungen – Bewegungsspielräume eingeräumt worden: Der Pflugbogen durfte so, aber auch etwas anders aussehen, ebenso das Schwingen. Daß dies so ist, hat der Schüler aber gar nicht erfahren. Man hat seine Besonderheit stillschweigend **geduldet** und zwar in dem Ausmaß, in dem man erfolgreiches Erlernen des Parallelen Grundschwingens erwarten konnte.
Jetzt – bei der Erfahrungserweiterung – ist das anders. Jetzt werden die Bewegungsspielräume **genutzt**. Jetzt soll der Schüler erfahren, daß man das eine oder andere nicht nur zufällig, sondern ganz bewußt anders macht. Einzelheiten werden in ihrer Bedeutung deutlich gemacht und damit zugleich die vielfältigen Möglichkeiten, die im Schwingen stecken.
Dabei ist die Abkehr vom »Schubladendenken« ganz besonders wichtig. Das soll heißen, daß man – bildlich ausgedrückt – für den Schüler nicht aus dieser Schublade diesen Schwung und aus jener Schublade jenen Schwung herausholt und daß derjenige der bessere ist, der viele Schubladen ziehen kann. Wir bleiben letztlich bei **einem** Schwingen, dieses ist aber nicht ein fester und enger Stereotyp, dem viele andere enge Stereotypen hinzugefügt werden. Das Schwingen kann man jetzt vielmehr mit einem **Schema** vergleichen, also einem – in jedem Einzelfall – in sehr unterschiedlicher Weise ausführbaren Bewegungsprogramm.
Wir denken und handeln in vielen Lebensbereichen nach einer solchen Schema-Vorstellung. Wir nennen z. B. ein Objekt einen Baum und jeder hat dann (sofort) eine Vorstellung (ein Schema), was das sein kann und was es nicht sein kann, ohne aber das Objekt in allen Einzelheiten festzulegen. Oder wir beschreiben einen Vorgang mit Greifen, Halten oder Laufen und jeder weiß sofort, was damit gemeint ist und was der Vorgang nicht sein kann, ohne daß allerdings dieser Vorgang schon ganz genau festgelegt wäre. Wenn wir das Laufen oder Halten oder Greifen dann mal so oder mal anders ausführen, dann hat das in aller Regel einen Grund: es wird ein bestimmter Zweck verfolgt, der mit dem veränderten Laufen, Halten oder Greifen besser zu erreichen ist. Und genau so soll es mit dem Schwingen werden. Die vielfachen Veränderungsmöglichkeiten haben meistens einen bestimmten Zweck, der durch die Funktionsbeschreibung sehr gut angegeben werden konnte. Alle unterrichtlichen Maßnahmen müssen dazu dienen, daß die Schüler diesen Zusammenhang erfahren, erkennen und vor allem nutzen können.

◁ Leitbild und individuelle Ausführungen

SCOTT

Teil 2:

Spezialschule - Spezielle Ziele

Fahren auf anspruchsvollen Pisten

Nach den **ersten Erfahrungen** und dem **Erlernen des Parallelen Grundschwingens** hat man sich dem Fahren auf leichten bis mittelschweren Pisten zugewandt und konnte dort die verschiedensten Gelände- und Schneesituationen antreffen. Sie wurden im allgemeinen mit dem Parallelen Grundschwingen bewältigt. Es waren aber auch immer wieder Veränderungen dieses grundlegenden Bewegungsschemas notwendig, so daß die **Erfahrungen erweitert** werden konnten.
Viele, die diese höchstens mittelschweren Pisten beherrschen, wollen auch die schwierigen, die »schwarzen« Pisten meistern. Sie setzen sich ein spezielles Ziel, wollen an ihre Leistungsgrenzen herangehen, wollen **Grenzerfahrungen** sammeln.
»Schwarze« Pisten zeichnen sich insbesondere dadurch aus, daß sie steile Abschnitte, bucklige Hänge und besondere kritische Stellen aufweisen, wie Engstellen, Kanten, kurze Gegenhänge und hängende Kurven.
Im folgenden soll beschrieben werden, wie man sich an derartige Pisten herantastet, sich auf sie technisch und mental einstellt und sie sicher beherrschen lernt. Dabei wird wesentlich auf dem Parallelen Grundschwingen und den erweiterten Erfahrungen aufgebaut. Allerdings werden die individuellen Bewegungsspielräume in diesen extremen Situationen eingeengt, weil zu einer Vielzahl von Teilbewegungen kaum noch Alternativen bestehen.

Steilhang

Fahren auf steilen Hängen

Steile Hänge imponieren beim Anblick von unten und erst recht, wenn man oben steht, sie fordern heraus. Selbst sehr gute Skifahrer fahren mit Bedacht in sie ein, schwache Fahrer meiden sie mit Recht. Was macht das Fahren auf steilen Hängen zur Bewährungsprobe?
Man denkt an einen Sturz und befürchtet die unangenehmen Folgen.
Man stellt sich vor, daß man mit der Schwungeinleitung nicht zurechtkommt und in die Tiefe gezogen wird.
Man zweifelt, ob man mit den Ski nach dem Überfahren der Fallinie überhaupt Halt finden kann.
Man befürchtet, von Schwung zu Schwung schneller zu werden und damit ein nicht mehr kalkulierbares Risiko einzugehen.
Um solche Ängste erst gar nicht aufkommen zu lassen, ist es besonders wichtig, daß man sich an steile Hänge schrittweise herantastet und konsequent Technik und Taktik weiterentwickelt. Einige Grundsätze müssen beachtet werden.

Grundsätze für das Fahren im Steilen:

Je **steiler** der Hang ist,
- desto langsamer und konzentrierter fährt man in den Hang ein,
- desto kürzer werden die Schwungradien gewählt,
- desto betonter schwingt man aus der Fallinie heraus,
- desto schneller werden die Ski aus der Querfahrt über die Fallinie gedreht,
- desto konsequenter wird beim Steuern der Außenski belastet,
- desto sorgfältiger sind auch nur geringste Ansätze von Rücklage zu vermeiden,
- desto mehr betont man einen sicheren Stockeinsatz.

Im folgenden wird eine Schwungausführung beschrieben, die sich durch Verändern des Parallelen Grundschwingens unter Berücksichtigung dieser Grundsätze ergibt, das

Zur Bewegungsausführung des parallelen Kurzschwingens mit hoher Bremswirkung:

- **Am Ende des vorausgehenden Schwunges werden die Ski quer zur Fallinie gerichtet, der Körper gebeugt,** also das Fahrtempo gedrosselt und der Stock eingesetzt.

- Mit einem explosiven Strecken der Beine, bei dem man sich betont vom talseitigen Stock abstützt, wird der Schwung begonnen. Dabei ist Vorlage einzunehmen. Die Skienden werden hochgerissen. Dabei kann man sogar etwas anfersen. Nahezu zeitgleich werden die Beine, aber nicht der Rumpf, schnell schwungauswärts gedreht.
- Mit Beginn der Schwungsteuerung wird sofort Außenskibelastung aufgenommen und das Außenbein anhaltend gedreht. Der Rumpf wird betont über den Außenski geneigt.
- Der Außenarm bereitet im Verlauf der Steuerung sehr früh den nächsten Stockeinsatz vor. Dabei wird der Unterarm gegen die Fahrtrichtung gedreht.

Kurz: Stockeinsatz – schnell die Ski andrehen – Außenski belasten und anhaltendes Beindrehen – Oberkörper über den Talski.

2

3

Paralleles Kurzschwingen mit hoher Bremswirkung

Zu den **Funktionen**:

- Durch das explosive, auf Vorlage ausgerichtete Strecken können die Ski schnell umgekantet und trotz des »hinter dem Skifahrer« steil ansteigenden Hanges in Drehung versetzt werden. Auf diese Weise läßt sich eine starke Fahrtbeschleunigung durch die enorme Hangabtriebskraft vermeiden.
- Durch das schnelle, unter Entlastung verlaufende Andrehen werden die Ski beim Steuern stark quergestellt, wodurch das Fahrtempo durch Reibungskräfte kontrolliert wird.
- Das betonte, anhaltende Beindrehen führt quer zur Fallinie. Bei dieser Fahrtrichtung wirkt die Hangabtriebskraft nicht fahrtbeschleunigend.
- Durch das Neigen des Rumpfes über den Außenski wird eine sichere Außenskibelastung erreicht. Dies ist deshalb besonders wichtig, weil man im Steilen sonst sehr leicht auf den Innenski käme und dies sicher zum Sturz führen würde.
- Durch das rechtzeitige

Paralleles Kurzschwingen mit Abspringen

1

4

Zurückdrehen des Unterarmes kann der Stock das seitliche Gleichgewicht besser abstützen.

➠ Bewegungsspielräume :
Springt man durch Strecken beider Beine explosiv ab, so verlieren die Ski in voller Länge den Bodenkontakt und können in der Luft in die Fallinie gedreht werden.
Man kann sich aber auch nur vom Talski »**abschnellen**« und dabei den Außenski in der Luft ausstemmen. Dann kann man möglicherweise noch schneller über die Fallinie kommen und noch sicherer beim Landen Belastung am Außenski aufnehmen.
Man kann aber auch eine tiefere, geduckte Körperstellung bevorzugen, indem man bei der Schwungeinleitung nur die Beine **anhockt** und so die Ski schnell über die Fallinie bringt.

Vorbereitende Aufgaben:
Grundsätzlich gilt, daß man die Hangneigung allmählich steigert, Hänge aussucht, die einen sicheren Auslauf haben und zunächst nur Steilstücke mit griffigem Schnee bei guter Fahrsicht auswählt. Man kann sich an Steilhänge auch »von unten« herantasten, indem man den Startpunkt immer weiter nach oben verlegt.

- ❑ *Winkelspringen mit schnellem Andrehen der Ski ohne Schneekontakt und betontem Kanten und Drehen der Ski nach dem Landen. Dabei das Drehen der Ski in Vorlage mit Stützen auf den Stock betonen.*
- ❑ *Im mittelsteilen bis steilen Gelände zunächst schräg zur Fallinie, dann zunehmend in der Fallinie kurzschwingen.*
- ❑ *Kurzschwingen um Stangen, die stark aus der Fallinie gesetzt sind.*

Zielaufgabe:

- ❑ *Auf einem steilen Hangstück kontrolliert und bremsend kurzschwingen.*

Erweiternde Aufgaben:

- ❑ *Kurzschwingen im Steilen mit Sprechbegleitung: »UND – D r e h e n«*
- ❑ *Treten im Steilen Fahrfehler auf, muß man richtig und schnell reagieren. Deshalb sollten derartige Fahrsituationen im* ***mittelsteilen***

Paralleles Kurzschwingen mit Abschnellen und Ausstemmen

Paralleles Kurzschwingen in geduckter Körperstellung mit Anhocken der Beine

Gelände simuliert werden, indem man zwischendurch
- *in Rücklage einleitet und versucht, wieder in die Mittellage zu kommen,*
- *verstärkt auf dem Innenski steuert und versucht, dann wieder zur Außenskibelastung zurückzukehren,*
- *nur wenig, und anschließend um so mehr aus der Fallinie dreht,*
- *bei sich verbreiternder Skistellung (der Talski driftet weg) steuert, um dann wieder die Ski kontrolliert zu führen,*
- *eine kurze Schrägfahrt einlegt, um dann wieder den kurzen Schwungrhythmus aufzunehmen.*

❑ *Hilfreich können die Vorstellungen sein,*
- *daß die Ski bei der Schwungeinleitung wie ein Scheibenwischer ganz schnell unter dem Oberkörper wegdrehen müssen,*
- *daß man sich auf dem Stock wie auf einem Geländer abstützen kann.*

Fahren in Buckelpisten

Buckelpistenfahren ist wie **Rodeo-Reiten**. Ständig muß man darum kämpfen, von der Buckelpiste nicht »abgeworfen« zu werden. Nie kann man sich ausruhen, immer hat man mit Überraschungen zu rechnen. Nicht wenige suchen diesen Kampf. Sie fühlen sich herausgefordert und wollen sich austoben. Andere machen einen weiten Bogen um Buckelpisten. Wo liegen die Schwierigkeiten des Buckelpistenfahrens? Zunächst wollen wir darauf hinweisen, daß eine Buckelpiste zwei Bestandteile aufweist: einmal die **Buckel**, die durch Aufschieben von Schnee entstehen, und zum anderen die **Mulden**, die sich durch das Wegschie-

Buckelpiste

ben des Schnees bilden.
Wie der Reiter beim Rodeo ständig auf- und abbewegt wird, so droht der Skifahrer durch einen Buckel nach oben geschleudert zu werden, um im nächsten Moment in eine Mulde zu fallen.
Das Fahren durch eine Buckelpiste ist ein ständiger Hindernislauf. Sich auftürmende Buckel versperren den Weg, die Mulden engen den Bewegungsspielraum der Ski ein.
Buckelpisten stecken voller Überraschungen. Kaum ein Buckel gleicht dem anderen, keine Mulde der anderen Mulde. Ständig wechseln Form, Höhe und Abstände.
Dennoch hat jede Buckelpiste ihr eigenes Muster, ihren eigenen »Rhythmus«. Der Skifahrer muß diese Merkmale erkennen und sich ihnen unterordnen.
Buckelpisten verzeihen nur wenig. Zu hohes Fahrtempo endet meistens mit einem spektakulären, nicht ungefährlichen Sturz oder mit einer chaotischen Schuß- bzw. Querfahrt, mit der Flucht aus der Buckelpiste.
Buckelpistenfahren ist also nicht ungefährlich. Man muß sich technisch, taktisch und mental richtig einstellen, wichtige Grundsätze beachten.

Grundsätze für das Buckelpistenfahren:

- Der Körper muß intensiv aufgewärmt und der Kopf auf das Kommende gut eingestellt sein. Verhängnisvoll ist Buckelpistenfahren im »kalten Zustand«. Bei Müdigkeit und Abgespanntheit sollte man Buckelpisten stets meiden.
- Der Blick ist ständig ein, zwei, ... Schwünge vorauszurichten, um Spur und Technik planen zu können.
- Man muß bereit sein, auf unerwartete Gleichgewichtsstörungen schnell und richtig zu reagieren. Fahrfehler sind gleich im Keim durch Aktivität zu ersticken und dürfen sich nicht durch Passivität zum Sturz auswachsen.
- Die Wirkung der Buckel und Mulden muß man für die Fahrt nutzen oder gar trickreich ausschalten.

Nun soll eine Schwungtechnik beschrieben und begründet werden, die sich für das Buckelpistenfahren bei nicht zu hohem Tempo eignet. Im Vordergrund bei ihr steht: das Auf und Ab wird gedämpft, die Buckel wie auch die Mulden werden ausgeglichen und es wird für einen ständigen Schneekontakt gesorgt. Dabei ist es sinnvoll, ein möglichst kurzes Schwingen anzustreben.
Erstmals muß allerdings das Bewegungsschema des Parallelen Grundschwingens gravierend geändert werden. Dieses ist ja vom Strecken in der Schwungeinleitung und vom Beugen in der Schwungsteuerung geprägt. Da die Schwungeinleitung nur auf dem Weg von der Mulde zum Buckel, die Schwungsteuerung nur auf dem Weg vom Buckel in die Mulde vollzogen werden

kann, muß man zur Einleitung Beugen und zum Steuern Strecken. Diese prinzipielle Umstellung verlangt methodische Sorgfalt.

Zur Bewegungsausführung der Fahrweise in der Buckel piste, kurz: das Ausgleichsschwingen.

- **Gegen Ende des vorausgehenden Schwunges, wenn die Ski noch durch die Mulde fahren, ist der Körper gestreckt. Der talseitige Arm und der Rumpf drehen unabhängig von den Beinen jedoch bereits in die Falllinie, in die neue Schwungrichtung.**
- **Bei der Fahrt aus der Mulde in Richtung Buckel werden die Beine und der Rumpf gebeugt, der Stock eingesetzt und die Ski in Drehung versetzt.**
- **Aus der Beugestellung heraus werden mit Überfahren des Buckels die Beine vom Rumpf weggestreckt und das Außenbein so lange gedreht, bis man die nächste Mulde erreicht.**

Kurz: **B**eugen + **S**tockeinsatz, **S**trecken + **B**eindrehen

Zu den **Funktionen**:
- Das Beugen bei der Fahrt von der Mulde zum Buckel ist so auszuführen, daß man nicht hochgeschleudert wird. Das Strecken bei der Fahrt vom Buckel in Richtung Mulde ist so auszuführen, daß ein Fallen in die Mulde verhindert wird. Erst der dadurch bewirkte ständige Bodenkontakt und die ruhige Bahn des Körperschwerpunktes ermöglichen eine kontrollierte Fahrt.
- Durch das Drehen von Rumpf und Talarm in die neue Schwungrichtung noch vor dem Drehen der Beine wird während des Beugens im Körper eine Muskelspannung erzeugt, mit der man anschließend sehr wirkungsvoll das Außenbein drehen und die Beine vom Körper wegstrecken kann. Durch das Wegstrecken der Beine vom Körper wird zudem die notwendige Kurvenlage erzielt, wobei sich der Schwerpunkt des Rumpfes auf einer direkteren und damit ruhigeren Bahn talwärts bewegen läßt.
- Der Stockeinsatz hat nicht nur Stützfunktion, sondern trägt auch zur Drehung bei, insbesondere zum Andrehen der Ski in der Beugestellung.

➠ Fahrlinien und Bewegungsspielräume:
Mit dem Ausgleichsschwingen kann man Buckelpisten auf verschiedenen Wegen (Fahrlinien) durchfahren.
So kann man beispielsweise **über den höchsten Punkt** des Buckels fahren. Dort liegen die Ski nur noch ein kleines Stück auf, weshalb sie gut in Drehung versetzt werden können.

Fahrlinie über verschiedene Teile der Buckel

Ausgleichsschwingen

Man kann aber auch den jeweils **schwungauswärts abfallenden** Teil eines Buckels zur Schwungsteuerung aufsuchen. Dies ist vor allem dann sinnvoll, wenn man noch etwas stärker aus der Fallinie herausschwingen will, um das Tempo zu kontrollieren, oder wenn man sehr hohe Buckel zu befahren hat. Allerdings muß man dann sehr sorgfältig auf die Außenskibelastung achten.
Wählt man dagegen den **schwungeinwärts abfallenden** Teil, so ist dies eine Art Steilwandfahren, bei dem das Drehen der Ski etwas erschwert ist.
Die meist unregelmäßige Anordnung der Buckel und Mulden verlangt vom Fahrer, mal diese, mal jene Linie zu wählen, und so muß oft von Schwung zu Schwung neu geplant werden.
Wählt man ein **hohes Fahrtempo**, so läßt sich die Schanzenwirkung der Buckel bzw. der Muldenausfahrten nicht mehr verhindern. Dann wird die Phase des Steuerns mit Bodenkontakt durch eine Luftfahrt ersetzt, in der die Ski gedreht werden. Man fährt nicht auf dem Buckel auf, sondern landet auf ihm, prellt auf, um sofort wieder wegzufliegen. Das Beugen und Strecken wird zum **Prellen** und **Fliegen**.
Die Buckel lassen sich aber auch ganz bewußt nutzen, um Buckel zu überfliegen und erst hinter ihnen wieder weiterzuschwingen. Dies sollte sich aber nicht jeder zutrauen.
Um den Fahrrhythmus nicht zu verlieren, ist es oft ratsam, in einer Mulde oder auf einem Buckel noch ein, zwei **ganz kurze Schwünge (»Schlenker«)** zusätzlich zu machen. Dies ist vor allem dann angebracht, wenn unverhofft ein vergleichsweise großflächiger Buckel oder eine weitere Mulde auftauchen.
Nur auf höchstens mittelsteilen Hängen mit flachen Buckeln und geräumigen Mulden kann man auch eine Linie versuchen, die ausschließlich **in den Mulden** verläuft. Hier läßt sich das Parallele Grundschwingen mit einer geringen Vertikalbewegung und einer insgesamt tieferen Körperstellung anwenden.
Wie man das Ausgleichsschwingen erlernt:

Zwei ***Schwerpunkte*** *sind zu setzen:*

- *Erlernen des Ausgleichsschwingens, mit seinem zum Parallelen Grundschwingen gegensätzlichen Bewegungsschema.*
- *Entwickeln der Fähigkeit, Fahrlinien dem Buckelmuster so variabel anzupassen, daß man sicher und kontrolliert Buckelpisten »durchsteht«.*

Prellen – Fliegen

Vorbereitende Aufgaben:

- ❑ *Paralleles Grundschwingen auf planem Hang mit schrittweisem Abbau der Vertikalbewegung .*
- ❑ *Schußfahren in einer Wellenbahn (geringe Neigung, flache Wellen!): Mit der Vertikalbewegung experimentieren:*
  - *An den Wellenkämmen aktiv wegspringen.*
  - *Passiv über die Wellen fahren. Dabei zu spüren versuchen, wie beim Fahren auf die Welle die Oberschenkel nach oben gedrückt werden.*
  - *Beim Fahren aus dem Wellental auf den Wellenberg aktiv beugen und nach dem Wellenberg aktiv strecken. Auch durch in der Fallinie angeordnete und auf den Wellenbergen gesetzte »Schlupftore« fahren.*

  Dabei mit der Lage experimentieren:
  - *Vor dem Wellenberg leicht den Körper nach vorne(hinten) bewegen,*
  - *Nach dem Wellenberg leicht den Körper nach vorne(hinten) bewegen.*

Fehlt eine Wellenbahn, so muß man Geländewellen oder zwei, drei flache Buckel aufsuchen.

- ❑ *Schräg über eine Welle (Buckel) fahren. Aus der geduckten Körperstellung auf dem Wellenberg (Buckel) die Beine kräftig ins Wellental (in die Mulde)strecken. Durch Sprechen die Bewegungen begleiten: »Beugen-Strecken«.*
- ❑ *Wie eben. Jedoch das talseitige Bein zusätzlich noch drehen. Sprechbegleitung: »Beugen-Drehen«.*
- ❑ *Ausgleichsschwingen nahe der Fallinie ohne Stöcke in einer Wellenbahn (oder an zwei, drei flachen Buckeln). Beim Fahren auf den Wellenberg (Buckel) beugen, nach dem Wellenberg (Buckel) die Beine strecken und das Außenbein, aber nicht den Rumpf nach innen drehen.*
- ❑ *Schußfahren mit ausgleichender Beuge-Streckbewegung. Dabei wechselweise einen Stock am Wellenberg (Buckel) deutlich seitlich gegen die Fahrtrichtung einsetzen, den Arm dabei anspannen und sich dadurch leicht in Drehung versetzen lassen.*
- ❑ *Ausgleichsschwingen in einer Wellenbahn (an zwei, drei flachen Buckeln). Dabei schon bei der Fahrt aus dem Wellental auf den Wellenberg (aus der Mulde auf den Buckel) Rumpf und Arm, nicht aber die Beine zum Tal drehen, den Stock deutlich seitlich vom Körper am Wellenberg (Buckel) einsetzen und die Ski andrehen.*

Zielaufgabe:

- ❑ *Ausgleichsschwingen in einer Wellenbahn oder Buckelpiste.*

Erweiternde Aufgaben:

- ❑ *Ausgleichsschwingen in einer Buckelpiste. Dabei zunächst die Fahrlinie schräg zur Fallinie, dann zunehmend nahe der Fallinie wählen.*
- ❑ *Experimentieren mit der Fahrlinie: Fahren um Markierungen (»Pilze«), die*
  - *auf den höchsten Punkten,*
  - *auf den schwungauswärts abfallenden Teilen,*
  - *auf den schwungeinwärts abfallenden Teilen,*
  - *auf unterschiedlichen Teilen der Buckel gesetzt sind.*
- ❑ *In einer leichten Buckelpiste bewußt »Störfälle« herbeiführen:*
  - *Das Tempo durch Fahren in ein, zwei Mulden nahe der Fallinie erhöhen und anschließend durch Schrägfahren aus der Buckelpiste »flüchten« oder versuchen, durch verstärktes Drehen Tempokontrolle und Schwungrhythmus wiederzufinden.*
  - *Sich von einem Buckel hochschleudern lassen und dann nach dem Sprung mit einer Schrägfahrt die Buckelpiste verlassen oder versuchen, nach dem Landen wieder in den Schwungrhythmus zu kommen.*
  - *Nach dem Überfahren der Buckel etwas in Rücklage strecken und versuchen, schnell wieder in Mittellage zu kommen.*

Hilfreich für alle Fahrbewegungen in der Buckelpiste ist folgende Vorstellung:
Man fahre wie ein Auto, dessen gefedert aufgehängte Räder die Unebenheiten der Straße so ausgleichen, daß Karosserie und Fahrer nicht mehr auf- und abbewegt werden.

Fahren an kritischen Stellen

Für schwere Pisten gilt ein Grundsatz: man tastet sich an die Abfahrt nach und nach heran. Man wird sie zunächst in Abschnitten bei geringem Fahrtempo kennenlernen müssen. Dabei stellt man fest, daß einige Stellen besonders kritisch sind. Auf **Engstellen** fährt man langsam zu; das Tempo wird rechtzeitig durch Übergehen zum Kurzschwingen weggenommen. Gerade an solchen Stellen muß man auch gefaßt sein, daß die Piste plötzlich dicht bevölkert ist. Gleiches gilt für **Geländekanten**. Hier kommt dazu, daß sie leicht einen Sprung erzwingen können. Als besonders heikel erweist sich die fehlende Sicht in den folgenden Hang, so daß man gestürzte oder stehende Skifahrer meist zu spät sieht. Ähnlich problematisch sind **kurze Gegenhänge**. Bei zu hohem Tempo erzwingen sie ungewollte, weite, höchstgefährliche Sprünge, bei denen in der

Flugphase die Ski vorne aufsteigen und man auf dem Rücken landet. Auch hier muß vorher das Fahrtempo deutlich gedrosselt werden.

Nach außen hängende Kurven bergen die Gefahr in sich, von der Piste getragen zu werden. Dazu kommt, daß bei ihnen durch das einseitige Abrutschen der Skifahrer gehäuft glatte, eisige Stellen entstehen, die den Halt zusätzlich erschweren. Man achte daher auf eine betonte Außenskibelastung und reduziertes Tempo.

Wissenswertes für Skischüler

Anspruchsvolle Pisten verlangen eine realistische Selbsteinschätzung. Man sollte sich nicht durch andere Skifahrer in Zugzwang bringen lassen oder jemandem etwas beweisen wollen. Hat man Piste und Schnee unterschätzt, sollte man durch Schrägfahren und Seitrutschen gefährliche Stellen sicher hinter sich bringen.

Auch muß man sich im Zweifelsfall vor einer Abfahrt über den Zustand einer schwierigen Piste informieren. Denn Nebel und Eis können eine solche Abfahrt leicht zur Falle werden lassen.

Wissenswertes für Skilehrer

Skischüler können oft nicht objektiv schwierige Pisten einschätzen und drängen den Lehrer nicht selten, nun doch endlich mit ihnen die gewünschte »Prestigeabfahrt« in Angriff zu nehmen. Der Skilehrer muß in solchen Fällen das Risiko am schwächsten Fahrer kalkulieren. Grundsätzlich sind die Schüler erst intensiv technisch, taktisch, aber auch psychisch auf derartige Grenzsituationen vorzubereiten. Die Anforderungen müssen stetig und keinesfalls sprunghaft gesteigert werden.

Wissenswertes für Skischulen

In der Ausschreibung von Spezialkursen für anspruchsvolle Pisten liegt eine Chance, die Attraktivität des Skischulangebotes vor allem im Erwachsenenbereich zu steigern. Besonders sorgfältig sind die Gruppen zusammenzustellen. Zielsetzungen und Leistungsdichte sollten möglichst eng beieinanderliegen.

Fahren bei schwierigen Schneeverhältnissen

Die Schneeverhältnisse haben einen wesentlichen Einfluß auf das Erlebnis Skilauf.
Beim Sammeln erster Erfahrungen und beim Erlernen des Parallelen Grundschwingens ist es zunächst wichtig, daß der Schnee führig und der Übungshang gut präpariert ist.
Verläßt man den Übungshang, um seine Erfahrungen auf leichten und mittelschweren Pisten zu erweitern, muß man sich bereits mit verschiedenen, oft nicht mehr idealen Schneeverhältnissen auseinandersetzen. Man kann aber auch auf sehr schwierige Schneeverhältnisse treffen. Kaum jemand wird diese eigens aufsuchen. Wenn sie aber schon mal da sind, dann will man auch nicht klein beigeben. Und man muß das auch nicht, weil man lernen kann, wie Technik, Taktik und mentale Einstellung richtig auf derart schwierige Schneeverhältnisse abgestimmt werden müssen.
Als schwierig gelten sicher die **harten, eisigen Pisten** und leider oft auch die Kunstschneepisten. Schwierig ist auch **schwerer, nasser Firnschnee**. Eine extreme Herausforderung ist wohl das Fahren in **Bruchharsch**.
Im folgenden soll beschrieben werden, wie man bei solchen Schneeverhältnissen zurechtkommen kann.

Fahren auf harter, eisiger Piste

Skifahren auf Eis ist fast wie Schlittschuhlaufen bergab.
Kaum ein Skifahrer liebt eisige Pisten. Wenn man aber eine knallharte Piste sicher bewältigt, und dies gerade dann, wenn die Masse der Skifahrer längst das Handtuch geworfen hat, dann ist das Erfolgserlebnis besonders groß. Für die meisten Skifahrer sind harte, eisige Pisten aber leider nur ein Alptraum. Was sind die Gründe hierfür?
Man hat das Gefühl der Hilflosigkeit, weil die Ski kaum Halt finden und man meint, nicht darüber bestimmen zu können, wohin man sich bewegt. Man befürchtet, vom Hang förmlich »weggespült« zu werden.
Hinzu kommt, daß die Ski schneller als sonst gleiten. Dies verstärkt das Gefühl, dem Hang ausgeliefert zu sein und nicht mehr selbst Richtung und Tempo bestimmen zu können. Um diese Ängste abzubauen oder gar nicht aufkommen zu lassen, ist es wichtig, sich an harte, eisige Hänge heranzutasten. Technik und Taktik sind ganz speziell weiterzuentwickeln. Einige Grundsätze müssen unbedingt beachtet werden.

Grundsätze für das Fahren auf harter, eisiger Piste

- Im Brennpunkt steht die Kantenarbeit. Durch einen aggressiven Kanteneinsatz wird das Tempo kontrolliert. Voraussetzung sind geschliffene Kanten, sowie ein guter Sitz der Skischuhe.
- Der Körper muß intensiv aufgewärmt werden. Entschlossenheit, Aktivität, Mut sind notwendig. Das Risiko ist stets genau zu kalkulieren, die Sicherheit steht an erster Stelle.
- Die Schwünge müssen mit konsequenter Außenskibelastung gesteuert werden. Obwohl also der Außenski stärker als der Innenski zu belasten ist, sollte die Kante des Innenski eingesetzt werden, um einen möglichst hohen Kantengriff zu erreichen.
- Damit die Kanten möglichst über ihre ganze Länge zur Geltung kommen, ist ständig die Mittellage einzuhalten.

Im folgenden wird eine Schwungausführung beschrieben, die sich durch Verändern des Parallelen Grundschwingens unter Berücksichtigung dieser Grundsätze ergibt.

Das Parallele **Kurzschwingen mit aggressivem Kanteneinsatz:**

- Mit einer zügigen Tiefbewegung und mit einem äußerst dynamischen Drehen der Beine, wobei **beide** Oberschenkel mit voller Kraft schwungeinwärts bewegt werden, beginnt die Schwungsteuerung. Der Rumpf vollzieht die Drehung der Beine nicht mit. Beinedrehen und Kanten erfolgen betont aggressiv.
- Die Ski werden zum Ende der Schwungsteuerung nahezu quer zur Fallinie gestellt, extrem aufgekantet und belastet, so daß sich ein hartes Abstoppen ergibt. Dabei wird zugleich der talseitige Stock eingesetzt.
- Aus dieser Position wird der Skifahrer förmlich vom Boden weggeprellt. Mit dem Wegprellen werden die Ski kräftig in Drehung versetzt. Diese Drehung wird beim Aufsetzen der Ski weitergeführt.
- Über den ganzen Schwungverlauf sind nach Möglichkeit Mittellage und eine betont offene Skistellung einzuhalten.
- Der Schwungrhythmus ist kurz und hart.

Kurz: Kanten – Wegprellen – Drehen.

Zu den **Funktionen**:
- Durch das schnelle Drehen der Beine zum Schwungbeginn wird die Fallinie rasch überwunden. Damit wird eine Fahrtbeschleunigung verhindert.

Kurzschwingen mit aggressivem Kanteneinsatz

- Weil nicht nur der schwungäußere, sondern auch der schwunginnere Oberschenkel kräftig schwungeinwärts gedreht wird, können die Kanten von Innen- und Außenski greifen. Somit kann ein hoher Kantengriff erzeugt werden.
- Durch das harte Stoppen der Tiefbewegung und das aggressive Drehen und Kanten schneiden die Ski in das Eis ein.
- Die so im Eis eingekrallten, verankerten Ski ermöglichen das Wegprellen vom Boden zur folgenden Schwungeinleitung.
- Die betont offene Skistellung ermöglicht aggressives Kanten und schnelles Drehen.

➠ Bewegungsspielräume: Wer über eine überdurchschnittliche Kraftausdauer verfügt, kann auf Eis auch mit Anhocken schwingen (vgl. »Fahren im Bruchharsch«).

Vorbereitende Aufgaben:
Zunächst fahre man auf harten, jedoch flachen Hängen.

- ❑ *Schrägfahren. Dabei kräftig hochspringen, beim Landen aufkanten und sofort wieder wegspringen, wegprellen.*
- ❑ *Wie eben. Jedoch beim Landen einen Schwung bergwärts machen.*
- ❑ *Quer zur Fallinie stehend abwärts springen und beim Landen jeweils betont die Oberschenkel mit höchster Dynamik bergwärts drücken und so die Kanten aggressiv ins Eis hacken. Den Rumpf dabei über den Talski neigen.Die Bewegungen können auch mit Doppelstockeinsatz unterstützt werden.*
- ❑ *Wie eben, jedoch während einer Schrägfahrt.*
- ❑ *Winkelspringen. Dabei nicht um die Spitzen, sondern um die Skimitte drehen. Beim Landen aggressiv aufkanten.*
- ❑ *Wie eben, dabei beide Oberschenkel mit höchster Dynamik schwungeinwärts drehen und vom Boden hochprellen.*

Zielaufgabe:

- ❑ *Kurzschwingen mit aggressivem Kanteneinsatz auf eisiger, harter Piste.*

Erweiternde Aufgaben:

- ❑ *Kurzschwingen mit aggressivem Kanteneinsatz und Sprechbegleitung: »U n d ZACK«.*
- ❑ *Kurzschwingen mit aggressivem Kanteneinsatz zunächst schräg zum Hang, dann immer näher der Fallinie.*
- ❑ *Simulieren von Fahrfehlern: Man schwingt mit aggressivem Kanteneinsatz auf einem flachen, eisigen Hang,*
  - *wechselt in die Rücklage und versucht, wieder in die Mittellage zurückzukehren,*
  - *übersteuert einen Schwung, so daß beide Ski hangaufwärts gerichtet sind, rutscht im Rückwärtspflug ein kurzes Stück ab und geht wieder zum Schwingen über,*
  - *fährt ein, zwei Schwünge näher der Fallinie und vermindert anschließend das erhöhte Tempo durch ein umso kräftigeres Drehen und Kanten der Ski.*

Achtung:
Bei geschädigtem Bewegungsapparat ist das Fahren auf eisiger Piste zu meiden.

Fahren in tiefem Firn

Wenn die Tage länger und die Sonnenstrahlen wärmer werden, wenn sich der Pulverschnee langsam in Firn umwandelt, dann beginnt erst für viele der eigentliche Genußskilauf. Die Kenner wissen, welcher Hang zu welcher Zeit den Traumfirn beschert und sie wandern mit den Sonnenstrahlen auf die oberflächlich angeschmolzenen Hänge, die der Frost in der Nacht zuvor noch in glasharte, widerspenstige Flächen verwandelt hatte. Fast kraftlos, einem segelnden Vogel gleich, ziehen sie dann ihre Schwünge ins Tal. Jede Abfahrt wird zum Hochgenuß, ganz gleich, ob mehr gepflügt, gestemmt oder parallel geschwungen wird. Mit geringsten Bewegungen zum Entlasten und Drehen gelingen die Richtungsänderungen spielerisch und jeder fühlt sich als Meister. Man spürt keine Ermüdung, der Atem schwillt nicht an, einzig die Vorstellung belastet, nicht mehr rechtzeitig, bei guten »Verhältnissen«, die nächste Abfahrt beginnen zu können.

Denn zunehmend und unaufhaltsam verwandelt die Kraft der Sonne den leichten Firn in eine immer schwerer zu überwindende Barriere. Die Ski werden vom Schnee umklammert, sie sind kaum mehr drehbar.
Jede weitere Abfahrt wird zur Kraftprobe, zur gewagten Auseinandersetzung mit dem Widerstand der schweren und zähen Schneekristalle.
Nur wer fähig ist, mit entsprechenden »Hilfsfunktionen«, die bereits in dem Kapitel »Erfahrungen erweitern« angebahnt wurden, das Parallele Grundschwingen den erschwerten Bedingungen anzupassen, kann ohne Gefahr diese Herausforderung annehmen. Voraussetzung ist auch höhere körperliche Belastbarkeit.

Grundsätze für das Fahren im tiefen Firn:

- mittlere Schwünge bevorzugen,
- das Tempo stets kontrollieren, aber auch nicht zu langsam fahren,
- die Ski durch explosives Aufrichten stark entlasten,
- mit Vorausdrehen der Körperaußenseite und des Außenarmes das Drehen der Ski unterstützen,
- Außen- und Innenski gleichmäßiger belasten,
- die Beine möglichst zusammenhalten.

Im folgenden wird eine Schwungtechnik beschrieben, die sich durch Verändern des Parallelen Grundschwingens unter Berücksichtigung dieser Grundsätze ergibt.

Paralleles Schwingen mit explosivem Aufrichten und Vorausdrehen der Körperaußenseite:

- **Am Schwungende aus der Beugestellung den Körper mit Stockunterstützung so explosiv vor-talwärts aufrichten, daß die Ski vollständig entlastet werden.**
- **Mit dem Einsetzen der Entlastung die Skienden unter dem Körper seitbergwärts nach außen drehen.**
- **Beim Steuern vornehmlich beide Ski belasten und mit der Körperaußenseite und dem Außenarm vorausdrehen.**

Kurz: Stock und explosives Aufrichten – Vorausdrehen und beidbeiniges Belasten

Paralleles Schwingen mit explosivem Aufrichten und Vorausdrehen der Körperaußenseite

Zu den **Funktionen**:
Das explosive Aufrichten führt zu einem vollständigen Entlasten. Dadurch gelingt es, die Ski trotz des hohen Drehwiderstandes »anzudrehen« und seitbergwärts nach außen zu schieben.
Das Rumpfdrehen unterstützt wirkungsvoll das Drehen der Beine. Ein »weiches« Belasten verhindert ein plötzliches Abstoppen der Skidrehung und stabilisiert das Gleichgewicht.

➠ Bewegungsspielräume:
Verändern des Aufrichtens
Schwingen mit Abspringen:
Das explosive Aufrichten kann bis zum Abspringen gesteigert werden, so daß die Ski ohne Schneekontakt angedreht werden können. Der Fahrer hat das Gefühl, in den Schwung zu fliegen. Das Drehen in der Luft kann so gesteuert werden, daß man in oder sogar nach der Fallinie landet.
Für das Abspringen kann es vorteilhaft sein, beide Stöcke einzusetzen. Auch das Landen kann durch beide Stöcke abgesichert werden.

Verändern des Belastens
Schwingen mit explosivem Aufrichten in Rücklage:
In sehr tiefem Schnee kann es vorteilhafter sein, das sprunghafte Strecken nicht vor-talwärts, sondern nach rückwärts zu richten. Dadurch wird die vordere Skihälfte entlastet und das Drehen erfolgt um die Skienden. Beim Landen wird Druck an den Fersen deutlich spürbar. Die entstandene Rücklage wird durch den Stockeinsatz abgesichert und in die Kurvenlage übergeleitet. Die Schwungsteuerung erfolgt durch Drehen der Beine im Beugen. Zur Stabilisierung des Gleichgewichts muß spätestens beim Überfahren der Fallinie die Mittelposition wieder eingenommen werden. Ein maßvolles Vorausdrehen kann das Drehen der Ski zusätzlich unterstützen.

Schwingen mit Tiefgehen in Rücklage:
Eine weitere Möglichkeit, im Firnschnee zu schwingen, ergibt sich durch Verändern des Ausgleichsschwingens, wenn aus der mittleren Position durch Beugen der Beine und des Rumpfes ein **Tiefgehen** nach **rückwärts** ausgeführt wird. Das Abfangen der Tiefbewegung im Schuhschaft und Belasten der Fersen führt zum kräftigen Entlasten der vorderen Skihälfte. Das Drehen der Ski wird in der nun eingenommenen Rücklage durch Verlagern des Körperschwerpunktes in die neue Kurvenlage und durch Abstützen auf dem Stock ausgelöst. Nach der Schwungauslösung muß die mittlere Position möglichst schnell wieder eingenommen werden. Durch Dre-

Paralleles Schwingen mit Abspringen

Paralleles Schwingen mit explosivem Aufrichten in Rücklage

hen der Beine im **Strecken** wird das Steuern fortgesetzt. Das Drehen der Ski kann dabei zusätzlich durch Vorausdrehen des Rumpfes unterstützt werden. Die Schwungauslösung mit Rücklage kann aber nur »Spezialisten« empfohlen werden, da die Knie- und Hüftgelenke sehr stark belastet werden. Außerdem führt diese Fahrweise schnell zur Ermüdung der Muskulatur und dadurch zu erhöhter Sturzgefahr.

Verändern der Skistellung
Kann wegen technischer Unsicherheit oder auch aus Konditionsmangel die Streckbewegung für die notwendige starke Entlastung nicht genügend dynamisch durchgeführt werden, empfiehlt sich als Lösung das Parallele Grundschwingen **aus der Bergstemme** (siehe auch S. 62).
Der Stemmschritt bergwärts hilft dabei den ersten Teil der Richtungsänderung in stabiler Gleichgewichtslage und auch kräftesparend zu bewältigen. Der zweite wird dann nach dem Umsteigen auf den bereits umgekanteten Bergski schwingend vollendet. Notfalls kann die Stemmstellung bis in den Bereich der Fallinie genützt werden.

Aufgabensammlung:
Die vorgeschlagenen Aufgaben sollen zunächst in leichtem, dann in zunehmend tieferem Firn gefahren werden. Die Schüler nicht überfordern!

Paralleles Schwingen mit explosivem Aufrichten und Vorausdrehen der Körperaußenseite:
- ❏ *Das Aufrichten beim Parallelen Grundschwingen zunehmend explosiver ausführen (»Hopp-drehen, hopp-drehen, . . .).*
- ❏ *Versuchen, das Wiederbelasten gleichmäßiger auf beide Ski zu verteilen und die Ski zunehmend enger zu führen.*
- ❏ *Das explosive Aufrichten betont durch Stockeinsatz unterstützen (Stock-drehen, Stock-drehen . . .).*
- ❏ *Das Aufrichten so verstärken, daß das Andrehen der Ski fast ohne Schneekontakt erfolgt (»Die Ski streichen über die Schneedecke«).*
- ❏ *Das Aufrichten so explosiv ausführen, daß man in den Schwung hineinfliegt (»Sprung-fliegen-landen, Sprung-fliegen-landen . . .«.).*
- ❏ *Versuchen, ganz »weich« zu landen und das Beugen über die gesamte Steuerphase zu verteilen.*
- ❏ *Den Absprung mit Doppelstockeinsatz unterstützen und das Landen mit beiden Stöcken absichern.*
- ❏ *Die Schwungauslösung betont mit Vorausdrehen der Körperaußenseite und des Außenarmes unterstützen.*
- ❏ *Das Vorausdrehen verschieden kräftig ausführen und die unterschiedlichen Drehwirkungen erspüren.*
- ❏ *Schrittweise die Ausführungen des Vorausdrehens und des explosiven Aufrichtens »erfahren«, mit denen man den jeweiligen Drehwiderstand*

Doppelstockeinsatz

des Schnees am sichersten überwinden kann.

Paralleles Schwingen mit explosivem Aufrichten in Rücklage:
- ❏ *Schußfahren mit explosivem Aufrichten vor-hoch.*
- ❏ *Schußfahren mit explosivem Aufrichten rück-hoch.*
- ❏ *Schußfahren mit explosivem Aufrichten vor-hoch und rück-hoch im Wechsel. Dabei die Druckveränderungen im Skischuh an der Fußsohle, am Ballen, an der Ferse, am Schienbein und an der Wade spüren.*
- ❏ *Das explosive Aufrichten in Rücklage so verstärken, daß sich die Skispitzen vom Schnee lösen.*
- ❏ *Beim Landen sofort wieder die mittlere Position einnehmen. Dabei den Druck wieder auf der ganzen Fußsohle oder am Ballen spüren.*
- ❏ *Schußfahren und mit explosivem Aufrichten in Rücklage einen Schwung bergwärts auslösen. Dabei besonders auf das Wiedereinnehmen der mittleren Position achten.*
- ❏ *Zunehmend die Anfahrt und Schwungauslösung vor die Fallinie verlegen. (Schwungfächer)*
- ❏ *Paralleles Schwingen mit Schwungauslösung durch explosives Aufrichten in Rücklage nahe der Fallinie. Dabei besonders auf das Wiedereinnehmen der mittleren Position achten.*
- ❏ *Wie eben, die Schwünge aber weiter aussteuern.*
- ❏ *Wie eben, aber bei der Schwungauslösung zwischen explosivem Aufrichten in Vorlage und explosivem Aufrichten in Rücklage wechseln.*
- ❏ *Wer kann das explosive Aufrichten in Rücklage am spektakulärsten ausführen?*
- ❏ *Paralleles Schwingen mit explosivem Aufrichten in Rücklage stärker aussteuern und rhythmisch miteinander verschmelzen.*

Fahren in Bruchharsch

Wohl kaum eine Schneeart verlangt dem Skifahrer so viel Respekt ab wie der Bruchharsch. Selbst Könner meiden diese Schneeflächen, die von den Sonnenstrahlen nur oberflächlich angeschmolzen wurden und wiedergefroren zu heimtückischen Fallen werden. Die Tragfähigkeit der glasähnlichen Schicht reicht nicht für jeden aus.
So können Leichtgewichte noch spielerisch über die Schneehaut huschen, Schwergewichte brechen ein und müssen sich des splitternden Harschs erwehren. Für die einen wird die Abfahrt mit weichen Bewegungen und tastendem Kanteneinsatz zum Hochgenuß, für die anderen wird sie zu einer Auseinandersetzung unter Aufbietung aller Kräfte, gleich einem Schiff, das gegen Eis ankämpfen muß. Gelingt es nicht, die Ski vor jeder Drehung der scharfen, kantigen Schneedecke zu entreißen, ist ein Sturz unvermeidbar. Diese Auseinandersetzung verlangt Mut, Entschlossenheit, Konzentration, wohldosierte Kraft und gutes Gleichgewichtsgefühl; letztendlich aber hohes Können.
Grundsätze für das Fahren im Bruchharsch:
- Kurze Schwünge fahren,
- das Tempo kontrollieren, aber nicht zu langsam fahren,
- die Ski ohne Schneekontakt andrehen,
- den Rumpf gegendrehend einsetzen,
- mit den Beinen dynamisch arbeiten,
- den Stock sicher abstützend einsetzen,
- die Beine möglichst eng führen.

Im folgenden wird eine Schwungtechnik beschrieben, die sich durch Verändern des Parallelen Grundschwingens unter Berücksichtigung dieser Grundsätze ergibt.
In der Regel ist perfektes Kurzschwingen Voraussetzung für das Erlernen des Schwingens im Bruchharsch. Der Unterschied beschränkt sich auf wenige Bewegungsmerkmale.

Paralleles Schwingen mit Hochreißen (Anhocken) **der Oberschenkel:**
- **Am Ende des Schwunges dreht der Oberkörper bei einer starken Beugestellung der Beine vor-talwärts (Gegendrehen). Der Außenarm, der gegen die Fahrtrichtung gedreht wird, setzt den Stock ein.**
- **Nach einem explosiven Abstoßen mit beiden Beinen, bei dem auf dem Stock abgestützt wird, werden die Oberschenkel hochgerissen (angehockt) und die Ski ohne Schneekontakt gedreht.**
- **Während in der Luft über die Fallinie gedreht wird, erfolgt ein mäßiges Strekken des Körpers und der Außenarm bereitet schon den neuen Stockeinsatz vor.**
- **Während der Landung werden die Beine stark gebeugt, der Oberkörper dreht vor-talwärts, der Stock wird eingesetzt.**

Kurz: Beugen und Stockeinsatz – Hochreißen und Drehen der Oberschenkel

Zu den **Funktionen**:
- Das schnelle Drehen des Oberkörpers vor-talwärts (Gegendrehen) und das kräftige Beugen der Beine während der Landung erzeugt eine starke Muskelspannung. Diese ist Voraussetzung für das schnellkräftige Abstoßen der Beine und Hochreißen (Anhocken) der Oberschenkel.
- Das Hochreißen der Oberschenkel ermöglicht das

Schwingen mit Hochreißen der Beine

schnelle Drehen der Ski ohne Schneekontakt.

- Während des Streckens in der Luft erfolgt das Einnehmen der Kurvenlage.
- Das frühe Zurückdrehen des Außenarmes ermöglicht den sofortigen Stockeinsatz bei der Landung.
- Der Stock, der deutlich gegen die Fahrtrichtung und vom Körper etwas weiter entfernt eingesetzt wird, stabilisiert das Gleichgewicht bei der Landung und beim Abstoßen der Beine. Er unterstützt auch die Drehung.

Arm- und Stockeinsatz

- Das mehr gleichmäßige Belasten von Innen- und Außenski verhindert ungleiches Einsinken der Ski.
- Die geschlossene Beinführung verhindert das »Fangen« eines Ski und verringert den Drehwiderstand.

➠ Bewegungsspielräume:
Verändern des Belastens
Es gibt Fahrer, die die Abstoßbewegung leicht nach rückwärts richten und dadurch die Ski mehr um die Enden drehen. Dadurch wird das Hängenbleiben der Skispitzen im Harsch

Andrehen der Ski ohne Schneekontakt

verhindert. Es ist allerdings dann schwierig, rechtzeitig vor der Landung wieder die mittlere Position einzunehmen.

Verändern des Aufrichtens

Das Hochreißen der Oberschenkel kann man bei bestimmten Bedingungen, z. B. bei geringerer Einbruchtiefe, geringerem Drehwiderstand, aber auch bei Konditionsmangel, in ein explosives Aufrichten verändern. Es muß allerdings so kräftig sein, daß die Ski ohne Schneekontakt zu drehen sind. Die meist sehr wechselnde Tragfähigkeit des Harsches verlangt jedenfalls ein ständiges Anpassen der Bewegungsdynamik: vom katzenhaften Schleichen über die Schneedecke bis zum Stampfen in den Schneebruch, gleich einem Preßlufthammer.

Aufgabensammlung:
Leicht fallendes Gelände, feste Schneeauflage:

- ❑ *Kurzschwingen mit explosivem Aufrichten.*
- ❑ *Wie eben, aber so wegspringen, daß die Ski völlig ohne Schneekontakt drehen.*
- ❑ *Wie eben, jetzt zusätzlich versuchen, nach dem Absprung die Oberschenkel vor dem Körper leicht hochzureißen.*
- ❑ *Wie eben, darauf achten, bei der Landung möglichst schnell wieder die mittlere Position einzunehmen.*

Mittelsteiles Gelände, feste Schneeauflage:

- ❑ *Kurzschwingen, dabei versuchen, das explosive Abstoßen zunehmend zu steigern, bis die Ski völlig ohne Schneekontakt drehen.*
- ❑ *Wie eben, jedoch zusätzlich mit dem explosiven Abstoßen ein Hochreißen der Beine verbinden, dabei den Stock gegen die Fahrtrichtung etwas weiter vom Körper entfernt einsetzen.*
- ❑ *Wie eben, jedoch auch noch bei der Landung den Oberkörper betont vor-talwärts drehen.*

Steiles Gelände, harte Schneeauflage:

- ❑ *Kurzschwingen mit explosivem Abstoßen und Hochreißen(Anhocken) der Beine, dabei die Ski ohne Schneekontakt möglichst weit über die Fallinie drehen.*

Individuelle Lösungen

- ❑ *Wie eben, jedoch auch noch den Stock betont kräftig einsetzen.*
- ❑ *Wie eben, aber auch noch darauf achten, daß das Fahrtempo nicht höher wird.*
- ❑ *Möglichst viele Schwünge innerhalb einer vorgegebenen Strecke ausführen.*
- ❑ *Anwendungsfahrten im Bruchharsch.*

Wissenwertes für Skischüler

Das Schwingen bei schwierigen Schneeverhältnissen muß sorgfältig vorbereitet werden. Man sollte die Anforderungen nur langsam steigern, um die Erfahrungen schrittweise aufbauen zu können. Erst, wenn die technischen Lösungen bei leichteren Schneeverhältnissen wiederholt sicher gelingen, sollte man die Bedingungen erschweren. Auch hier heißt es viel Geduld aufbringen. Es bedarf jahrelanger Übung, um die Schwungspuren in jede Schneeart meisterlich ziehen zu können.

Wissenswertes für Skilehrer

Noch mehr als beim Fahren auf anspruchsvollen Pisten muß man beim Fahren in schwierigen Schneeverhältnissen die Schüler immer wieder motivieren, von neuem den Versuch zu wagen. Der Skilehrer muß aber immer darauf achten, die Schüler konditionell nicht zu überfordern, da die Verletzungsgefahr sonst sehr groß wird.
Die Techniken, die eine Bewältigung schwieriger Schneebedingungen ermöglichen, müssen unbedingt in einfacheren Situationen erlernt werden, um sie dann in schwierigeren anzuwenden.

Wissenswertes für Skischulen

Ein Kursangebot für die Bewältigung schwieriger Schneearten und Pistenverhältnisse muß besonders sorgfältig zusammengestellt werden. Wegen der starken konditionellen Belastung ist auf homogene Gruppenzusammenstellung zu achten. In leistungsheterogenen Gruppen wird sich der Erfolg nicht einstellen. Der Kurs wird für viele Teilnehmer zu einer totalen Frustration. Davor muß man die Schüler bewahren.

Fahren im Tiefschnee

Kaum eine andere Form des alpinen Skifahrens übt eine so große Anziehungskraft, einen so großen Reiz aus wie das Fahren im Tiefschnee. So sehr sich Fahrtechniken, Normen und auch die Bewertung verschiedener Erlebnisformen des Skisports im Laufe der Entwicklung gewandelt haben, die Faszination des Tiefschneefahrens als Höhepunkt und unvergeßliches Erlebnis eines Skitages – ja oft sogar eines ganzen Skifahrer-Lebens – ist ungebrochen.
Eine Fahrt im Tiefschnee hinterläßt im doppelten Sinne Spuren. Eingebettet in den weichen, im Nachgeben sich verfestigenden Schnee erleben Tiefschneefahrer das Spiel mit äußeren und inneren Kräften in äußerst intensiver und rhythmisch wiederkehrender, nie endenwollender Wiederholung.
Dieses Hochgefühl des selbsterlebten Bewegungsrhythmuses wird durch die hinterlassene Spur untermauert. Wo sonst kann der Skifahrer – wie ein Künstler mit gekonntem Pinselstrich – seine persönliche »Handschrift« im Hang hinterlassen? Wo sonst kann er das Ergebnis seines Handelns hinterher anschauen und Schwung um Schwung noch einmal erleben?
Vielen Skifahrern bleiben diese Erlebnisse verschlossen, weil entweder die notwendigen Voraussetzungen fehlen oder niemand sie in das Tiefschneefahren einführt. Dabei kann jeder, der Paralleles Grundschwingen rhythmisch aneinanderreihen kann, im Tiefschnee zurechtkommen, wenn bestimmte Bedingungen beachtet werden.

Was ist Tiefschnee?

Der Begriff »Tiefschnee« umfaßt eine Vielzahl von verschiedenen Schneebedingungen. Bei einer Neuschneeauflage von wenigen Zentimetern auf fester Piste ist es jedenfalls noch nicht angebracht, von Tiefschnee zu reden, da sich Fahrtechnik und Fahrtaktik gegenüber dem Fahren auf fester Piste kaum verändern. »Tiefschnee« beginnt dann, wenn die Einheit Ski–Bindung–Schuh unter Belastung im Schnee versinkt und der für das Tiefschneefahren so kennzeichnende Verdichtungseffekt auftritt. Die Grenzen des Tiefschneefahrens sind erreicht, wenn der Fahrer nur noch beim Schwungwechsel kurz aus dem Schnee auftaucht, um Luft zu schnappen und anschließend wieder in einer Woge stiebenden Schnees zu versinken.

Wie fährt man im Tiefschnee?

Grundlegende Technik für das Fahren im Tiefschnee ist eine Form des Parallelen Schwingens, die durch die rhythmische Aneinanderreihung kurzer, gelegentlich auch mittellanger Schwünge in durchgehend schmaler und paralleler Skistellung geprägt wird.
Besondere Anforderungen treten dabei bezüglich des Gleichgewichts auf, sowie bezüglich der Fähigkeit, die auftretenden äußeren Kräfte durch bestimmte technische Merkmale für die Erleichterung des Schwingens zu nützen.

Die Grundtechnik für das Fahren im Tiefschnee:

- Am Schwungende die Belastung zur Ferse verlagern. Diese Aktion unterstützt das »Aufschwimmen« der Ski und erleichtert so das Andrehen der Ski.
- Gleichzeitig dem am Schwungende erhöhten Schneedruck sanft nachgeben und die Beine wie bei der Ausgleichstechnik ein Stück weit »hochschieben« lassen.
  Der Fahrer nutzt hier die von ihm selbst hervorgerufenen Veränderungen der Schneeverhältnisse aus. In der Steuerphase, vor allem gegen Ende des Schwungs, verdichtet er den Schnee unter den Laufflächen. Der so verdichtete Schnee verhält sich wie eine Geländeerhebung; beim Überfahren tritt ein deutlicher Entlastungseffekt auf.
- Den Talarm zum Stockeinsatz nach vorne führen. Beide Stöcke werden weiter seitlich vom Körper geführt als auf der Piste. Die seitliche Armführung unterstützt das Vorausdrehen des Oberkörpers.
- Gleichzeitig den Oberkörper andrehen und kurveneinwärts neigen.
  Im Tiefschnee ist das Einwärtskippen des Oberkörpers deutlicher ausgeprägt.
- Wenn die Ski aus dem Schnee herausgetragen werden, die Beine wieder strecken und gleichzeitig drehen.
  In dieser Phase ist es wichtig, den Körperschwerpunkt schnell wieder in die Mittellage über den Schuh zu bringen.

- **Die angedrehten Ski durch Drehen der Oberschenkel im Beugen weiterdrehen und zunehmend aufkanten. Das Ausmaß des Aufkantens richtet sich nach dem gewählten Radius. Ziel ist es, die Ski gegen den sich verdichtenden Schnee wie in einer Bobbahn durch die Kurve laufen zu lassen.**

Über diese grundlegenden technischen Merkmale hinaus gibt es einige ganz zentrale **Regeln**, die für jedes Tiefschneefahren gelten:

– Einen gleichmäßigen Rhythmus einhalten.
Eine elegante und sichere Fahrt läßt sich nur erreichen, wenn es gelingt, den oben beschriebenen Effekt der Schneeverdichtung am Ende des einen Schwungs für den nächsten auszunutzen. Voraussetzung hierfür ist das rhythmische Aneinanderreihen der einzelnen Schwünge im Sinne des Kurzschwingens. Hat man erst einmal »seinen« Rhythmus gefunden, sollte man versuchen, diesen gegen alle Schneewiderstände und Unregelmäßigkeiten der Schneedecke durchzuhalten.

– Schwünge miteinander verbinden.
Eleganz und Flüssigkeit des Schwingens stellt sich erst ein, wenn es gelingt, schon während der Endphase des einen Schwungs den nächsten einzuleiten. Soll der Effekt der Schneeverdichtung z. B. weich und flüssig genutzt werden, so muß man, während die Ski aus dem Schnee herausgetragen werden, die nächste Drehung bereits einleiten.

– Das richtige Tempo wählen.
Für jeden Tiefschnee ist ein gewisses Grundtempo erforderlich, um problemlos schwingen zu können. Zu langsames Fahren ist technisch schwierig und ausgesprochen anstrengend. Das richtige Tempo ist erreicht, wenn die Ski so weit »aufschwimmen«, daß sie auf die Drehbewegungen der Beine ohne allzu großen Krafteinsatz reagieren. Zu hohes Tempo ist erreicht, wenn ein zunehmendes Gefühl der Unsicherheit entsteht, und der Fahrer – als Reaktion hierauf – seinen Schwerpunkt immer mehr zum Skiende hin verlagert.

Grundtechnik im Tiefschnee

Rhythmus und Spur

– Die Belastung regulieren. Vorlage führt im tiefen Schnee zum »Abtauchen« der Ski bzw. zum Sturz. Ständige Rücklage erschwert das Drehen der Ski, da die erforderlichen Kniebewegungen nicht mehr möglich sind. Lediglich ein leichtes Zurücknehmen der Belastung von der Sohlenmitte auf die Ferse ist – je nach Schneeart und -tiefe – generell zweckmäßig. Während der Schwungphase empfielt es sich, beide Ski gleichmäßig zu belasten. Das gefürchtete »Verschneiden« des Innenskis wird so eher vermieden. Beim Schwungwechsel dagegen bevorzugen viele Fahrer das Umlasten von einem Bein auf das andere. Insbesondere Kinder kommen mit dieser Technik besser zurecht.
– Einen angemessenen Radius wählen.
Im Tiefschnee bevorzugt man fast ausschließlich kurze, gelegentlich aber auch mittlere Schwungradien. Die Länge des Schwunges ist abhängig von Fahrtempo und Schneebeschaffenheit, letztlich natürlich auch vom Technikprofil des Fahrers. Entscheidend für eine gelungene Tiefschneefahrt ist aber weniger der Radius, sondern eher der gleichmäßige Schwungrhythmus.

Entlasten

➠ Bewegungsspielräume beim Tiefschneefahren

Die oben beschriebene Grundtechnik muß beim Fahren im Tiefschnee häufig variiert und den sehr unterschiedlichen Bedingungen angepaßt werden. Wie kaum eine andere Form des Skifahrens erfordert das Fahren im Tiefschnee das ständige Sich-Anpassen an wechselnde Situationen: Unebener Untergrund, Schneeverwehungen, verschiedene Schneeschichtungen und -verdichtungen u. ä. sorgen oft für unvorhersehbare Überraschungen.

Verändern des Entlastens
– Bei schwer schwingbarem Tiefschnee oder bei langsamem Fahrtempo reicht es nicht, den Entlastungseffekt am Ende des Schwunges auszunutzen. Vielmehr muß durch eine kräftige Hoch-Tief-Bewegung eine so starke Entlastung erzeugt werden, daß die Ski zur Schwungeinleitung nahezu ganz aus dem Schnee herauskommen.
– Dies kann auch durch ein beidbeiniges Anhocken der Beine erreicht werden.
– Zur Erleichterung der Skidrehung kann im Moment der Schwungeinleitung auch Tiefgehen in Rücklage ausgeführt werden.
– Bei sehr hohem Fahrtempo kann im Sinne des Ausgleichsschwingens den enormen äußeren Kräften am Schwungende ganz nachgegeben werden. Die Skidrehung erfolgt dann im Strecken.

Verändern des Belastens
– Im Schwungwechsel kann auch eine deutliche Umsteigebewegung vollzogen werden. Dabei ist darauf zu achten, daß der Belastungswechsel gefühlvoll und nicht mit einem Abstoß vollzogen wird.
– Bei langen Abfahrten ist ein Schwingen mit Umsteigen oft kraftsparender.
– Eine ausgeprägte Außenskibelastung erschwert zwar das »Aufschwimmen« der Ski, erleichtert aber häufig das Drehen.

Verändern des Drehens
– Auch im Tiefschnee ist das Drehen über das Außenbein das grundlegende Bewegungsmuster. Dennoch gilt auch hier die gesamte Bandbreite der beim Parallelen Grundschwingen kennengelernten Drehmöglichkeiten.
– Insbesondere das Schwingen mit Vorausdrehen eignet sich gut, um bei schwer schwingbaren Schneearten für zusätzliche Drehhilfen zu sorgen.

Empfindungen

Beim Schwingen im Tiefschnee sollte man das Gefühl haben, am Schwungende ganz von alleine aus dem Schnee herausgehoben zu werden und anschließend wieder weich zu versinken. Eine enge Skiführung erleichtert das Gefühl für die Position der unter der Schneedecke verschwundenen Ski. Die stark am Rhythmus orientierte Fahrweise erzeugt oft einen nahezu zwanghaften Mechanismus der Wiederholung und führt trotz Ermüdung häufig zu dem Wunsch, daß der Hang nie enden möge.

Wie lernt man Tiefschneefahren?

Fahren im Tiefschnee ist vor allem geprägt durch die rhythmische Fahrweise, die gleichmäßige Belastung der Ski, Ausnutzen der Schneeverdichtung sowie durch die Verlagerung des Gewichts auf die Ferse bei parallel enger Skistellung. Bei der methodischen Erarbeitung des Tiefschneefahrens sollten diese Merkmale stets verfolgt werden, wobei der Schwerpunkt in der Hinführung zur rhythmischen Fahrweise liegt.

Vom Parallelen Grundschwingen zum Schwingen im Tiefschnee

Wer das Parallele Grundschwingen beherrscht, kann bereits mit ersten Erfahrungsübungen beginnen. Bei den folgenden Aufgaben ist auf zusätzliche Rhythmisierung hin zu kurzen bis mittleren Radien zu achten.

Erarbeiten der Grundtechnik auf präparierter Piste:

- ❑ *In mittelsteilem Gelände Paralleles Grundschwingen mit Wechsel zwischen schmaler und breiterer Skistellung.*
- ❑ *Paralleles Grundschwingen mit Fersenbelastung in der Schwungeinleitung und Mittellage in der Schwungsteuerung.*
- ❑ *Wie oben, aber ohne Hochtiefbewegung.*
- ❑ *Paralleles Grundschwingen mit gleichmäßiger Belastung beider Ski.*
- ❑ *Paralleles Grundschwingen mit höherem Fahrtempo und betont rhythmischer Fahrweise.*
- ❑ *Paralleles Grundschwingen mit starker Hochtiefbewegung und deutlicher Entlastung.*
- ❑ *Paralleles Grundschwingen in leichter Buckelpiste mit Ausgleichstechnik.*
- ❑ *In frischer, weich gewalzter Spur kurze Parallelschwünge mit ruhigem Oberkörper fahren.*

Die Grundtechnik in leichtem Tiefschnee:
Für die ersten Fahrten im Tiefschnee eignen sich insbesondere kürzere, ungewalzte Geländeabschnitte am Pistenrand oder auch die morgens noch nicht gewalzten Pistenteile. Bereits durchfahrener, verspurter Schnee sollte gemieden werden, da dort der Schneewiderstand sehr unterschiedlich ist und dadurch das Halten des Gleichgewichts erschwert wird. Ideal ist ein relativ flacher, gleichmäßiger Hang mit Auslauf, so daß ein Rhythmusverlust nicht gleich zu höherem Fahrtempo führt.

Aufgaben:

- ❑ *Schußfahrten mit zunehmendem Tempo und starker Hochtiefbewegung bis zum Springen.*
- ❑ *Schußfahrten mit zunehmendem Tempo, dabei die Oberschenkel anhocken.*
- ❑ *Kurze Parallelschwünge mit geringer Richtungsänderung.*
- ❑ *Wie oben, dabei mit bewußt enger Skistellung fahren und auf ständigen Kontakt der Oberschenkel zueinander achten.*
- ❑ *Kurze Parallelschwünge mit stark ausgeprägter Hochtiefbewegung.*
- ❑ *Kurzschwingen mit betont gleichmäßigem Rhythmus.*
- ❑ *Wie oben, dabei einen ruhigen, gedehnten Rhythmus wählen.*
- ❑ *Parallelschwünge mit mittleren Radien und zunehmend größerer Richtungsänderung, dabei das Fahrtempo allmählich erhöhen.*

Falls sich die Gelegenheit bietet:

- ❑ *Ausgleichsschwingen in leicht eingeschneiter Buckelpiste.*
- ❑ *Dasselbe Bewegungsmuster bei höherem Fahrtempo in leichtem Tiefschnee anwenden.*

Anwenden und Verändern der Grundtechnik:
Sicheres und elegantes Fahren im Tiefschnee ist nur möglich, wenn es gelingt, den oben beschriebenen Effekt der Schneeverdichtung auszunutzen und während der Steuerphase auf unterschiedliche Schnee-

Tiefe Fahrposition

widerstände angemessen zu reagieren. Dieses Können kann durch das bewußte Erleben und Erfahren verschiedener Bedingungen erworben werden.

Aufgaben:
- ❑ *Die Grundtechnik in zunehmend höherem Fahrtempo sowie*
  - *in steileren und gegliederten Geländepassagen,*
  - *in verschiedenen Hangexpositionen mit unterschiedlich verdichtetem Schnee,*
  - *in wechselhaftem, verspurtem Tiefschnee,*
  - *in schwer schwingbarem Schnee,*
  - *im Übergang von der Piste zum Tiefschnee anwenden.*
- ❑ *In der Grundtechnik die Be- und Entlastung durch zusätzliche Hochtiefbewegung verstärken.*
- ❑ *Im Wechsel mit deutlicher Außenbeinbelastung und mit beidbeiniger Belastung fahren.*
- ❑ *In parallel-offener Skistellung.*
- ❑ *In bewußt tiefer Körperstellung fahren.*
- ❑ *Mit ausgeprägter Kurvenlage fahren.*
- ❑ *Mit deutlich ausgeprägtem Vorausdrehen fahren.*

Wissenswertes für Skischüler

Die größte Hemmschwelle vor der ersten Fahrt im Tiefschnee befindet sich nicht am Pistenrand, sondern in unserem Kopf. Zu ungewohnt ist das Gefühl des Einsinkens und der Verlust der optischen Kontrolle über die Ski. Zu hinderlich ist zunächst die erhöhte Führung der Ski im Schnee und der damit verbundene hohe Drehwiderstand.
Mit dieser völlig natürlichen und normalen Scheu gilt es zunächst fertig zu werden. Vielleicht hilft dabei die Erfahrung und das Bewußtsein, daß man im Tiefschnee weich fällt!
Ist diese erste Schwelle überwunden, steht dem ungetrübten Genuß nicht mehr viel im Wege.
Der große Reiz des Tiefschneefahrens führt allerdings leicht dazu, daß die Schattenseiten, die Gefahren, übersehen werden. Jeder Tiefschneefahrer sollte Alpin-Erfahrung haben und über Grundkenntnisse der Gelände- und Schneebeurteilung verfügen. Noch besser ist es, sich der Obhut eines erfahrenen Skilehrers anzuvertrauen. Die Hinweistafeln in den Tal- und Bergstationen der Seilbahnen, Sperrmaßnahmen auf Abfahrten sowie allgemeine Hinweise auf Lawinengefahr müssen in jedem Fall beachtet werden. Das Abhören des Lawinenlageberichtes und die Verwendung von elektronischen Verschüttetensuchgeräten bzw. des Lawinen-Airbags sind weitere Sicherungsmaßnahmen. Niemals darf man aus bereits vorhandenen Spuren schließen, daß der betreffende Hang sicher vor Lawinen sei! Bevor man sich anderen Skifahrern anschließt, sollte man sich gründlich über deren Kompetenz vergewissern.

Wissenswertes für Skilehrer

Für Skilehrer ist es nicht einfach, sich in die psychologische Situation des Schülers zu versetzen. Er fühlt sich, obwohl er doch schon viel kann, fast wie ein Anfänger, der nicht weiß, wie er die nächste Kurve kriegen soll.
Für den Lernerfolg ist die richtige Schnee- und Geländewahl von großer Bedeutung. Auch das vermeintlich unscheinbare Hangstück am Pistenrand kann großen Genuß verschaffen. Wichtig ist, daß der Skilehrer seinen eigenen Lustgewinn – so schwer es auch fallen mag – in den Hintergrund stellt.
Abfahrten im Tiefschnee setzen ein hohes Maß an Verantwortungsbewußtsein beim Skilehrer voraus. Für die Sicherheit der Gruppe ist es wichtig, strenge **Organisationsregeln** einzuhalten:
- Jeder hält sich an die klaren Anweisungen des Skilehrers.
- Der vorausfahrende Skilehrer darf niemals überholt werden.
- Beim Abfahren in der Gruppe nicht gegenseitig überholen.
- Der Skilehrer legt prinzipiell die rechte bzw. linke Begrenzung der Abfahrtstrasse fest.
- Einzelfahrten vermindern das Risiko.
- Niemals das schwächste Gruppenmitglied am Schluß fahren lassen.

Wissenswertes für Skischulen

Mit Einführungskursen in das Tiefschneefahren können Skischulen Angebote für Kundenkreise vorhalten, die ohne diese Angebote kaum mehr den Weg in die Skischule finden würden. Gleichzeitig muß sich die Skischule bewußt sein, daß mit Tiefschneekursen erhöhte Risiken verbunden sind. Deshalb sind auf verschiedenen Ebenen **Vorkehrungen** notwendig:
1. Der Skilehrer muß über die notwendigen Kenntnisse der alpinen Gefahren verfügen, entsprechende Ausbildung nachweisen können und über alpine Erfahrungen verfügen.
2. Mit besonderer Sorgfalt sollte die Gruppeneinteilung vorgenommen werden: Das Fahrkönnen der einzelnen Teilnehmer sollte annähernd gleich und die Gruppe nicht zu groß sein.
3. Voraussetzung für Tiefschnee-Abfahrten ist die genaue Kenntnis des Geländes und des Hanguntergrundes.
4. Für Abfahrten im Tourenbereich gelten besondere Sicherheitsregeln. Entsprechende Ausbildung ist Voraussetzung.

Stangenfahren

Man kann es immer wieder sehen: Ein Rennläufer fährt mit höchster Präzision und Rasanz durch den »Stangenwald«. Punktgenau werden die Schwünge angesetzt, wie auf Schienen ziehen die Ski haarscharf an den Stangen vorbei zum nächsten Tor.
Man wünscht sich als Betrachter, ähnlich souverän, mutig und sicher skifahren zu können.
Aber nicht nur für den Rennläufer ist es wichtig, optimale Fahrlinien planen und exakt umsetzen zu können. Auch die Fähigkeiten, höheres Tempo zu beherrschen und möglichst wenig bremsend skifahren zu können, sind grundlegend. Für diese Fähigkeitsschulung werden vor allem Stangen eingesetzt, aber auch Halbkugeln aus Kunststoff, sog. »Pilze«. Beim Stangenfahren kann jeder Skischüler sein Können in mehrfacher Hinsicht erweitern:

Den Blick erweitern und schärfen
- Konsequent ein, zwei, ... Schwünge vorausschauen.
- Die Abstände nach vorne und zur Seite genau erfassen.

Fahren vorgedachter Linien
- Fahrlinien tempo- und geländeangepaßt programmieren.
- Vorgeplante Fahrlinien zielgenau nachfahren.

Tempogefühl entwickeln
- Abschätzen, wieviel Tempo eine Fahrsituation »verträgt«.
- Eine fein abgestufte innere Geschwindigkeitsskala entwickeln.

Die Reaktionsfähigkeit verbessern
- Schnell reagieren.
- Richtig reagieren.

Die Rhythmusfähigkeit verbessern
- Anpassen an von »außen« durch Stangen vorgegebene Schwungrhythmen.

Die Grundtechniken weiterentwickeln
- Weiterentwickeln des Gleitens.
- Weiterentwickeln des Schwingens.
- Weiterentwickeln des Springens.

Mut und Selbstvertrauen steigern

Das Fahren nach Linien entwickeln

Zunächst wird dargestellt, wie man auf der Basis des Parallelen Grundschwingens die Fähigkeit entwickeln kann, mit ersten räumlichen Einschränkungen fertig zu werden. Dann steht die Aufgabe im Vordergrund, vorgegebene Linien nachzufahren. Schließlich wenden wir uns dem Ziel zu, in einfachen Kursen eine flüssige Linie selber zu finden.

Erste, gezielte Einschränkungen

Ein Torlaufkurs schreibt die Fahrlinie weitgehend vor, beim freien Fahren gibt es dagegen kaum Einschränkungen. Dazwischen liegen Aufgabenstellungen, bei denen die Fahrlinie zwar noch weitgehend frei wählbar, der Fahrbereich aber schon deutlich eingeengt ist. Hierbei muß vor allem das Blickverhalten geändert werden. Ständig ist nach vorne zu schauen, um die Begrenzungen, aber auch rechtzeitig Gelände- und Schneeveränderungen erfassen und Fahrlinie bzw. Fahrtechnik passend planen zu können. Auch die räumliche Orientierung zur Seite hin wird entwickelt, zumal ständig an Begrenzungen heran- und an ihnen vorbeizufahren ist.

Aufgaben:

❑ ***Schwingen in Zonen**: Mit Stangen werden auf einem mittelsteilen, gut präparierten Hang verschiedene Zonen abgegrenzt: Parallelstreifen, sich verengende oder sich weitende Zonen, die in der Fallinie oder schräg zur Fallinie liegen können. Dadurch ergeben sich die folgenden Übungsmöglichkeiten:*
- *In den Zonen schwingen., ohne diese seitlich zu verlassen*
- *Von Rand zu Rand schwingen.*

Schwingen in Zonen

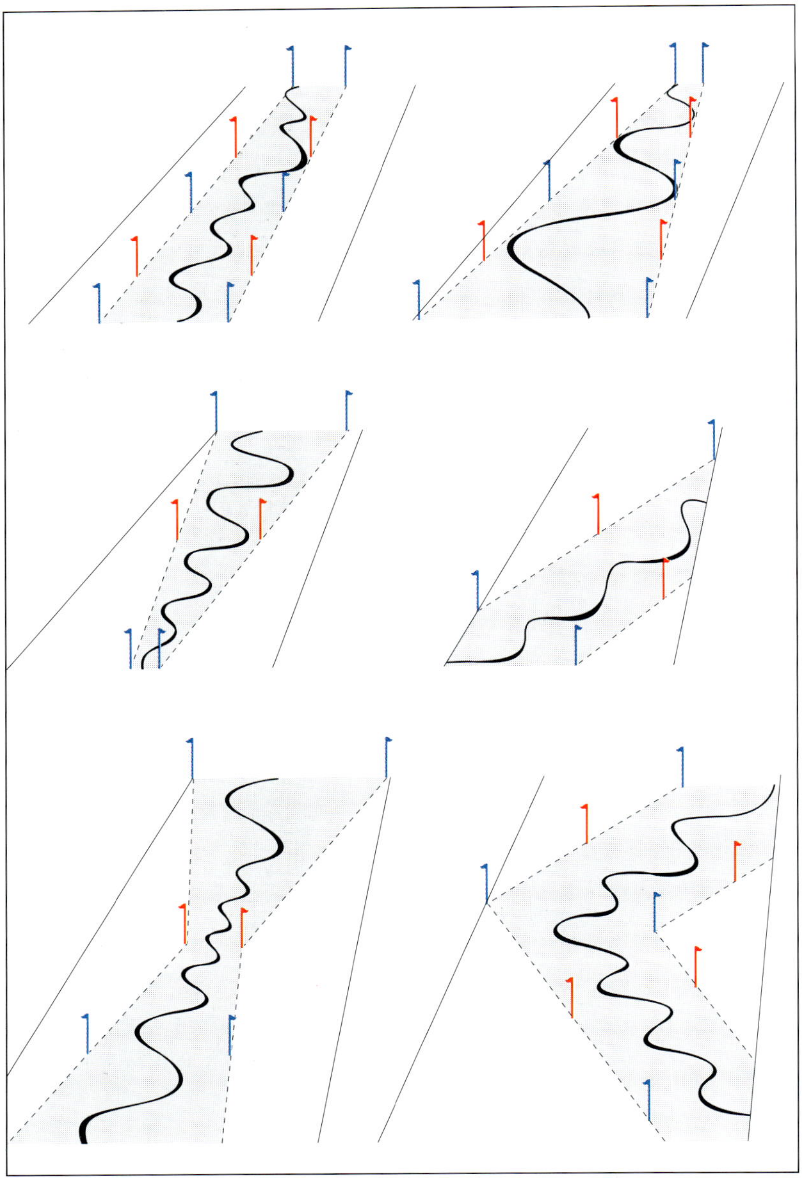

Schwingen in Zonen

Das Schwingen in Parallelstreifen, die in der Fallinie angeordnet sind, fördert die gleichbleibende Schwungwiederholung und somit die Rhythmisierungsfähigkeit. Sich verengende oder sich weitende Areale verlangen einen allmählichen Rhythmuswechsel. Schräg zur Fallinie verlaufende Zonen erfordern Rhythmuswechsel zwischen tal- bzw. bergseitig ausgeführten Schwüngen.

❑ ***Fahren in Zonen mit Zusatzaufgaben:***
- *Mal schneller, mal langsamer schwingen.*
- *Ohne Stöcke, nur mit einem Stock, mit Doppelstockeinsatz schwingen.*
- *Mit angesprungener Schwungeinleitung schwingen.*
- *Ohne Beuge-und Streckbewegungen schwingen.*
- *Technikwechsel an markierten Stellen durchführen.*

❑ ***Bei anspruchsvolleren Schnee- und Geländeverhältnissen in Zonen üben, die***
- *vom Flachen ins Steile oder vom Steilen ins Flache,*
- *vom Planen ins Bucklige oder vom Buckligen ins Plane,*
- *vom Gespurten ins Ungespurte oder vom Ungespurten ins Gespurte führen.*

❑ ***Schnelles Einstellen auf neuartige, ungewohnte Übungsbedingungen:***
- *Fahren mit nur einem Ski,*
- *Fahren mit den deutlich längeren oder kürzeren Stöcken eines anderen,*
- *Fahren mit nur locker sitzenden oder sehr straff geschlossenen Stiefeln,*
- *Fahren mit teilweise abgedeckten Skibrillen.*

❑ ***Geschwindigkeitstest:*** *Man fährt in die Zone wiederholt ein und steigert jedesmal die Fahrgeschwindigkeit in Abstufungen. Dies kann man erreichen, wenn man entweder die Zahl der anfänglichen Stockanschübe erhöht oder den Startpunkt schrittweise nach oben verlegt.*

Nachziehen vorgegebener Fahrlinien

Beim Torlauf muß man selbst eine Fahrlinie entwerfen und diese dann möglichst genau verwirklichen. Es ist deshalb zunächst leichter, einer bereits vorgegebenen Fahrspur zu folgen. Gelernt werden dabei insbesondere das punktgenaue Ansetzten und zielgenaue Steuern der Schwünge. Auch die Fähigkeiten zur schnellen Reaktion und zur Einstellung auf vorgegebene Rhythmen werden entwickelt.
Aufgaben:

❑ ***Spuren nachfahren:*** *Voraussetzung ist ein frisch getre-*

Nachziehen vorgegebener Fahrlinien

tener, gewalzter oder ungespurter Hang.
- *Ein Fahrer, z. B. der Lehrer, zieht eine Spur in den Schnee. Die anderen müssen genau diese Spur nachfahren.*
- *Die »Vorausspur« zum Zopf ergänzen.*
- *Der »Spurleger« ändert die Spur mehrfach ganz überraschend.*
- *Versuchen,ein und dieselbe Spur unterschiedlich schnell nachzufahren.*

❑ ***Zwei fahren hintereinander ab.*** *Der hintere Fahrer folgt im Abstand von einem, zwei oder drei Schwüngen und muß möglichst genau die vorausgefahrene Spur einhalten. Dabei kann der vordere Fahrer Spurverlauf und Tempo allmählich, aber auch abrupt ändern.*

❑ ***Fahren entlang von »Stangenzäunen«****: Mehrere Stangen werden im Abstand von ein bis zwei Metern entlang einer Kurve gesetzt.*
- *Fahren entlang den Außenseiten. Achtung auf die Skispitzen !*
- *Fahren entlang den Innenseiten. Achtung auf die Skienden!*
- *Fahren entlang den Innen- und Außenseiten im Wechsel.*
- *Die Stangen nach innen oder außen neigend setzen. So fährt einmal der Oberkörper, dann die Ski ganz eng an den Stangen vorbei.*
- *Variation des Kurvenverlaufes: Man kann den Kurvenradius, die Abweichung von der Fallinie und den Verlauf der Krümmung variieren.*

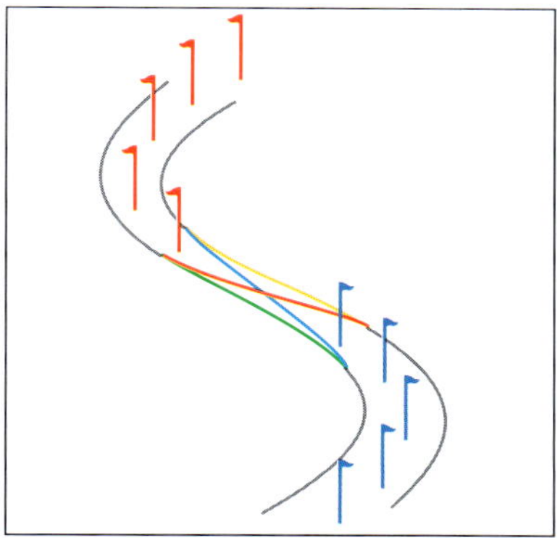

Fahren entlang von Stangenzäunen

Den Krümmungsverlauf betreffend kann man Kurven mit gleichbleibender, zu- oder abnehmender Krümmung unterscheiden. Im ersten Fall lernt man das gleichmäßige, im zweiten Fall das sich verstärkende und im dritten Fall das abnehmende Drehen und Kanten der Ski.

Zusatzaufgaben: An einer bestimmten Stange im Zaun beispielsweise die Belastung vom Außenski auf beide Ski verteilen, die Tiefbewegung ansetzen oder mit dem Strecken beginnen, von Fahrt zu Fahrt das Tempo steigern.

Experimentieren mit der eigenen Fahrlinie

In einem Torlauf sind Schwungansatz und Kurvenverlauf in einem gewissen Umfang frei wählbar. Oft entscheiden wenige Zentimeter über die optimale Fahrlinie. Leider gibt es keine allgemeingültige, einfach umsetzbare Regel, mit der man in jedem Fall die »Goldene Spur« ermitteln könnte. Zu viele Faktoren bestimmen die opti-

Experimentieren mit der eigenen Fahrlinie

Gleichbleibende, zu-, abnehmende Kurvenkrümmung

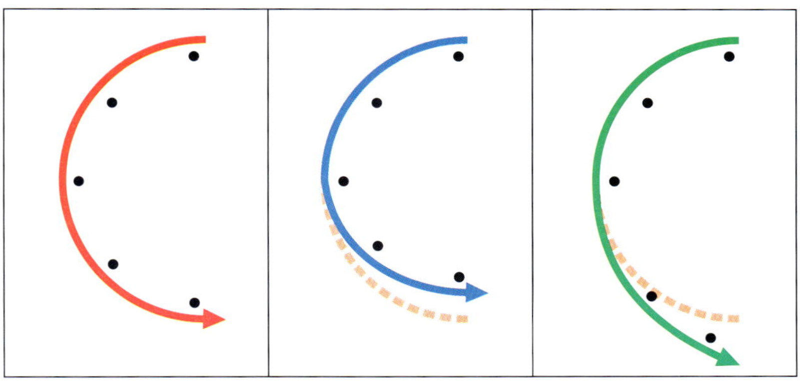

male Fahrlinie, wie Hangneigung, Hangform, Schneebeschaffenheit, Fahrtempo und Plazierung der Stangen.
Um mit der Zeit instinktsicher die richtige Linie zu finden, müssen **Erfahrungen mit den unterschiedlichsten Fahrlinien** in den **verschiedensten Situationen** gemacht werden. Vor allem sind aber sowohl positive als auch negative Erfahrungen **bewußt zu machen** und im **Bewegungsgedächtnis abzuspeichern**.

Aufgaben:

- ***Den Stangenzaun schrittweise abbauen**. Auf diese Weise wird man zunehmend weniger geführt und muß seine Linie in wachsendem Umfang selber bestimmen. Das Wegnehmen der Stangen kann dabei unterschiedlich erfolgen:*
  - *von »oben her« : Suche selbst den Ansatzpunkt!*
  - *von »unten her«: Bestimme mehr und mehr selbst die Steuerlinie!*
  - *von »oben und unten her«: Plane selbst immer mehr Schwungansatz und Steuerlinie!*
- ***Experimentieren mit der Fahrlinie**: Zunächst setzt man auf einem relativ flachen, planen Hang einen regelmäßig und flüssig befahrbaren Einstangentorlauf. Das Experimentieren konzentriert sich dabei auf folgende Fragestellungen:*
  Wo setze ich nach dem Passieren der Stange den Schwung an? Wie lege ich die Spur in Richtung nächster Stange? Wie nahe fahre ich an der Stange vorbei? Diese Fragen sollten aber auch immer zu unterschiedlichem Tempo und verschiedener Hangneigung in Beziehung gesetzt werden.
  - ***Experimentieren mit dem Schwungansatzpunkt:***
    *Zu diesem Zweck denkt man sich die Strecke zwischen zwei Stangen durch Punkte unterteilt. Diese können näher der oberen oder näher der unteren Stange liegen und durch »Pilze« markiert werden. Nun versucht man, immer näher an der oberen Stange die Schwünge anzusetzen. Man spricht dann von einem »**hohen**«, »**frühen**« Schwungansatz. Auch die Wirkung eines sehr »**tiefen**«, »**späten**« Schwungansatzes sollte erprobt werden.*
  - ***Experimentieren mit der Linie zur nächsten Stange:***
    *Man kann nach dem Schwungansatz eine möglichst gleichmäßig runde Kurve um die Stange fahren (»**runde Linie**«), man kann mehr geradlinig auf sie zusteuern und dann an der Stange schnell drehen (»**direkte Linie**«) oder man »holt etwas aus« und kann dann an die Stange relativ geradlinig passieren (»**indirekte Linie**«).*
  - ***Experimentieren mit dem seitlichen Abstand zur Stange:***
    *Zu diesem Zweck denkt man sich von der Stange nach außen hin eine Skala abgetragen. Diese läßt sich auch durch »Pilze« markieren. Nun wird versucht, mal »**enger**« oder »**weiter**« an der Stange vorbeizuschwingen.*
- ***Experimentieren mit der Fahrlinie** in veränderten Situationen:*
  - *Die Tore etwas mehr aus der Fallinie oder nahe der Fallinie oder direkt in der Fallinie setzen und testen, welche Fahrlinie optimal ist.*
  - *Torläufe in unterschiedlich steilen Hangabschnitten.*
- ***Torläufe mit Rhythmuswechsel**: Jeweils drei Stangen werden auf gleicher Höhe gesetzt*
  - *Rhythmuswechsel von Fahrt zu Fahrt: erst nur um die inneren, dann nur um die mittleren, schließlich nur um die äußeren Stangen fahren.*
  - *Allmählicher Rhythmuswechsel in einer Fahrt: erst um innere, dann um mittlere, schließlich um äußere Stangen fahren oder in umgekehrter Reihenfolge.*
  - *Starker Rhythmuswechsel in einer Fahrt: Erst um die äußeren, dann um die inne-*

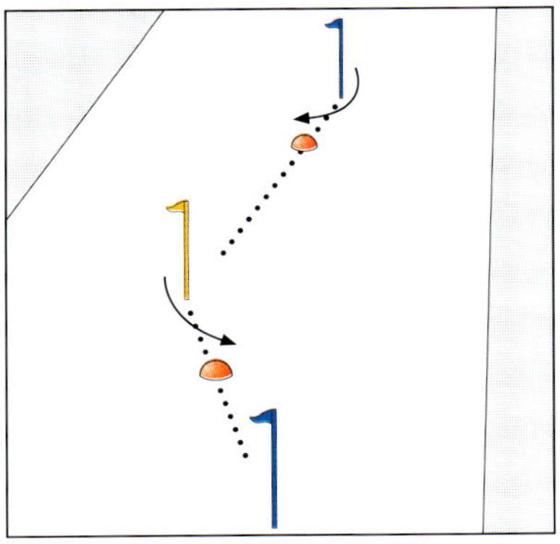

Experimentieren mit dem Schwungansatz

Runde, direkte, indirekte Linie

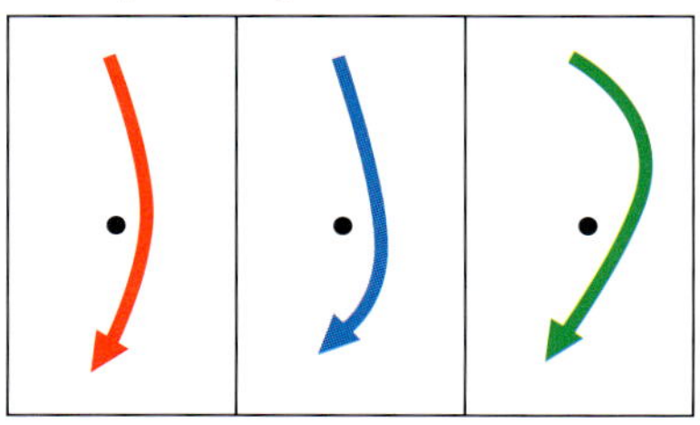

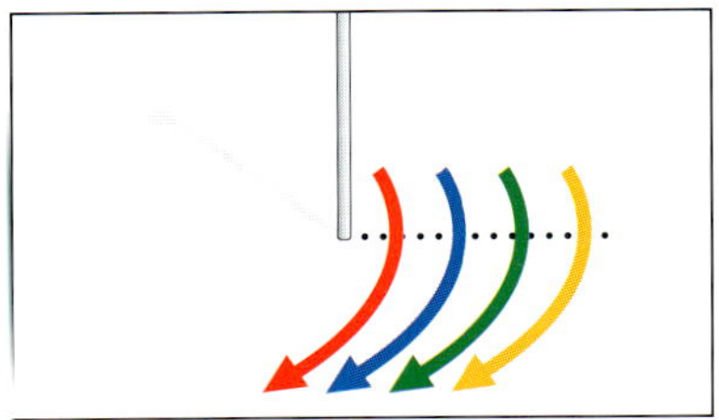

Experimentieren mit dem seitlichen Abstand

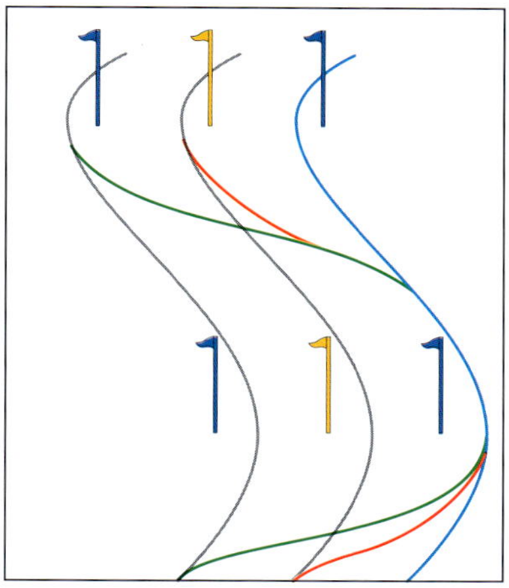

Rhythmuswechsel

ren, dann wieder um die äußeren Stangen, usw., fahren.

- *Fahren in Torläufen, bei denen jedes Tor mit zwei Stangen markiert ist. Dabei die beiden Stangen zunächst quer zur Fallinie, dann schräg und schließlich in der Fallinie setzen, also zunächst offen, dann schräg und schließlich vertikal.*
- *Etwas längere Läufe mit mehreren Rhythmuswechseln befahren. Zuvor den Kurs »studieren« und sich wichtige Stellen einprägen: Rhythmuswechsel, Geländewechsel, harte, eisige Stellen, usw..*

Die Grundtechniken weiterentwickeln

Es liegt am sportlichen Ehrgeiz, daß man sich bald das Ziel setzt, Fahrtempo und Fahrlinie zu optimieren. Dann muß man die Grundtechniken des Gleitens (Schußfahren, Schrägfahren), des Schwingens (Paralleles Grundschwingen) und des Springens weiterentwickeln. Man muß lernen, Bremsen abzubauen, Fahrstabilität und Präzision der Linienführung zu erhöhen.

Gleiten

Das Gleiten wurde beim Schuß- und Schrägfahren bereits besprochen. Das Gleiten ist dadurch gekennzeichnet, daß sich die Ski in Längsrichtung bewegen. Beim Schrägfahren sind die Ski gekantet, beim Schußfahren flachgestellt. Schon beim Schrägfahren läßt sich eine entscheidende »Entdeckung« machen, daß nämlich die Ski ganz von selbst eine weite Kurve ziehen können.

Hockegleiten geradeaus

Das Hockegleiten ist das Schußfahren des Könners, das vor allem in Flachstücken Anwendung findet, um so möglichst wenig Tempo einzubüßen.

Zur Bewegungsausführung:

- **Die Ski parallel, breit geöffnet und ganz flach auf dem Schnee führen.**
- **Rumpf und Oberschenkel weit herabbeugen, bis sie sich einander fast berühren und nahezu parallel zu den Ski sind. Dabei das Gewicht auf die Ski gleichmäßig quer- und längsverteilen.**
- **Die Arme nach vorne strecken, die Hände berühren sich.**
- **Die Stöcke mit den Armen im Bereich der Hüften festklemmen und nahezu parallel zu den Ski führen.**
- **Blick nach vorne richten.**

Kurz: Ski breit und flach führen – tiefe Position – Arme vor – Stöcke am Körper festklemmen – Blick voraus.

Zu den **Funktionen**:

- Die breite Skistellung und die tiefe Körperstellung erhöhen die Fahrstabilität.
- Die ausgewogene Belastung und die flache Führung der Ski vermindern die Bremskräfte zwischen Ski und Schnee.

Hockegleiten

Hockegleiten

– Die tiefe, eiförmige Körperstellung und die anliegenden, nach vorne gerichteten Arme verringern die Bremskräfte zwischen Luft und Körper.

Vorbereitende Aufgaben:

- ❑ *Im Stand verschieden hohe Körperstellungen, unterschiedliche Körperlagen, unterschiedlich breite Skistellungen und verschiedene Armhaltungen einnehmen. Dabei die unterschiedlichen Druck- und Spannungsempfindungen am Fuß und in der Körpermuskulatur bewußt empfinden.*
- ❑ *Wie eben, jedoch beim Gleiten auf einem möglichst langen, flachen Hang.*

Zielaufgabe:

❑ *Hockegleiten geradeaus*

Erweiternde Aufgaben:

- ❑ *Gleichzeitig zu zweit in Hockposition wegfahren. Einer richtet sich auf und fällt zurück. Dann richtet sich der vorausfahrende auf, während der andere in die Hocke geht und aufholt, usw..*
- ❑ *Mehrere starten gleichzeitig in Hockposition. Wer gleitet am schnellsten?*
- ❑ *Hockegleiten und dabei*
  - *zwischen leichter Vor- und Rücklage pendeln,*
  - *leicht auf und ab federn.*
- ❑ *Hilfreich kann die Vorstellung sein, als würde man ganz tief in einem schnellen Sportwagen sitzen. Oder man stelle sich vor, daß Arme und Rumpf den Luftstrom zerschneiden.*

Kurvengleiten: Hockegleiten in langgezogenen Kurven

Während beim Hockegleiten geradeaus beide Ski möglichst plan auf dem Schnee geführt werden, gleitet bei dieser Technik mindestens ein Ski auf der Kante. Dadurch bewegen sich die Ski längs einer Kurve, weshalb wir vom Kurvengleiten sprechen können. Mit dieser Technik lassen sich langgezogene Kurven ohne Bremsen und Rutschen, schnell und sicher fahren.

Zur Bewegungsausführung:

- Während des Hockegleitens geradeaus einen Oberschenkel einwärts drücken

Kurvengleiten in Hocke

und den Ski aufkanten.
- Rumpf und Arme etwas über den gekanteten Ski bewegen.

Kurz: Oberschenkel nach innen – Oberkörper über den Außenski.

Zu den **Funktionen**:
– Durch das Einwärtsdrücken des Oberschenkels und durch die Oberkörperbewegung wird der Ski aufgekan-

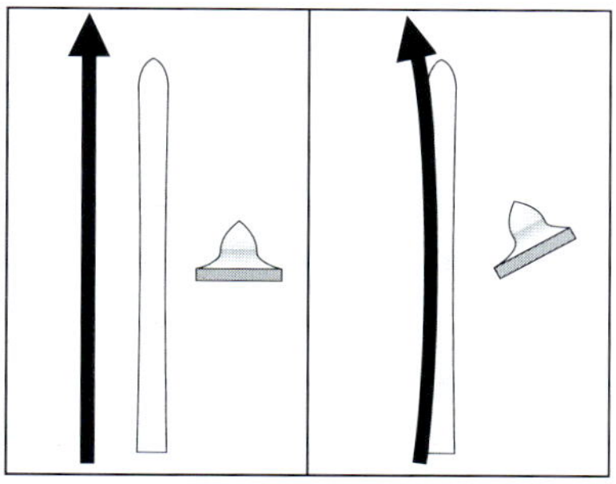

Gleiten geradeaus und Kurvengleiten

tet und stärker durchgebogen. Folglich wird die Kante bogenförmig in den Schnee gepreßt, wodurch sich der Ski längs einer Kurve ohne Seitdrift bewegt und er sich förmlich in den Schnee schneidet.

Gleiten auf den Innenkanten

Gleiten: Innenski leicht gekantet

Gleiten auf den Außenkanten

Gleiten: Innenski flach geführt

Vorbereitende Aufgaben:
❏ *Im Stand und in Hockposition bei ruhigem Oberkörper die Kantstellung der Ski allein mit den Beinen verändern:*
  – *Beide Ski nach rechts bzw. nach links aufkanten.*
  – *Beide Ski auf die Innenkanten stellen.*
  – *Beide Ski auf die Außenkanten stellen.*
  – *Einen Ski aufkanten und den anderen flach aufliegen lassen.*
❏ *Wie eben, jedoch beim Hockegleiten. Dabei erkennen,*
  – *daß beim Kanten beider Ski nach innen die Ski zusammenlaufen,*
  – *daß beim Kanten beider Ski nach außen diese auseinanderstreben und*
  – *daß beim Kanten beider Ski in die gleiche Richtung oder beim Aufkanten nur eines Ski eine Kurvenfahrt erzielt wird.*
❏ *Hockegleiten geradeaus mit abschließendem Kurvengleiten nach links bzw. nach rechts.*

Zielaufgabe:
❏ *Langgezogenes Kurvenfahren durch Kurvengleiten in Hocke.*

Erweiternde Aufgaben:
❏ *Kurvengleiten durch weit gesetzte Tore nahe der Fallinie im flachen Gelände.*
❏ *Kurvengleiten in Toren, die zunehmend von der Fallinie*

abweichend gesetzt sind. Dabei erkennen, daß Kurvengleiten mit unterschiedlich stark, jedoch nicht beliebig stark gekrümmten Kurven möglich ist.

- ❑ *Beim Kurvengleiten experimentieren:*
  - *Beide Ski aufkanten.*
  - *Den Oberkörper mehr oder weniger über den Außenski legen.*
- ❑ *Die Fahrspur studieren. Feststellen, ob die Ski gedriftet sind.*
- ❑ *Hilfreich kann die Vorstellung sein, daß man sich mit dem Kurvengleiten gedulden muß. Die Richtungsänderung setzt nur allmählich ein, sie »zieht sich hin«.*
- ❑ *Man versuche zu fühlen, daß man beim Kurvengleiten wie auf Schienen mit voller Schubkraft und höchster Präzision durch die Kurve gleitet und den Hang förmlich aufschneidet.*

Schwingen

Die schnellste und »stabilste« Richtungsänderung ist das soeben beschriebene Kurvengleiten in Hockposition. Dieses funktioniert nur in langen

Schwingen mit eng begrenztem Rutschen und Bremsen

Kurven und wird in relativ flachem Gelände angewandt. Bei mittlerem oder kurzem Schwingen in steilerem Gelände läßt sich das bremsende Seitdriften der Ski nie völlig vermeiden. Auch die aerodynamisch günstige Hockposition kann nicht beibehalten werden.
Nun soll besprochen werden, wie man das Bremsen und Rutschen eng begrenzen kann.

Mittleres Schwingen mit eng begrenztem Rutschen und Bremsen

Man stelle sich etwa einen Riesentorlauf vor. Fährt man mit der Technik des Parallelen Grundschwingens durch etwas weiter gesetzte Tore, in denen höheres Tempo möglich ist, kann man immer wieder feststellen, daß man häufig erheblich abrutscht und bremst. Es stellt sich deshalb die Frage, wie man für dieses mittlere Schwingen die Technik des Parallelen Grundschwingens so abändern kann, daß sich Rutschen und Bremsen eng begrenzen läßt.

Zur Bewegungsausführung:

- **Am Schwungende die Belastung wechseln, über dem Bergbein ruhig aufrichten und weich mit Ballendruck in den Schwung gehen.**
- **Tiefgehen, den Oberschenkel des Außenbeins gefühlvoll nach innen drücken und so den Außenski aufkanten.**
- **Im weiteren Verlauf des Beugens die Ski auf einer runden Kurve mit dem Außenbein so wenig wie möglich und so viel wie nötig drehen.**
- **Im Verlauf der Schwungsteuerung die Belastung am Ballen verringern und an der Ferse erhöhen.**

Kurz: Aufrichten – Ballendruck – Oberschenkel nach innen – gefühlvoll die Ski rund drehen.

Zu den **Funktionen**:

- Durch den frühen Belastungswechsel und durch das ruhige Aufrichten mit dem Bergbein kann der kommende Außenski unter Belastung umgekantet werden.
- Durch das weiche Bewegen in den Schwung und durch das frühe Einwärtsdrücken des schwungäußeren Oberschenkels wird schon beim Schwungansatz die Kante des Außenski unter Druck gesetzt und durchgebogen. Dadurch wird zweierlei erreicht. Einmal kann der Ski am seitlichen Wegdriften gehindert werden und zum anderen kann die durchgebogene Kante ihre richtungsändernde Wirkung frühzeitig entfalten.
- Das weiche Bewegen in den Schwung mit Ballendruck ermöglicht von Anfang an, sehr gefühlvoll das Maß des Beindrehens zu regeln. Dadurch kann das Seitbewegen der Ski und damit das Rutschen so eng wie möglich begrenzt werden.

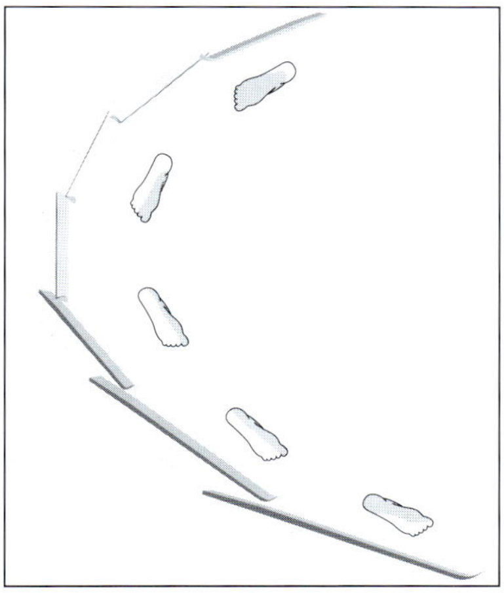

Drehen, Kanten, Belasten

- Das maßvolle Verstärken des Fersendrucks hat vor allem die Aufgabe, ein übermäßiges Abdriften der Skienden gegen Schwungende zu verhindern.

Vorbereitende Aufgaben:

- ❑ *Paralleles Grundschwingen nahe der Falline*
  - *ohne Stockeinsatz mit schleifenden Stöcken,*
  - *mit ruhigem Aufrichten und Tiefgehen.,*
  - *wie eben, jedoch zusätzlich mit frühem Einwärtsdrücken des Oberschenkels.*
- ❑ *Wie eben, jedoch mit Stockeinsatz: beim Aufrichten Arm und Stock zusammen hochführen und den Stock erst beim Tiefgehen einsetzen.*
- ❑ *Obige Aufgaben, jedoch mit größeren Abweichungen von der Fallinie.*
- ❑ *Entlang von Stangenwänden fahren und dabei auf das gleichmäßige, runde Steuern achten.*
- ❑ *Schußfahren mit Aufrichten und Tiefgehen. Beim Aufrichten den Körper etwas nach vorne, beim Tiefgehen etwas nach hinten legen.*
- ❑ *Mittleres Schwingen nahe der Fallinie. Den Schwung mit Ballendruck einleiten und mit leichtem Fersendruck beenden.*

Zielaufgabe:

- ❑ *Mittleres Schwingen mit eng begrenztem Rutschen und Bremsen.*

Erweiternde Aufgaben:

- ❑ *Mittleres Schwingen mit eng begrenztem Rutschen und Bremsen in einem Riesentorlauf.*
- ❑ *Experimentieren mit der Skistellung: Mittleres Schwingen bei höherem Tempo und verschieden breiter Skistellung. Dabei erkennen, daß eine etwa hüftbreite Skistellung günstig sein kann.*
- ❑ *Experimentieren mit dem Innenski:*
  - *Die ganze Kurve nur auf dem Außenski fahren: Wie ein »Seiltänzer« fahren.*

Einleitend scheren mit Schneekontakt

Einleitend scheren ohne Schneekontakt

Einleitend scheren

Scheren beim Steuern

- *Den Innenski frühzeitig mitbelasten und seine Kante greifen lassen: Wie auf zwei »Schienen« fahren.*

❑ *Die Skispur studieren:*
- *Wie haben sich die Ski über den Schnee bewegt?*
- *Mehrere Spuren nebeneinander legen und miteinander vergleichen.*

❑ *Hilfreich können **Vorstellungen** sein,*
- *daß der Außenski zunächst mit seiner Kante in den Schnee zu pressen ist, bevor man ihn dreht,*
- *daß die Ski möglichst lautlos durch die Kurve ziehen sollten,*
- *daß nichts an Fahrtwucht im Verlauf des Schwunges verbraucht werden sollte.*

➠ Welche Bewegungen auch möglich sind:
- Schwingen **mit Scheren**: Durch ein Aufscheren der Ski gegen Ende der Steuerphase können Belastungswechsel und Schwungwechsel frühzeitig erfogen. Ferner kann eine hohe Linienführung zwischen den Toren erreicht werden.
  Man kann aber auch erst bei der Schwungeinleitung aufscheren. Dadurch läßt sich die Fahrt beschleunigen oder eine höhere Linienführung erreichen.
- Schwingen **ohne Hochgehen** beim Einleiten: Aus der tiefen Position in der Schwungsteuerung leitet man ohne Hochgehen den Schwung ein. Im Verlauf der Steuerung wird die Körperspannung gelöst, der Körper etwas gestreckt und mit dem Überfahren der Fallinie wieder gebeugt.

Dadurch läßt sich der Luftwiderstand verringern und eine hohe Fahrstabilität erzielen.

Schwingen ohne Hochgehen beim Einleiten

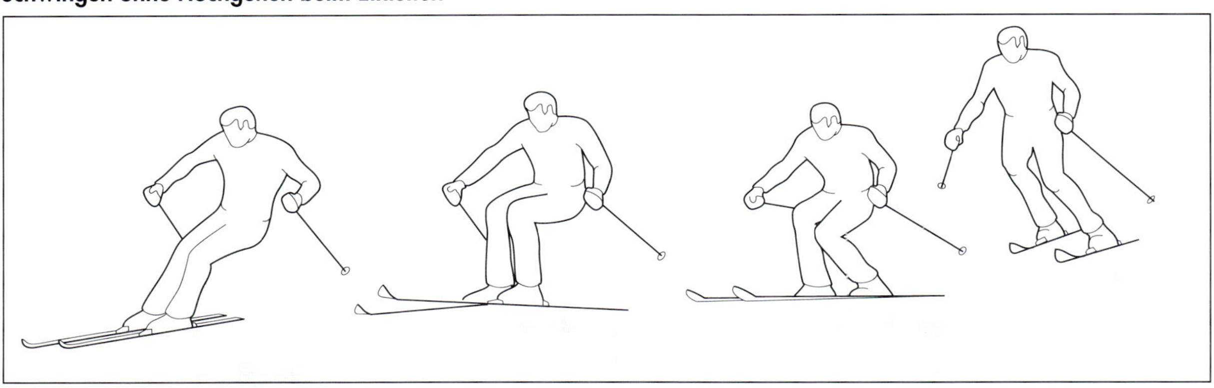

Schwingen ohne Hochgehen beim Einleiten

Kurzes Schwingen mit eng begrenztem Rutschen und Bremsen

Dieses Problem ist die Quadratur des Kreises in der Skitechnik! Wer beim kurzen Schwingen das Rutschen und Bremsen eng begrenzen will, muß das kurze Parallele Grundschwingen in mehrfacher Hinsicht abändern. Auch ergeben sich Unterschiede zum oben beschriebenen mittleren Schwingen. Der Schlüssel für die Problemlösung ist eine ganz spezielle Rhythmisierung.

Zur Bewegungsausführung:

- Das Steuern in einer höheren bis mittleren Körperstellung mit einem verzögerten Tiefgehen und Beindrehen beginnen.
- Mit dem Überfahren der Fallinie bei ruhigem Rumpf das Tiefgehen und das Beindrehen unabhängig vom Rumpf forcieren und den Stockeinsatz vorbereiten.
- Sich aus einer stark gebeugten Körperstellung mit hoher Muskelspannung herausfedern und in den nächsten Schwung hineinbewegen lassen. Dabei auf dem talseitigen Stock abstützen.

Kurz: Verzögern – Forcieren – Herausfedern

Zu den **Funktionen**:

- Durch das anfänglich verzögerte Beugen und Beindrehen bewegen sich die Ski anfänglich auf einer nur wenig gekrümmten Bahn mit begrenztem Rutschen und Bremsen.

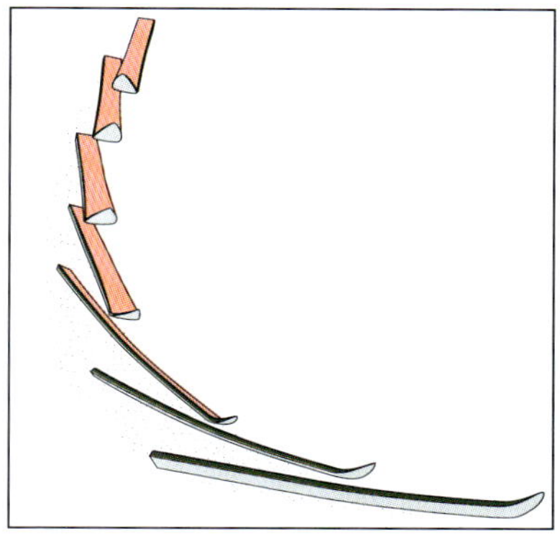

Drehen und Kanten

Kanten, Drehen, Belasten

Schwingen mit eng begrenztem Rutschen und Bremsen

- Durch das forcierte Beugen und Beindrehen werden die Ski beschleunigt gedreht.
- Beim Abbremsen des forcierten Beugens und Beindrehens wird die Streckmuskulatur vorgespannt und der Kantendruck erhöht (Spannungs- und Druckaufbau), das Abrutschen begrenzt.
- Der Druck- und Spannungsaufbau ermöglicht ein schnelles Hochfedern. Dies führt zu einem schnellen Lösen der Kanten und zu einem raschen Schwungwechsel.
- Zum raschen Schwungwechsel tragen auch die durch das forcierte Drehen verstärkten Fliehkräfte bei. Sie lassen den Körper in den nächsten Schwung kippen.

Vorbereitende Aufgaben:

❑ *Kurzes Paralleles Grundschwingen. Dabei versuchen,*
  - *die Ski zunehmend gefühlvoller und langsamer in Drehung zu versetzen,*
  - *die Tiefbewegung zunehmend zu verzögern.*

❑ *Kurzes Schwingen mit einem anfänglich verzögerten Beugen und Beindrehen. Dabei*

und die Tiefbewegung gegen Ende zu forcieren.

- ❑ *Kurzschwunggirlande: Forciert tiefgehen und Außenbein drehen, hochfedern.*
- ❑ *Kurzes Schwingen um kleinräumige Stangenzäune, deren Krümmung zunimmt.*

Zielaufgabe:

- ❑ ***Kurzes Schwingen mit eng begrenztem Rutschen und Bremsen durch betonten Spannungs- und Druckaufbau.***

Erweiternde Aufgaben:

- ❑ *Kurzes Schwingen in Toren (Slalom). Dabei kurz vor der Stange jeweils Beindrehen und Tiefgehen forcieren.*
- ❑ *Kurzes Schwingen auf harter, eisiger Unterlage mit betontem Spannungs- und Druckaufbau.*
- ❑ *Kurzes Schwingen. Dabei den Spannungs- und Druckaufbau durch Sprechen begleiten: »U n d Schupp«.*
- ❑ *Die folgenden Vorstellungen können hilfreich sein:*
  - *In den ersten Teil des Schwunges »schleicht« man ganz ruhig hinein, um dann im zweiten Teil dynamisch und kurz die Ski in den Schnee zu pressen.*
  - *Im Schwungverlauf wird der Körper gegen Ende wie eine Feder schnell zusammengedrückt, die ohne Verzögerung dann wieder zurückschnellt.*
  - *Man stelle sich einen fallenden Ball vor, der nach einem kurzen Bodenkontakt wieder hochprellt.*
  - *Man vergleiche den Kurvenlagewechsel mit der Situation beim Radfahren. Will man eine enge Kurve fahren, so zieht man vorher kurz das Rad in die entgegengesetzte Richtung, wodurch das Kippen in die Kurve schneller einsetzt.*

Springen

Die Schüler konnten schon die verschiedensten Erfahrungen mit dem Springen sammeln. Beispielsweise Hochspringen während einer Schußfahrt, über kleine Schanzen, Wellen, Kanten springen, das Schwingen durch einen Sprung einleiten, über kleine Hindernisse springen.
Jetzt geht es um das sichere Springen bei höherem Tempo, bei dem man möglichst keine Geschwindigkeit verlieren will. Hohes Tempo kann an harmlos erscheinenden Geländeformen oder an kleinen Schanzen zu beachtlichen Sprüngen führen.
Im folgenden soll zunächst beschrieben werden, wie man einen erzwungenen Sprung sicher ausführen kann. Dann wird dargestellt, wie man mit einem aktiven Sprung einen zu erwartenden, möglicherweise gefährlichen Sprung »entschärfen« oder vermeiden kann.
Beim Springen, insbesondere bei höherem Tempo, hat der Lehrer gegenüber seinen Schülern eine hohe Verantwortung. Das Sturzrisiko und die Gefährdung anderer Skifahrer ist so gering wie nur möglich zu halten. Dazu gehört unter anderem, daß man als Lehrer

- nie über aufwärts gekrümmte Schanzen oder Geländeformen springen läßt,
- am Absprung steht und anzeigt, ob der Hang frei ist,
- die Anfahrtsgeschwindigkeit nur ganz bedächtig steigern läßt,
- möglichst nie vom Steilen ins Flache springen läßt,
- dafür Sorge trägt, daß der Aufsprung einigermaßen fest ist.

Sprung über eine Kante

Springen in Hocke

Nicht selten werden bei hohem Tempo durch das Gelände Sprünge erzwungen, die zu größeren Weiten bei relativ flacher Flugkurve führen. In diesem Fall ist es sinnvoll, den Sprung nicht zu umgehen und die Körperstellung des Hockegleitens in der Flugphase weitgehend beizubehalten.

Zur Bewegungsausführung:

- **An die Sprungstelle in Hocke herangleiten und die Flugphase in dieser Körperstellung beginnen.**
- **Während der Flugphase möglichst geduckt bleiben. Die Arme (möglicherweise)**

Springen in Hocke

leicht öffnen und die Beine etwas strecken (lassen).
- In Mittellage landen und dabei die Beine beugen.

Kurz: Geduckt wegfliegen – Beine etwas strecken – Landen und Beine beugen.

Zu den **Funktionen**:
- Durch Verbleiben in der geduckten Körperstellung beim Abflug kann der Körperschwerpunkt ruhig und stabil von der Gleitphase in die Sprungphase bewegt und eine stabile Fluglage erreicht werden. Ferner läßt sich der Luftwiderstand möglichst gering halten.
- Durch ein leichtes Öffnen der Arme kann man die Fluglage regulieren.
- Das »Ausfahren« der Beine ermöglicht, daß diese beim Landen durch Beugen den Landedruck abfedern können.
- Durch Landen in Mittellage wird erreicht, daß man dabei weder nach vorne noch nach hinten stürzt.
  Das schnelle Erreichen der Hockposition nach dem Landen vermeidet einen größeren Tempoverlust.

Vorbereitende Aufgaben:
- ❏ *Schußfahren über eine kleine Schanze bei mäßigem Tempo. Dabei immer geduckter anfahren. Schließlich in Hocke über die Schanze gleiten.*
- ❏ *Wie eben, jedoch über eine Schanzenkette fahren.*
- ❏ *Hockegleiten über eine leichte Geländeform. Dabei die Geschwindigkeit allmählich steigern, bis Gelände und Tempo einen Sprung herbeiführen. Das Tempo vorsichtig weiter steigern, so daß die Sprungweiten in kleinen Schritten zunehmen.*
- ❏ *In Hockstellung über eine Schanze zunächst bei geringem Tempo springen. Während der Flugphase die Beine bewußt etwas vom Rumpf wegstrecken und beim Landen beugen.*

Zielaufgabe:
❏ *In Hocke bei höherem Tempo springen.*

Erweiternde Aufgaben:
- ❏ *An einer Schanze oder Geländeform auch andere Sprungtechniken probieren:*
  - *Springen mit Hochstrecken.*
  - *Springen mit anfänglichem Hochstrecken und anschließendem Anhocken der Beine.*
  - *Springen mit leichtem Grätschen der Beine.*
  - *Springen ohne Stöcke mit verschiedenen Techniken. Dabei mit den Armen experimentieren: Die Arme zur Seite strecken, die Arme am Körper anlegen, mit den Armen »rudern«.*
- ❏ *In Hockstellung springen. Schätzen, wie weit und wie hoch der Sprung war.*
- ❏ *Beim Springen in Hockstellung mit der Armführung experimentieren:*
  - *Die Arme verschieden stark öffnen.*
  - *Die Arme mal mehr nach vorne, mal mehr nach unten strecken.*
- ❏ *Mit verschiedenen Körperspannungen springen: Während der Flugphase durch hohe Muskelspannung die Hockstellung möglichst bis kurz vor der Landung beibehalten bzw. bei geringer Muskelspannung den Körper »aufmachen«.*
- ❏ *Experimentieren mit dem Landen: Springen in Hocke und mäßigem Tempo. Dabei*

- *den Landedruck möglichst gleichmäßig auf beide Ski verteilen oder mehr den linken oder rechten Ski belasten,*
- *den Landedruck mal härter, mal weicher abfangen.*

Dabei die Druckempfindungen an den Füßen, die Spannungsempfindungen in der Beinmuskulatur und die Auswirkungen auf das Gleichgewicht bewußt machen (Wird man beim Landen nach vorne oder hinten gedrückt?).

- ❑ *Nach einem Sprung in Hocke*
  - *geradeaus weitergleiten,*
  - *Kurvengleiten,*
  - *Schwingen.*
- ❑ *In einem weit gesteckten Lauf Hockegleiten geradeaus, Kurvengleiten und Springen in Hocke miteinander verbinden.*
- ❑ *Springen in Hocke und dabei ganz leicht aus der Richtung springen.*
- ❑ *Die folgenden Vorstellungen können hilfreich sein:*
  - *Beim Springen in Hocke stelle man sich vor, wie eine Kugel, die den Gewehrlauf verläßt, durch die Luft zu fliegen.*
  - *Man stelle sich ein Flugzeug vor, das vor dem Landen das Fahrgestell nach unten ausfährt.*

Vorspringen

Erzwingen Tempo und Gelände weite und hohe Sprünge, bei denen das Landen gefährlich ist, wird man versuchen, derartige Sprünge zu umgehen oder zu entschärfen. Dies könnte man natürlich durch vorheriges Bremsen oder Ausweichen tun. Will man aber weder Tempo einbüßen noch eine bestimmte Linienführung aufgeben, ist eine andere Lösung anzustreben. Dazu muß man **vor** der Stelle, an der ein Sprung erzwungen wird, schon **wegspringen** und diese **überspringen**. Kurz: Man muß **vorspringen**.

Zur Bewegungsausführung:

- **An die Sprungstelle in Hocke herangleiten, ganz leicht aufrichten und Arme öffnen.**
- **Vor der zu erwartenden Sprungstelle abspringen. Dabei zunächst leicht hochspringen, dann sofort die Beine anhocken und die Arme nach unten führen.**
- **Über die zu erwartende Sprungstelle fliegen, landen und weitergleiten.**

Kurz: Wegspringen – Überfliegen – Landen

Zu den **Funktionen**:

- Durch das leichte Aufrichten verschafft man sich eine für die folgende aktive Sprungbewegung günstige Gelenkstellung.
- Durch Hochspringen und Anhocken der Beine wird der Bodenkontakt unterbrochen.
- Durch Öffnen der Arme können diese beim Anhocken nach unten geführt werden und diese Bewegung unterstützen.
- Durch das Überspringen der Stelle, an der ein Sprung erzwungen wird, läßt sich die Wirkung des Geländes ausschalten.

Vorbereitende Aufgaben:

- ❑ *Beim Schußfahren quer zur Fahrtrichtung liegende Stangen überspringen:*
  - *durch Hochspringen,*
  - *durch Hochspringen und Anhocken,*
  - *durch Hochspringen, Anhocken und dabei die Arme betont nach unten führen.*
- ❑ *Wie eben. Dabei in immer tieferer Körperstellung anfahren, das Hochspringen abbauen und das Anhocken verstärken.*
- ❑ *Wie eben, jedoch beim Hockegleiten.*

Vorspringen

- ❏ *An einer Geländeform zunächst die Stelle ermitteln (Springen in Hocke), an der man abgehoben wird. Diese z. B. durch eine quergelegte Stange markieren. Dann versuchen, die Stange zu überspringen.*

Zielaufgabe:

- ❏ *An Geländeformen oder an Schanzen durch Vorspringen einen erzwungenen Sprung vermeiden oder entschärfen.*

Erweiternde Aufgaben:

- ❏ *Vorspringen. Dabei die Beine nur anhocken und die Arme sofort nach unten »reißen«.*
- ❏ *An derselben Stelle einmal in Hocke springen, dann auch vorspringen.*
- ❏ *An einer Geländeform mit verschiedenen Sprungtechniken experimentieren. Dabei die Zusammenhänge zwischen Flugkurve, Fluglage, Sprungweite und Landen bewußt machen und analysieren.*

Wissenswertes für Skischüler

Wer sich an präzisen Fahrlinien und am Tempo orientiert, muß seine Ausrüstung sorgfältig in Schuß halten. So sind die Ski für jeden Skitag zu präparieren. Dies gilt einmal für die Kanten; schon ein geringer Verlust an Schärfe oder winzige Schläge setzen den Kantengriff so deutlich herab, daß insbesondere bei harten Schneeverhältnissen keine präzise Linienführung möglich ist. Gleiches gilt für die Lauffläche. Auch sie muß während einer Saison mehrfach geschliffen und regelmäßig gewachst werden. Es ist auf jeden Fall empfehlenswert, im Fachhandel die notwendige Grundausstattung für die Skipflege, Tuning genannt, zu kaufen und sich entsprechende Kenntnisse und praktische Fähigkeiten anzueignen. Skilehrer, Sportartikelhändler und einschlägige Fachliteratur können helfen. Man kann so nach einiger Zeit das individuell und situativ beste Tuning herausfinden.
Daneben ist auf einen guten Sitz der Schuhe hinzuweisen. Das höhere Tempo kann nur dann präzise und sicher beherrscht werden, wenn die Steuerkräfte direkt auf die Ski übertragen werden. Umgekehrt können Empfindungen und Informationen bezüglich Schnee und Gelände nur dann registriert werden, wenn sie über einen gut sitzenden Stiefel dem Körper vermittelt werden.
Macht das Fahren mit Stangen Spaß und sucht den Wettkampf, so sollte man in eine rennsportliche Ausbildung einsteigen. Zu diesem Zweck kann man Spezialkurse in Skischulen besuchen und sich einem Verein anschließen.

Wissenswertes für Skilehrer

Lehrer, die mit ihren Schülern an den Zielsetzungen dieses Kapitels arbeiten, haben eine besonders hohe Verantwortung. Setzt man Stangen, so ist folgendes unbedingt zu beachten:

- Tore darf man auf öffentlichen Pisten nur mit der Erlaubnis der zuständigen Stelle setzen.
- Zu beiden Seiten des Torlaufs muß ein genügend großer Sturzraum, am Ende ein dem Fahrtempo angepaßter, gesicherter Raum zum Anhalten vorhanden sein.
- Torläufe dürfen nur bei ausreichender Schneelage gesetzt werden. Der Boden sollte nach Möglichkeit nicht zum Vorschein kommen. Tritt dies dennoch an einer Stelle auf, muß der Lauf umgesetzt werden.
- Verschlechtert sich nach einigen Fahrten die Spur so stark, daß der Lauf nicht mehr sicher, flüssig und technisch sauber befahren werden kann, sollte man unverzüglich den Lauf umsetzen oder neu setzen.
- Stangen und »Pilze« müssen so gesichert werden, daß sie sich nicht lösen und den Hang hinabschießen können. Gleiches gilt für Bohrer und Eisenstangen, die man für das Befestigen der Torstangen einsetzt.

Das Setzen von Läufen will gelernt sein. Man muß darauf achten, daß die Fahrlinie

- weder zu eckig noch zu geradlinig verläuft,
- keine plötzlichen Rhythmuswechsel enthält, die für die Läufer regelrechte Fallen sind,
- geländeangepaßt ist,
- leicht gemerkt werden kann.

Es empfiehlt sich, die Läufe erst selber zu befahren und notfalls den Kurs noch zu korrigieren.

Wissenswertes für Skischulen

Jede Skischule braucht in einem ihr angemessenen Umfang Material für einen zeitgemäßen Unterricht.
Für den Bereich Stangenfahren sind Absperrbänder und Torlaufstangen (auch kurze »Stummelstangen«) unerläßlich, »Pilze«, Sprechfunkgeräte, Bohrer und Torlaufflaggen empfehlenswert.
Wichtig ist, daß dieses Material in einem guten Zustand ist. Gesplitterte oder abgebrochene Stangen müssen sofort aus dem Verkehr gezogen werden. Die Stangen müssen mit Bremsvorrichtungen ausgerüstet sein. Zweige und Fähnchen sollten aus Gründen des Umweltschutzes und der Sicherheit nicht eingesetzt werden.
Die Skischule sollte einen möglichst guten Kontakt zu den Schulen und zu den Vereinen pflegen, damit die Talentförderung effektiv gestaltet werden kann.

Gesundheitsbewußtes Fahren

Die Diskussion um das Risiko bei bestimmten Sportarten bringt auch den alpinen Skisport immer wieder ins Kreuzfeuer der öffentlichen Kritik. Es wird die Frage gestellt, ob man überhaupt gesundheitsbewußt skifahren kann oder ob der alpine Skisport bereits so hohe Risikofaktoren in sich birgt, daß er grundsätzlich als gesundheitsgefährdend einzustufen ist. Zugegeben, wer dem »Weißen Rausch« verfallen ist und sich in das Spiel mit der Erdanziehungskraft einläßt, der setzt sich gewissen Gefahren aus und kann Unfälle nicht ganz ausschließen. Es liegt allerdings an ihm selbst, diese Gefahren durch vernünftiges und verantwortungsbewußtes Handeln nicht nur zu verringern, sondern ganz zu vermeiden. Einige Überlegungen zu solchem Handeln und Konsequenzen für die Skitechnik sollen in diesem Kapitel angesprochen werden. Im besonderen werden Ratschläge für eine unterrichtliche Betreuung älterer Skifahrer und der »Wiedereinsteiger« nach Verletzungen gegeben, um durch schonendes Skifahren weiter oder wieder mit Freude und Genuß diesem Sport nachgehen zu können.

Allgemeine Regeln und Empfehlungen

Das Parallele Grundschwingen und die grundlegenden Veränderungsmöglichkeiten beherrschen!

Jeder Skifahrer sollte sich als Ziel setzen, das Parallele Grundschwingen und seine Möglichkeiten der Anpassung an unterschiedliche Situation zu beherrschen. Mit diesem Können wird die Unfallgefahr erheblich verringert. Auch erweist sich die Beherrschung der Fahrtechnik, der koordinativ verbesserte Muskeleinsatz innerhalb des Bewegungsablaufs als belastungsmindernd für das Herz-Kreislauf- System.

Abfahren mit maßvollem Tempo!

Maßvolles Fahrtempo bringt geringere Muskelanstrengung, weniger Preßatmung und geringeren Streß, also auch niedrigeren Puls (geringere Angst vor Geländebewältigung und Stürzen) mit sich. Dies hat positive Rückwirkung auf die Herz-Kreislauf-Belastung.

Steiles Gelände, Buckel- und Eispisten nur in Ausnahmefällen abfahren!

Wird dieser Rat eingehalten, können extreme Körperstellungen mit Dreh-, Knick- und Stoßbelastungen auf Gelenke und Wirbelsäule vermieden werden. Die »Stoßdämpferfunktion« der unteren Extremitäten wird weit weniger in Anspruch genommen.

Lange Kurzschwungabfahrten nur in Ausnahmefällen anwenden!

Diese Fahrweise führt zu hoher Herzbelastung, größeren Körpertorsionen und stärkeren Stoßbelastungen. Das Abfahren mit mittleren und langen Schwüngen sollte deshalb zur Regel werden.

Das Steuern auf der Kante den Jungen und gut Trainierten überlassen!

Durch Steuern mit geringem Kanteneinsatz treten weit schwächere Belastungen in den Hüft- und Kniegelenken wie auch in der Wirbelsäule auf.

Die Fahrdauer dosieren!

Nur der gut Trainierte sollte längere Abfahrten ohne Unterbrechung durchführen. Für weniger körperlich vorbereitete Skifahrer kann es durch lange, vorwiegend statische Muskelbelastung zu Verkrampfungen kommen. Dies erhöht die Sturzgefahr.

Körperliche und fahrtechnische Ermüdungsanzeichen beachten!

Häufen sich überdurchschnittlich hohe Puls- und Atemfrequenzen, gerät man öfter in Rücklage, verkantet man zunehmend häufiger und gelingen einem die Schwünge nicht mehr so wie immer,dann wird es höchste Zeit, eine Pause einzulegen oder gar den Skitag zu beenden.

Eine erträgliche Gesamtbelastungszeit einhalten!

Mit einer vernünftigen Gesamtbelastungszeit kann das Aufsummieren von eigentlich tolerierten Kurzzeitbelastungen zu einer Überlastung vermieden werden. Als Richtwert können 2 mal 2 Stunden Übungszeit pro Tag gelten. Der Skifahrer sollte nicht Gefangener seiner Liftkarte werden!

Sich durch Sommersport auf den Winter vorbereiten!

Wer körperlich gut vorbereitet die erste Abfahrt beginnt, kann die Verletzungsgefahr erheblich senken. Skigymnastik gehört zum Ganzjahresprogramm und sollte eigentlich Pflicht sein.

Jeden Skitag mit Aufwärmen beginnen!

Aufwärmen gehört an den Anfang jeden Skitags. Der Kreislauf wird auf die Belastung vorbereitet und der Bewegungsapparat mobilisiert. Die ersten Schwünge gelingen gleich viel besser und die Verletzungsgefahr verringert sich. (Ausführliche Hinweise auf der Seite 152).

Schonendes Parallelschwingen

Werden die obengenannten allgemeinen Regeln für gesundheitsbewußtes Skifahren berücksichtigt und zusätzlich schonende Fahrweisen angewandt, können auch Skiläufergruppen alpinen Skisport betreiben, denen bislang von der Ausübung dieser Sportart abgeraten wurde. Dazu zählen insbesondere: Senioren, Wiedereinsteiger in den Skilauf nach längeren Verletzungspausen und auch Gelenk- und Wirbelsäulenpatienten, soweit ärztliche Zustimmung vorliegt.
Erfahrungen belegen sogar, daß alpiner Skilauf zur Wiedergesundung und Erhaltung der Leistungsfähigkeit beitragen kann, wenn die Risikofaktoren ausgeschaltet und eine besonders schonende Fahrweise angewendet wird.
Untersuchungen haben aufgezeigt, daß es zwischen verschiedenen Skifahrtechniken erhebliche Unterschiede in Bezug auf die Belastung der Knie- und Hüftgelenke, der Wirbelsäule und auch der Belastung des Herz-Kreislauf-Systems gibt. Sind die Belastungen der allgemein empfohlenen Skitechniken für den Großteil der gesunden Skiläufer nicht schädigend, so können sie für die eben angesprochenen Skiläufergruppen doch zu erheblichen negativen gesundheitlichen Auswirkungen führen. Es ist deshalb für diese Gruppe angebracht, Fahrweisen mit besonders geringen körperlichen Belastungen zu verwenden.
Wer schonend schwingen will, muß zunächst, wie für das Erreichen aller anderen speziellen Zielsetzungen, allerdings das Parallele Grundschwingen beherrschen. Dieses wird entsprechend den Forderungen einer vornehmlich schonenden Fahrweise modifiziert.

Wie das schonende Schwingen aussehen soll:

- **Aus mittlerer Position den Körper ruhig aufrichten und den Stock einsetzen.**
- **Vor- talwärts in die Kurve kippen und am Stock stützen.**
- **Vorausdrehen mit der Körperaußenseite und dem Außenarm.**
- **Beugen etwa bis zur mittleren Fahrposition.**

Kurz: Aufrichten – Stock – Kippen – Vorausdrehen

Erweiterte Beschreibung und Begründung:

Die parallel-offene Skistellung
Wie beim Parallelen Grundschwingen gewährt sie einen größeren Bewegungsspielraum und verbessert das Regulieren des Gleichgewichtes.
Die hohe Fahrposition
Durch die hohe Fahrposition läßt sich gegenüber der tiefen Beugestellung der Anpreßdruck der Kniescheibenrückseite wie auch die Beanspruchung der Beinmuskulatur beträchtlich herabsetzen.
Das ruhige Aufrichten
Das Aufrichten wird nicht dynamisch, sondern möglichst ruhig ausgeführt. Das Umkanten der Ski erfolgt dadurch weniger durch Entlastung, sondern durch das mit dem Aufrichten verbundene »Sich-in-die-Kurve-Legen«
Das Vorausdrehen mit Körperaußenseite und Außenarm
Mit dem ruhigen Aufrichten und in die Kurve Kippen wird mit der Körperaußenseite und dem Außenarm in Schwungrichtung gedreht. Die Drehung wird dadurch mit dem ganzen Körper auf die Ski übertragen. Die Knie- und Hüftgelenke werden geringer beansprucht als beim Drehen mit Oberschenkel und Knie. Das Vorausdrehen muß von der Dynamik und der Zeitdauer fein dosiert auf den geplanten Kurvenverlauf abgestimmt werden.
Die ausgewogene Außen- und Innenskibelastung
Im Gegensatz zum Parallelen Grundschwingen erfolgt die Belastung beider Ski gleichmäßiger, wenn auch der Außenski in der Regel einen etwas höheren Belastungsanteil besitzen soll. In Verbindung mit der Gesamtkörperhaltung in der Kurvenlage erhöht sich allerdings dadurch die Gefahr des Verschneidens auf dem Innenski. Aus diesem Grunde ist es besonders wichtig, das Gefühl für das »Sich-in-die-Kurve-Legen« besonders ausgeprägt zu entwickeln und zu sensibilisieren. Das Vorausdrehen der äußeren Körperhälfte und des Außenarmes ist in Verbindung mit einem fein dosierten Druckfassen auf dem Außenski ein wirksames Regulativ. Mit zunehmender Erfahrung entwickelt sich auch bald das Gefühl, den Innenski bewußt und gefahrlos für die Drehung und das Abstützen der Kurvenlage einzusetzen.
Die ausgewogene Ballen- und Fersenbelastung
Bei der schonenden Fahrweise ist die ausgewogene Ballen- und Fersenbelastung betont zu fordern. Lediglich das Einnehmen der Kurvenlage führt über das ruhige Hochgehen vor-talwärts zu einem spürbaren Abrollen über den Ballen des Außenfußes. Das Abfangen der Kurvenlage in der Steuerphase muß schnell wieder in eine ausgewogene Fußbelastung führen. Die Fersenbelastung hat in jeder Schwungphase eine verstärkte Gelenk- und Muskelbelastung und eine beträchtliche Störung des Gleichgewichtes zur Folge. Sie darf deshalb keinesfalls toleriert werden.
Der stützende Stockeinsatz
Der Stockeinsatz übernimmt infolge des ruhigen Aufrichtens und des betonten »Sich-in-die-Kurve-Legens« mehr stützende als entlastende Funktion. Der Stock wird dadurch auch häufi-

Schonendes Parallelschwingen

ger etwas länger Bodenkontakt haben.

Hilfreiche Vorstellungen und Empfindungen:
Natürlich verlangt diese Fahrweise auch eine neue »Innenansicht«. Die wichtigste Empfindung ist, daß der Fahrende spüren muß, daß er mit dem ganzen Körper und nicht mit Hilfe mehrerer Körpersegmente über eine Bewegungskette dreht.
Das Gefühl, sich beim Beugen und Strecken wie eine Ziehharmonika vielgliedrig zu bewegen, muß dem Gefühl einer geschmeidigen Hochtiefbewegung mit geringen vertikalen Ausschlägen weichen. Man spürt nach der Hochbewegung und beim Einnehmen der Kurvenlage das Gleiten der Ski auf den bogeninneren Kanten und nach dem Überfahren der Fallinie den zunehmenden Druck auf den Fußsohleninnenrändern. Es muß auch erfahren werden, daß der Kantengriff mehr über das Spannen und Entspannen der Fußmuskeln innerhalb des Skistiefels erzeugt wird, als über das Drehen der Knie zum Hang. Kurz: Der Fahrer muß die Schwünge großzügig und »rund« fahren, sanft von einer Kurve in die andere gleiten und den Ski Zeit zum Drehen geben.

Wie man schonendes Schwingen lernen kann

Aufgabensammlung:

- ❑ *Paralleles Grundschwingen mit mittleren und langen Radien, dabei das Aufrichten immer ruhiger ausführen.*
- ❑ *Wie eben, auch die Beugung langsamer und mit geringerem Umfang durchführen.*
- ❑ *Das ruhige Aufrichten mit einem Vorausdrehen der Körperaußenseite und des Außenarmes verbinden.*
- ❑ *Wie eben, das Vorausdrehen verschieden kräftig ausführen, dabei die unterschiedliche Drehwirkung erspüren.*
- ❑ *Schrittweise die Ausführung des Vorausdrehens »erfahren«, mit der man die kräftesparendste Drehung erzeut.*
- ❑ *Ausprobieren, wie das Vorausdrehen wirkt, wenn man die Arme enger am Körper oder weiter weg führt.*
- ❑ *Das ruhige Aufrichten zunehmend talwärts ausrichten und versuchen, sich stärker »in die Kurve zu legen«, dabei den Außenski zunächst noch deutlich mehr belasten.*
- ❑ *Versuchen, beinahe gestreckt durch die Kurve zu fahren.*
- ❑ *Versuchen, beide Ski gleichmäßig zu belasten.*
- ❑ *Die Schwünge länger rutschend aussteuern. Versuchen, das Rutschen durch ein Aufkanten zu beenden und in die neue Kurvenlage zu kippen. Dabei soll das Aufkanten durch Anspannen der Fußmuskulatur im Schuh mehr über die Knöchel erfolgen als über Oberschenkel und Knie.*
- ❑ *Bei der Schwungsteuerung die Rutschphase durch frühes Aufkanten verkürzen.*
- ❑ *Vorsichtig versuchen, den Innenski ausgangs der Schwungkurve spürbar zu belasten.*
- ❑ *Den Innenski immer früher spürbar belasten.*
- ❑ *Schwünge mit Vorausdrehen und geringem Aufrichten so verbinden, daß man sich von einer Kurve in die andere legt.*
- ❑ *Versuchen, die Schwünge entspannter zu fahren. (»Den Schnee nur streicheln. In die Kurve hineinschweben.«)*
- ❑ *Beim Schwingen vorausschauen, das Gelände genau beobachten und sich die Spur mit den wenigsten »Schlägen« aussuchen.*
- ❑ *Die gleiche Abfahrtsspur öfter im selben Tempo abfahren und versuchen festzustellen, welche Fahrt am wenigsten anstrengend war, bei welcher Abfahrt sich der Puls am wenigsten erhöht hat.*
- ❑ *Wie eben, aber mit unterschiedlichem Tempo abfahren und feststellen, wie das Tempo die Atemfrequenz und die Pulsfrequenz verändert.*
- ❑ *Die Spurbreite bei den Schwüngen verändern und herausfinden, mit welcher Breite man am sichersten und kraftsparendsten abfahren kann.*
- ❑ *Schwünge mit langen Schrägfahrten verbinden; sich dabei in der Schrägfahrt stärker aufrichten und das Körpergewicht mehr vom Skelett als durch Muskelkraft tragen lassen. Während der Schrägfahrt sich bewußt entspannen und den Atem beruhigen lassen.*

Schonendes Fahren in besonderen Situationen

Es gibt Situationen, in denen gute Skifahrer trotz eigener verantwortungsvoller Einschränkung der Gelände- und Schneeanforderungen in die Lage geraten, bestimmte Abschnitte nicht mehr mit Parallelschwüngen bewältigen zu können. Erfahrungsgemäß zeigt sich dann das **Schwingen aus der Bergstemme** als hilfreichste und sicherste Technik. Sie ist auch dann immer angebracht, wenn die Kondition nachläßt und Sturzangst den Fahrer verkrampft.
Für jene, die sich bei parallelen Schwungauslösungen ständig durch ein Gefühl der Unsicherheit und vielleicht auch der Angst vor dem Übergang in die Fallinie belastet fühlen, ist das Schwingen aus der Bergstemme als Grundtechnik zu empfehlen. Auch mit Stemmschwüngen kann man sehr genußvoll und elegant abfahren, und sichere »Bergstemme-Fahrer« werden auch in die Meisterklasse eingestuft!

Wie Schwingen aus der Bergstemme variiert werden kann:

Den Verhältnissen und Zielsetzungen angepaßt, kann die Bergstemme sehr verschieden ausgeführt werden. Man kann den Bergski bis in die Fallinie drehen oder aber auch direkt aus einer kurzen Bergstemme den Schwung ansetzen. Der schonenden Fahrweise entsprechend, erfolgt das Ausstemmen des Bergski in Verbindung mit dem ruhigen Aufrichten des Körpers. Mit dem Beisetzen des Talski zum Bergski verbindet sich das Abstützen am Talstock und das vor-talwärts Kippen in Kurvenlage. Das Austemmen kann sowohl ohne als auch mit Schneekontakt erfolgen.

Wie das schonende Schwingen aus der **Bergstemme** aussehen soll:

- **Aus der mittleren Position ruhig aufrichten, gleichzeitig den Bergski bergwärts ausstemmen und den Stockeinsatz vorbereiten.**
- **Die Belastung wechseln, auf dem Stock abstützen, den Talski zum Bergski beidrehen und mit dem Körper vor- talwärts kippen.**
- **Mit der Körperaußenseite und dem Außenarm vorausdrehen.**

Kurz: Aufrichten und Stemmen und Belastungswechsel und Stockeinsatz – Bergski beidrehen und Kippen – Vorausdrehen

Wissenswertes für Skischüler

Vernüftigerweise sollte jeder Skifahrer grundlegende Verhaltensweisen für gesundheitsbewußtes Skifahren beachten. Diese fordern aber nicht ausschließlich, nur langsam, vorsichtig und kraftsparend zu fahren. Wer hohes Können beherrscht, große Erfahrung besitzt und gesund ist, kann sich hohen Forderungen im Gelände und Schnee stellen, auch einmal am Limit fahren und sich körperlich voll ausgeben. Spürt er aber dann eines Tages, daß seine Kraft, Schnelligkeit und Ausdauer, seine Beweglichkeit und Reaktion, aus welchen Gründen auch immer, geringer werden, sollte dies ein Signal für weise Beschränkung sein. Damit muß der Fahrgenuß und das Bewegungserlebnis noch lange nicht eingeengt werden, im Gegenteil: durch eine veränderte Fahrtaktik und Technik kann sich eine skiläuferische Wiedergeburt anbahnen.
Für alle, die zu den Gruppen der Senioren, der Wiedereinsteiger nach Verletzungspause und insbesondere der Gelenk- und Wirbelsäulenpatienten gehören, ist zu empfehlen, sich regelmäßig ärztlichen Rat zu holen. Sie sollten dann zusätzlich ihre Fahrtechnik auf eine besonders schonende Fahrweise umstellen, um die körperlichen Belastungen möglichst gering zu halten.
Für alle Skifahrer ist es jedenfalls wichtig, sehr früh das Gefühl und Gespür für das eigene Wohlempfinden zu entwickeln. Sie sollten lernen, in sich hineinzuhorchen, um rechtzeitig zu empfinden, wann der Tatendrang gebremst oder eingeschränkt werden muß.
Skilauf kann dann bis in das hohe Alter dazu beitragen, die Gesundheit, Leistungsfähigkeit und Lebensfreude zu erhalten.
Eine wichtige Voraussetzung für schonendes Skifahren ist die entsprechende Ausrüstung. Der falsche Skityp und eine vernachlässigte Skipflege können das Schwingen geradezu kraftraubend gestalten. Wer schonend skifahren will oder muß, benötigt einen hochwertigen Ski mit herausragenden Eigenschaften. Nur dann erhält er von ihm die nötige Unterstützung für ökonomisches Fahren.
Folgende Eigenschaften sollten die Auswahl leiten: gutes Schwungauslöseverhalten, hohe Wendigkeit und guter Kantengriff.
Eine Grundforderung ist die sorgfältige Skipflege. Die Ski müssen möglichst vor jedem Skitag gewachst werden, um das Drehen zu erleichtern. Die Qualität der Skikanten ist laufend zu überprüfen. Gepflegte Kanten erleichtern das Drehen und Steuern und tragen damit wesentlich zu einer geringeren körperlichen Gesamtbelastung bei. Ein wichtiger Hinweis: die Kanten müssen nach dem Schärfen im Bereich der Schaufel (bis ca. 20 cm von der Schaufelspitze) und am Skiende (bis ca. 10 cm vom Skiende) abgerundet werden. Das Bearbeiten der Kanten ist eine kleine Kunst, gute Fachgeschäfte beherrschen sie. Noch besser ist der eigene individuelle Schliff. Die Mühe, sich dieses Können zu »erschleifen«, lohnt sich in jedem Fall.
Die Schuhe sollten der Fußform gut angepaßt sein. Keinesfalls dürfen sie zu groß gekauft werden. Gerade für schonendes Fahren ist ein guter Kraftschluß gefordert. Hohe Stoßdämpferqualität sind natürlich ein ganz entscheidendes Auswahlkriterium. Gesundheitsbewußtes Skifahren setzt auch dringend eine individuell abgestimmte Bindungseinstellung voraus. Diese kann nach Beratung durch elektronische Verfahren im Fachgeschäft durchgeführt werden.
Noch ein wichtiger Rat! So wie man jede Abfahrt mit Aufwämen beginnt, sollte man jeden Skitag mit einer Entspannungsphase beenden (z.B. Schwimmen, Sauna, Massage, Spazieren).

Schonendes Schwingen aus der Bergstemme

Wissenswertes für Skilehrer

Es wurde bereits wiederholt angesprochen, welch große Bedeutung eine gut geplante Gruppeneinteilung und Unterrichtgestaltung für eine individuelle Förderung hat. Eine noch größere Verantwortung trägt der Lehrer bei der Betreuung von Kursteilnehmern, deren Leistungsfähigkeit mehr oder weniger eingeschränkt ist. Für ihn gelten dann im besonderen eine Reihe wichtiger **Forderungen**:

- Der Lehrer muß sich informieren, was seine Schüler noch sportlich leisten können. Er soll dazu die Belastbarkeit durch einfache Konditions- und Koordinationsübungen mit und ohne Ski testen. Auch ein vertrauliches Informationsgespräch mit dem Schüler kann angebracht sein.
- Sind die Schüler einer Gruppe im Alter sehr unterschiedlich, müssen die Leistungsunterschiede dringend beachtet werden. Ansonsten kann es leicht zu Überforderungen kommen.

- Das methodische Vorgehen muß insbesondere die verminderte Kraft, geringere Beweglichkeit der Gelenke und die verminderte motorische Steuerungs- und Umstellungsfähigkeit berücksichtigen.
- Der Skilehrer muß immer wieder versuchen, das Selbstvertrauen der Schüler zu stärken. Dies gelingt vor allem durch kleine Lernschritte und individuell angepaßte Aufgabenstellungen.
- Risikofaktoren wie z. B. überfordernde Gelände- und Schneeverhältnisse, zu lange aktive Übungszeiten und zu hohes Fahrtempo sind dringend zu vermeiden.
- Körperliche Ermüdungszeichen wie z. B. »müde Beine«, Unkonzentriertheit, Atemnot, sehr starkes Schwitzen, Gleichgewichtsstörungen, Schmerzen und Herzunregelmäßigkeiten müssen sofort beachtet werden und zu entsprechenden Maßnahmen führen (Pause, Bergwacht, Arzt). Auch zunehmendes Stürzen ist ein Zeichen von Ermüdung.
- Der Skilehrer ist dringend angehalten, mit einer Aufwärmeinheit zu beginnen. Dabei gilt, je älter die Schüler, desto länger und schonender die Aufwärmzeit.
- Als vornehmliches Unterrichtsziel soll der Skilehrer die Aufgabe sehen, die Geselligkeit und Kommunikation in der Gruppe, Freude und Zufriedenheit bei den Schülern zu verstärken.

Wissenswertes für Skischulen

Die Skischule sollte die Gruppeneinteilung nach Alter und Leistung sehr gründlich und verantwortungsbewußt durchführen. Große Alters- und Leistungsunterschiede, vor allem aber auch zu große Gruppen lassen eine individuelle Betreuung nicht zu und führen unweigerlich zu körperlicher Über- oder Unterforderung.
Die Skischule sollte eine direkte Zusammenarbeit mit einem örtlichen Arzt anstreben, um sich bei der Betreuung von Schülern mit gesundheitlichen Beschwerden beraten zu lassen oder, wenn nötig, auch schnell Kontakt mit ihm aufnehmen zu können.
Skischul- oder Vereinsveranstaltungen oder auch andere Betreuungsmaßnahmen über die reine Kurszeit hinaus tragen wesentlich zur Förderung der von den Schülern erwarteten Geselligkeit in den Gruppen bei und werden dankbar angenommen.

Ästhetisches Fahren

Ästhetisches Fahren

Häufig sieht man Skifahrer, deren perfekte, elegante Fahrweise beeindruckt. Ihre Bewegungen sind formvollendet und harmonisch. Die Schwünge werden in den Schnee gezaubert. Skilauf wird Kunst!
Dann sehen wir auch Skifahrer, die ganz den Genuß der Bewegung in Schnee und Gelände im Sinn haben. Gleiten, Kurvenfahren, Geländewellen, herrlicher Schnee usw. vermitteln ihnen offensichtlich eine Vielzahl positiver Empfindungen, Gefühle und Genüsse.
Beide Gruppen von Skifahrern, die **Schönskifahrer** wie die **Genußskifahrer** verbinden mit den Bewegungen ein hohes Maß an sinnlichen Wahrnehmungen, sie betonen die **Bewegungsästhetik**.
Die schwungvollen Bewegungen in Verbindung mit dem Element Schnee, vielfältige Gelände- und Hangformen und eine traumhafte Bergwelt begründen, warum der Skisport sich geradezu anbietet, Bewegungsästhetik zu erleben.

Elegantes Skifahren: Schönskifahren

In jeder Kultur versucht man, das Schöne zu thematisieren. In Kunst, Musik und Architektur, im Alltag und im Sport wird es angesprochen. Einen schönen Körper zu besitzen ist ebenso erstrebenswert wie schöne Bewegungen ausführen zu können, bei denen Eleganz, Formvollendung und Leichtigkeit angestrebt werden. Dies gilt insbesondere für das Skifahren. Es stellt sich die Frage, durch welche Merkmale das schöne Skifahren gekennzeichnet ist. Wichtige Merkmale sollen im folgenden beschrieben werden.

Der weiche, leicht zeitgedehnte Bewegungsrhythmus

Der Gang eines Models auf dem Laufsteg wirkt ausgeformt, weder hastig noch schleppend, elastisch und rhythmisch. Jeder Schritt sitzt. Es gibt Parallelen zum Schwingen!

Ästhetisches Parallelschwingen

Ästhetisches Schwingen mit Bergstemme

❑ *Die Schwünge werden ausgefahren, d.h., daß man sie jeweils betont aus der Fallinie »herauszieht«. Nur ausgefahrene Schwünge wirken zeitgedehnt. Die Schwungbewegung verliert an Hast, nicht aber an Dynamik, weil durch das betonte Drehen der Ski die Körperspannung zunimmt und sich beim Schwungwechsel wieder löst.*

❑ *Der Wechsel von Spannung und Entspannung wird durch eine weich federnde Hochtiefbewegung verstärkt. Auf das elastische Abfangen der Tiefbewegung folgt unmittelbar eine zügige, jedoch nicht sprunghafte Hochbewegung.*

❑ *Die besonders faszinierende Rhythmisierung ergibt sich auch dadurch, daß der dynamische Höhepunkt am Schwungende liegt. Dies wird erreicht, wenn man Drehen, Kanten und Beugen beim Fahren über die Fallinie dezent forciert. Diese auf das Schwungende zentrierte Spannung ermöglicht, sich ganz weich in den nächsten Schwung hineinbewegen zu können.*

Der fließende, runde Bewegungsablauf

Nirgendwo sonst wird das Fließen der Bewegung mehr betont als beim Tai-chi. Es scheint, als gäbe es weder Anfang noch Ende. Auch die geschmeidige Fortbewegung der Schlangen ist beeindruckend fließend und rund. Eine elegante, schöne Schwungfolge zeichnet sich gerade auch durch dieses Bewegungsmerkmal aus.

- *Vor allem kann man durch gutes Timing der Hochtiefbewegung für einen fließenden Bewegungsablauf sorgen. So ist die Vertikalbewegung in der Steuerphase auf den ganzen Kurvenverlauf zu verteilen. Die Übergänge von der Tief- zur Hochbewegung und umgekehrt dürfen keine Stillstände aufweisen. Hilfen, den Bewegungsfluß zu verbessern und die Schwünge zunehmend zu verschmelzen, sind:*
  - *Mitsprechen: »H o c h – T i e f«.*
  - *Vorstellen von regelmäßig wellenförmigen Kurven.*
  - *Betont gleichmäßiges Ein- und Ausatmen.*
- *Neben der Hochtiefbewegung ist auch die Fahrspur zu beachten. Sie muß ohne Ecken rund gekrümmt sein und sollte sich ohne Geradeausfahrt förmlich in die nächste »hineinschlängeln«.*
- *Die Schwünge kann man mit folgendem raffinierten Trick besonders fließend miteinander verbinden: Oberkörper und Arme werden schon gegen Ende des alten Schwunges, wenn die Ski noch in die alte Richtung drehen, bereits in den neuen Schwung bewegt. Rumpf und Arme eilen also Ski und Beinen voraus. Man spricht von der sogenannten* ***Antizipationsbewegung****.*
- *Die Arm-Stock-Bewegungen prägen oft entscheidend den ästhetischen Eindruck. Sie müssen fließend und rund in die Gesamtbewegung eingepaßt werden. Hektische Ausgleichsbewegungen stören den Eindruck des Schönskifahrens.*

Der harmonische Bewegungsablauf

In der Baukunst gefällt das harmonische Verhältnis von Länge zu Breite (»Goldener Schnitt«), in der Musik das harmonische Zusammenklingen von Tönen. Auch die Teile der Bewegungen sind ausgewogen aufeinander abzustimmen, zu harmonisieren.

- *Links- und Rechtsschwung sollten weitgehend spiegelbildlich sein. Jeder Skifahrer weist zwar mehr oder weniger deutliche Unterschiede zwischen Links- und Rechtsschwung auf, sollte diese aber weitgehend ausgleichen.*
- *Der harmonische Gesamteindruck leidet oft auch durch die Armbewegung. Die Arme sollten möglichst symmetrisch zum Rumpf, im Ellbogen leicht abgewinkelt, seitlich vor dem Körper auf einer Höhe zwischen Knie und Hüfte geführt werden. Die Stöcke sollten nach hinten gerichtet und zueinander etwa parallel ausgerichtet sein.*
- *Die Ausgewogenheit ist auch für den dynamischen Ablauf zu fordern. Die Vertikalbewegungen bei der Schwungeinleitung und Schwungsteuerung sollten von vergleichbarer Dynamik sein.*

Der kontrollierte, störungsfreie Bewegungsablauf

Die bisher beschriebenen Merkmale einer schönen Schwungbewegung kommen nur dann zur Geltung, wenn die Schwungfolge kontrolliert und störungsfrei abläuft. Deshalb ist zu versuchen, über eine längere Strecke den selbstgewählten Rhythmus einzuhalten. Unregelmäßigkeiten bei Schnee und Gelände sind zu ignorieren. Konstanz geht vor Anpassung. Deshalb ist es besser, wenn gut präparierte, ebenmäßige Hangabschnitte gewählt werden.

Die positiven Empfindungen beim Schwingen: Genußskifahren

Jeder erinnert sich an die faszinierenden, nicht alltäglichen Bewegungsempfindungen von Schaukel, Rutsche, Karussell, Achterbahn, usw.. Tolle Gefühle erleben Skateboarder auf einer Rampe, Snowboarder in der Halfpipe. Auch das Skifahren hält eine Reihe einzigartiger, herrlicher Empfindungen und Sinneseindrücke bereit. Ursache hierfür ist das extreme Reizen unserer Sinnesorgange durch ungewöhnliche Beschleunigungs- und Bremswirkungen in ungewöhnlichen Lagen. Hierfür einige Beispiele:

- *Das befreiende Schweben talwärts, wenn ein Schwung durch Hoch- oder Sprungentlastung eingeleitet wird.*
- *Das einzigartige Fliegen, wenn man über eine Schanze, Kante oder Welle springt.*
- *Der deutliche Kontrast zwischen Leichtigkeit und Schwere, wenn man über langgezogene Wellen gleitet.*
- *Der Wechsel zwischen Eintauchen und Auftauchen beim Schwingen im Tiefschnee.*
- *Der Reiz des Steilwandfahrens, wenn man einen Schräghang oder eine weite Rinne hinaufschwingt, oben abgebremst wird und wieder nach unten schießt.*
- *Die Rasanz der Geschwindigkeit, wenn man in einer stabilen Hockposition dahingleitet.*

- *Das Erlebnis einer extremen Kurvenlage, wenn bei griffigem Schnee, trotz hohem Tempo, die Ski präzise durch die Kurve ziehen.*
- *Die federleichte Schwungeinleitung an kleinen Wellen oder an einem fallenden Rücken.*
- *Der Sog des Bewegungsrhythmus, wenn die Kurzschwünge ineinander fließen, wenn ein Schwung den nächsten schon in sich trägt und eine Vielzahl von Schwüngen miteinander verschmelzen.*
- *Das butterweiche Schwingen auf einem leicht aufgefirnten Schnee, wenn jede Bewegung mit traumwandlerischer Sicherheit gelingt.*

Genußskifahren

Formen- und variantenreiches Fahren

Sportbereiche und Sportarten können sehr unterschiedlich sein. Es gibt welche, bei denen seit vielen Jahrzehnten stets die gleichen Zielsetzungen verfolgt und nur in größeren Zeitabständen neue Bewegungen entwickelt werden. Es gibt aber auch andere, bei denen Monotonie nicht aufkommt, weil ständig neue Ziele und immer wieder neue Bewegungsformen gefunden werden.
Dieses Kapitel will aufzeigen, daß auch das Skifahren in dieser Weise betrieben werden kann. Es stellt den »Reichtum« der Ziele und Bewegungen des alpinen Skilaufs heraus, indem es ganz speziell auf das formen- und variantenreiche Fahren eingeht. Damit wollen wir im deutschen Skilehrwesen Verschiedenes verfolgen:

– Mit und durch Skifahren sollen alle Skifahrenden ihre Bewegungsvielfalt fördern können.
– Mit vielfältigem und variantenreichem Skifahren soll Dogmatismus vermieden werden: es wird nicht nur eine richtige Form, sondern mehrere richtige Formen des Skifahrens geben.
– Mit vielfältigem und variantenreichem Skifahren kann man dem individuellen Bewegungsbedürfnis vieler entgegenkommen: in gewisser Weise darf »jeder nach seiner Facon selig werden«.
– Variantenreiches Skifahren eröffnet und vergrößert die Bewegungsspielräume des einzelnen und verringert somit den Zwang, etwas nur so zu machen, wie (schlechte) Lehrer es vorschreiben, und
– Skifahren ermöglicht vor allem durch seine Vielfalt eine freudvolle und interessante Freizeitgestaltung.

Die folgenden Ausführungen sprechen wesentliche Aspekte des Reichtums der alpinen Skifahrformen an, beanspruchen aber keine Vollständigkeit. Sie sind als Anregung für Lehrende und Lernende gedacht, aus dem Skilauf das herauszuholen, was er in seiner Vielfalt anbieten kann.

Variieren der Zielsetzungen

Das Skifahren mag oberflächlich gesehen nur mit dem einzigen Ziel verbunden sein, einen Hang mehr oder weniger kurvenreich und sicher abzufahren. Dies ist richtig, wenn man an die ersten skifahrerischen Aktivitäten denkt. Sowie man jedoch entsprechende Fortschritte gemacht hat, lassen sich neue und differenziertere Ziele verfolgen. Im folgenden werden einige besonders herausgehoben.

Aufwand und Einsatz beachten

Wie bei kaum einer anderen Sportart kann man sich beim Skifahren bezüglich des Aufwands und des Einsatzes sehr unterschiedliche Ziele setzen.

Ökonomisch und kraftsparend abfahren

Skifahren kann man unter das Ziel stellen, so ökonomisch und kraftsparend wie möglich abzufahren. Dies gelingt, wenn man z. B. geringe Hoch- und Tiefbewegungen ausführt, die Kanten nur mäßig einsetzt und mittlere bis größere Kurvenradien bevorzugt, also Schonskilauf betreibt. Skifahren in dieser Weise macht Sinn, wenn man sich am Anfang einer Skiwoche befindet und den Stress des Alltags noch nicht abgelegt hat oder wenn man schon etwas in die Jahre gekommen ist, dennoch das Skifahren weiterbetreiben will, usw.
Ebenso ergibt sich kraftsparendes und ökonomisches Skifahren, wenn man versucht, so weich und lautlos wie möglich mit runden Schwüngen abzufahren. Das gelingt dann besonders gut, wenn man sich das entsprechende Gelände, eine passende Spur und passende Schwungformen aussucht.

Mit viel Aufwand und hohem Einsatz abfahren

Man kann im Gegensatz zum Bisherigen auch mit der Absicht abfahren, bewußt viel Aufwand betreiben zu wollen. Man wird dann z. B. von oben bis unten kurzschwingen ... oder ständig in gehockter Position bleiben ... oder immer wieder auf hohes Tempo achten. Auch dies macht Sinn, wenn man etwa an Jugendliche denkt, die nur so »vor Kraft strotzen« und in ihrem Bewegungsdrang kaum zu bändigen sind.
Unter solcher Absicht kann es auch sinnvoll sein, so abzufahren, daß man möglichst viele Buckel und Kanten sucht, um sie zum Abspringen zu benutzen, oder daß man in enge und steile Rinnen einfährt, um mit bremsendem Kurzschwung sich (oder anderen) zu demonstrieren, daß man genügend Kraft hat, schwierige Fahrprobleme zu meistern.

Aufwand und Einsatz variieren

Wer Kontraste liebt, der setzt sich bei der einen Fahrt den hohen Aufwand und bei der nächsten Fahrt die Ökonomie zum Ziel, versucht also, mal so hart und eckig und kantig wie möglich und das andere Mal so weich und rund wie eben möglich zu fahren. Daß man auch hier das passende Gelände, die richtige Spur und nicht jede Schwungform wählen sollte, ist selbstverständlich.
Wie relativ das Gefühl über Aufwand und Einsatz sein kann, das wird einem bei folgender Auf-

gabenstellung klar: Man fahre zu Beginn und am Ende eines mehrtägigen Skiaufenthalts je einmal eine längere Strecke oder gar eine ganze Abfahrt ohne Halt ab und messe unmittelbar am Ende der Abfahrt seinen Puls. Es dürfte für jeden überraschend sein, wie sehr die Werte auseinanderliegen. Dies zeigt, daß man sich während des Aufenthalts den Verhältnissen gut anpassen kann. Es zeigt zugleich aber auch, daß man anfangs durchaus zurückhaltend fahren sollte.

Bewegungsrhythmus erkennen und variieren

Wahrscheinlich denkt man unaufgefordert nicht darüber nach, daß jede, auch die skiläuferische Bewegung, einen gewissen Rhythmus hat. Denn wie beim Gehen, so bildet sich in aller Regel auch beim Schwingen für jeden Skiläufer ein individuelles Verhältnis zwischen Spannung und Entspannung und damit auch eine ganz bestimmte Zeitfolge zwischen den einzelnen Bewegungsabschnitten, also ein persönlicher Bewegungsrhythmus, heraus. Es ist eine höchst interessante und abwechslungsreiche Angelegenheit, sich beim Skifahren erst das Erkennen und dann Variieren des Bewegungsrhythmus zum Ziel zu setzen.

Erste Rhythmuserfahrungen

Erfahrungen mit dem Bewegungsrhythmus lassen sich schon bei den ersten Richtungsänderungen sammeln: wenn die Ski – wie beim Pflugbogenfahren – wechselweise nach außen gedrückt oder nacheinander belastet werden, dann ist Rhythmusbildung bereits in Anfängen empfindbar: das Drücken bzw. Belasten des einen Beins wird akzentuiert, also mit besonderer Spannung ausgeführt, und beim Wechsel vom einen Bein zum andern wird auf Entspannung geachtet.
Ebenso lassen sich auch Erfahrungen mit der Gleichmäßigkeit der Bewegungsfolge schon beim Pflugbogendrehen machen. Dort handelt es sich ja um eine sich wiederholende Bewegungsfolge, also kann auf die Gleichmäßigkeit ihrer Abfolge geachtet werden: je gleichmäßiger der Wechsel der Pflugbögen eingehalten wird, desto besser ist die Rhythmisierung gelungen und – das werden alle dankbar feststellen – desto leichter läßt sich auch die Bewegungsaufgabe lösen.
Sehr gute Rhythmuserfahrungen bringt ferner das Fahren einer »Hanggirlande«. Aus der Schrägfahrt wird über ein im Hochgehen ausgeführtes Pflugbogenfahren möglichst entspannt bis fast zur Fallinie eingefahren, um dann spannungsvoll, durch Tiefgehen akzentuiert, mit einem Schwung bergwärts wieder von der Fallinie weg zu fahren und um danach dieselbe Abfolge noch möglichst oft fortzusetzen. Dabei empfiehlt es sich, die Rhythmisierung durch Worte wie »Hoch – Tief«, besser noch durch Wortdehnungen wie »Ho-o-o-ch – Tief«, aber auch durch Atemtechniken zu begleiten, also z. B. beim Hochgehen langsam und ruhig einatmen und beim Tiefgehen kräftig und schnell ausatmen.

Erste Veränderungen des Rhythmus

Bereits bei diesen einfachen Fahrformen kann mit Rhythmusvariationen, also mit der Veränderung von Spannung und Entspannung und der Veränderung von bislang benutzten Zeitabfolgen begonnen werden:
So kann z. B. das Tiefgehen bei der Hanggirlande noch stärker akzentuiert und damit in seiner Zeitdauer verkürzt werden.
Oder es kann eine Pflugbogenfolge so gefahren werden, daß bei zwei Bögen sehr akzentuiert, bei den nachfolgenden zwei Bögen dagegen weniger akzentuiert gedreht wird. Als Wortfolge bietet sich hier an:
hop – hop – ho-op – ho-op –
hop – hop – ho-op – ho-op – . . .

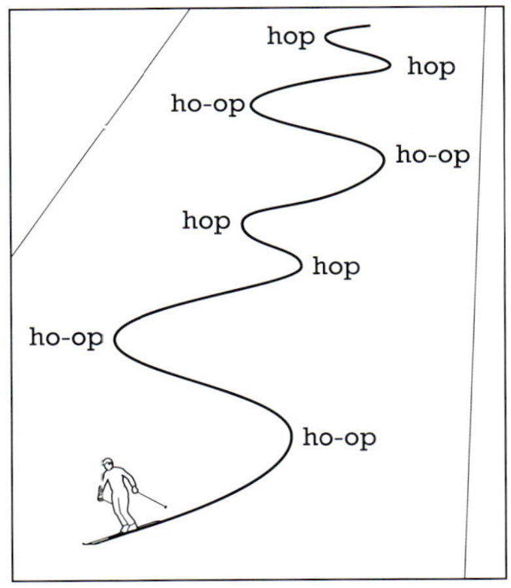

Rhythmusveränderung

Rhythmus ins Schwingen bringen

Wie sieht es mit der Rhythmisierung und den Rhythmusvariationen beim fortgeschrittenen Fahren, beim Schwingen aus?
Rhythmusstabilität anstreben: Besonders naheliegend ist das Erfahren des Rhythmusgefühls beim Kurzschwingen. Zunächst ist zu erkunden, ob man das Kurzschwingen überhaupt so gut kann, daß die selbstgewählte Zeitabfolge an keiner Stelle gedehnt oder verkürzt oder gar unterbrochen wird, ob man also einen stabilen Bewegungsrhythmus fahren kann. Das ist bei guten Schneeverhältnissen und leichter Piste nicht so schwieirg, daher übe man zunächst unter diesen Bedingungen.
Man erhöht die Ansprüche und Anforderungen, wenn man zu schwierigerem Schnee und Gelände wechselt oder wenn man in flachem Gelände beginnt und dann in steilem

Gelände unter Beibehaltung des gleichen Rhythmus weiterschwingen will.

Rhythmusstabilität

Den eigenen Rhythmus auf andere abstimmen

Den eigenen Rhythmus auf andere abstimmen: Der nächste Schritt zur Vertiefung der Erfahrung des Rhythmus ergibt sich bei der Konfrontation des eigenen Rhythmus mit dem anderer Skifahrer.
Man stelle sich daher die Aufgabe, mit anderen synchron kurzzuschwingen. In aller Regel zwingt dies einen, die Betonung von Spannung und Entspannung und das Zeitverhältnis von Druck machen und Druck auflösen etwas zu verändern, um mithalten zu können.
Rhythmus verändern: Die Meisterklasse, das freie Variieren des Rhythmus, fängt schließlich dann an, wenn man nicht mehr nur bei einem Rhythmus bleibt. Zwei Möglichkeiten bieten sich an:

■ Die eine Möglichkeit steckt im sogenannten asymmetrischen Schwingen. Dieses geht davon aus, daß man nicht zu jeder Seite den gleichen Schwung fährt und daher auch nicht notwendig links und rechts im gleichen Rhythmus ist. Auf Seite 139 wird in diesem Kapitel darauf noch besonders eingegangen.

- Man versuche z. B., nach links einen Kurzschwung und nach rechts einen Schwung mit mittlerem Radius zu fahren.
- Oder man versuche, nach links ein Schwingen mit Tiefgehen und nach rechts ein Schwingen mit Hochgehen auszuführen.

Bewegungsabläufe dieser Art wiederholen sich erst nach zwei Schwüngen. Daher ist es sinnvoll, von »Doppelschwüngen« zu sprechen. Wählt man bei den Doppelschwüngen stets die Kombination von Hoch- und Tiefschwingen, dann ähnelt – vor allem dann, wenn eine Gruppe so fährt – das äußere Bild der La-Ola-Welle, weshalb wir auch kurz von La-Ola-Schwüngen sprechen werden.

- Man kann die La-Ola-Schwünge zur Rhythmusbetonung sehr gut mit Worten begleiten. So empfiehlt sich beispielsweise: Tief – ho-och – tief – ho-och –...
  oder auch: kurz – la-ang – kurz – la-ang –...

Rhythmusveränderungen

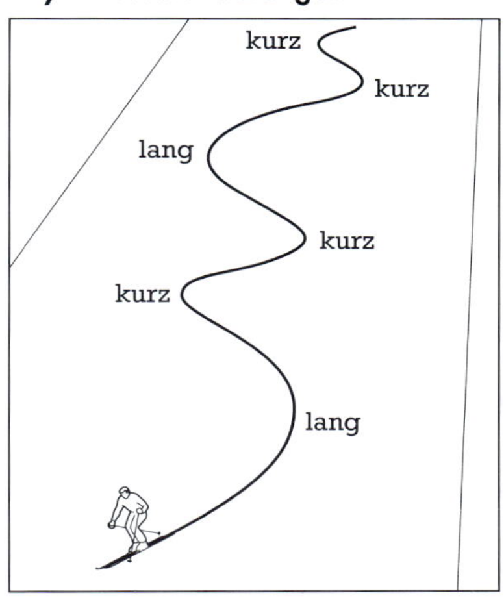

- Die zweite Möglichkeit der freien Rhythmusvariation entsteht, wenn die Folge von Schwüngen variiert wird, wenn also z. B. erst nach zwei gleichen Schwüngen die Schwungausführung geändert wird. Das ergibt sich z. B. bei der Folge: Zwei Kurzschwünge, ein Schwung mit mittlerem Radius, zwei Kurzschwünge, ein Schwung mit mittlerem Radius, usw.

Ebenso kann man aber auch mit dem Rhythmus spielen, wenn man Schwungfolgen mit Pausen verknüpft. Eine relativ eingehende Rhythmisierung dieser Art ist es, nach drei Kurzschwüngen eine Pause (von der Dauer eines Kurzschwungs) einzulegen, etwa nach der Folge: 1-2-3-nichts, 1-2-3-nichts, usw.

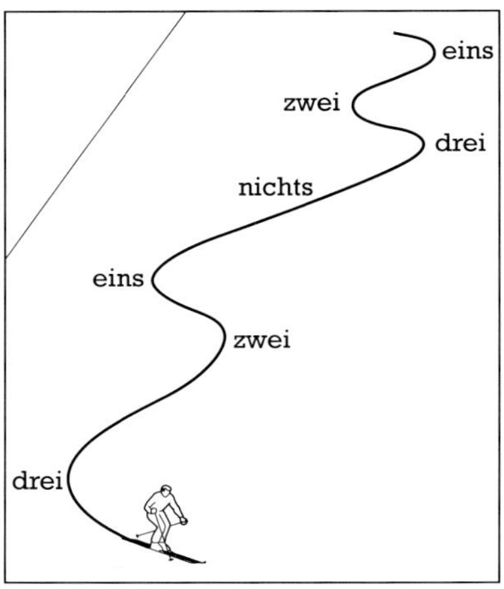

Rhythmusveränderung

– Wenn man diese Variante in Sprache oder Ton umsetzt, dann erkennt man eine besonders gängige Rhythmisierung: den 4/4 Takt. Hier dürfte es vielen leicht fallen, auch sehr schnell passende Verse zur Begleitung zu finden: Hier – auf – Sto-os,
ist – was – lo-os,
je – der – schwi-ingt,
wie – er – si-ingt.

Spurpläne erstellen und variieren

Von skilaufenden Kindern kennt man ein beliebtes Verhalten: es wird einmal eine Abfahrtsroute über Buckel und Hangkanten und durch Mulden hindurch festgelegt und dann wird diese fünfmal, zehnmal und manchmal die ganze Woche immer wieder abgefahren. In der Wiederholung des Gleichartigen, das meist dann doch nicht ganz gleichartig ausfällt, liegt für Kinder der besondere Reiz. Bei Älteren scheint genau das Gegenteil besonders reizvoll zu sein. Ständig hat man Neues anzubieten.

Beim Abfahren im Skilauf kann man solchen Wünschen leicht nachkommen, indem man immer wieder neue Abfahrtsrouten (Spurpläne) erkundet und anbietet. Variantenreich fahren heißt dann auch: Spurpläne ganz genau überlegen und auch immer wieder neu entwerfen oder zumindest modifizieren.

- Rinnen eignen sich gut, um auf ihrer Sohle mit kurzen Schwüngen entlangzufahren. Sie lassen sich mit besonderem Reiz aber auch so abfahren, daß man im Wechsel auf ihre seitlichen Ränder auffährt, um sich dann wie auf einer Achterbahn wieder zur Sohle abtreiben zu lassen.
- Ziehwege und Trassen eignen sich gut, um vom einen Hangstück zum anderen wechseln zu können.
- Welliges und kupiertes Gelände lädt ein, um jeweils über die Wellen oder Kuppen hinweg in die Kurve hineinzusteuern.
- Dasselbe Gelände kann aber auch interessant sein, um die Wellen und Kuppen zu umfahren und ihnen so jeweils aus dem Wege zu gehen.
- Steine und Felsblöcke sind zwar in der Regel ärgerliche Hindernisse. Man kann sie aber auch positiv sehen und sie als »Wegweiser« benutzen, um eine mehr oder weniger natürlich markierte Fahrtroute (um sie herum und an ihnen vorbei) zu gewinnen.
- Gegenhügel können genutzt werden, um auszutesten, wie schnell man fahren kann bzw. wie weit man auf den Hügel hinauffahren kann.
- Und es kann durchaus auch spannend sein, das eine oder andere Hangstück mit der Gruppe selbst zu präparieren, um ein »eigenes« Pistenstück zu gewinnen, von dem man sich einen besonders reizvollen Routenverlauf verspricht.

Dabei ist selbstverständlich mit entsprechender Vorsicht vorzugehen: Lawinengefährliche Passagen müssen vermieden werden; das ist eine Selbstverständlichkeit. Und wenn Kuppen oder Kanten in die Abfahrtsroute einbezogen werden, um Sprünge einbauen zu können, dann ist es ebenfalls eine Selbstverständlichkeit, daß Beobachter aufgestellt werden, die mit deutlichen Zeichen oder Rufen »freie Bahn« signalisieren.

Haltungs- und Bewegungsmuster von anderen erkennen und erproben

Wer nicht nur mit sich selbst beschäftigt sein will, der kann sich der Vielfalt skiläuferischer Aktivitäten auch noch dadurch nähern, daß er das Typische, das Besondere, das Auffallende im Fahrverhalten von anderen Skifahrern zu erkennen und nachzuvollziehen sucht. Sehr häufig behaupten Skifahrer, daß sie den xy oder die yz an ihrer Fahrweise schon von weitem erkennen würden. Woran liegt das? Es ist höchst interessant, sich nicht nur um das Erkennen, sondern auch um das Nachvollziehen zu kümmern. Ist es eine besondere Armhaltung, ein

eigenwilliger Stockeinsatz, eine ausgeprägte Oberkörperhaltung oder vielleicht auch nur eine spezifische Kopfbewegung, die das Typische ausmacht? Man wird es ausprobieren und sich von anderen beurteilen lassen, wie gut die Imitation gelungen ist.

Variieren der Bewegungsformen

Vorhandene Bewegungsmuster erschweren und variieren

Wer mit dem Skifahren schon ganz gut vertraut ist, der kann es sich erlauben, auch einmal über das Gewohnte hinauszugehen. Wie geht das? Eine erste Möglichkeit besteht darin, daß man sich mit den vorhandenen Bewegungsmustern neue, schwierigere Aufgaben stellt. Jede solche Aufgabe ist dann eine Herausforderung, der man sich stellt, um in der Auseinandersetzung mit dieser Aufgabe Befriedigung zu finden. Wie jeder Sport schlechthin, so ist auch das Ausprobieren schwierigerer Aufgaben im Skifahren keine zwingende Notwendigkeit. Es bietet aber Gelegenheit, am eigenen Können Spaß zu haben.

Welche Aufgaben können das sein?

- ❑ ***Schwingen auf dem Innenski:*** *Fährt man die Kurve so, daß spätestens ab der Fallinie das ganze Gewicht auf dem Innenski liegt, dann kann man von einem Innenskischwung sprechen. So zu fahren, ist in der Regel nicht notwendig. Es macht aber sehr viel Spaß, wenn man merkt, wie man die*

Was ist typisch für jeden der drei Fahrer?

dabei vorhandenen nicht geringen Gleichgewichtsprobleme nach und nach in den Griff bekommen kann.
Die Schwierigkeit läßt sich steigern, wenn man gleich von Anfang an (und nicht erst nach der Fallinie), auf den Innenski geht.

Schwingen auf dem Innenski

Kurzschwingen mit schnellendem Umsteigen

- ***Schwingen auf einem Bein:*** *Sehr viel Konzentration und Koordination erfordert es, wenn man über mehrere Schwünge hinweg versucht, nur ein Bein zum Schwingen zu benutzen. Insbesondere dem Wechsel vom Außenskischwung zum Innenskischwung ist große Aufmerksamkeit zu widmen. Stockunterstützung ist nützlich, sie kann aber die präzise Einnahme und Einhaltung der Kurvenlage nicht vollständig ersetzen.*
- ***Kurzschwingen mit schnellendem Umsteigen:*** *Kurzschwünge kann man durch ein »Schrittspringen« einleiten. Diese Ausführung ist in den früheren Skilehrplänen als Umsteigen mit schnellendem Abstoß bezeichnet worden. Man beginnt diesen Schwung, indem man vom Talski abdrückend mit dem Bergski seit-aufwärts in die Kurve hineinspringt, ehe dann der neue Innenski nachgeholt und die Kurve wie beim normalen Schwingen ausgefahren wird.*
  Auch diese Schwungform ist keine Form, die man unbedingt können muß. Sie ist aber eine Herausforderung, der man sich stellen kann und die an der einen oder anderen Stelle auch ganz brauchbar ist.
- ***Kurzschwünge mit Sprung von Innenski zu Innenski (Charleston-Schwünge):*** *In der Benennung steckt bereits die Art der Aufgabenstellung. Man fährt Innenskischwünge, und muß den Schwungwechsel durch Springen auf den neuen Innenski erreichen. Wenn dabei sehr kurz geschwungen wird, dann gleicht das äußere Bild des Skifahrers dem des Charleston-Tänzers (wobei der Bewegungsrhythmus beim Skifahrer allerdings sehr viel langsamer ist).*

Charleston-Schwünge

- ***Kurzschwünge mit Sprung vom Außenski auf den Innenski (Step-Schwünge):*** *Man kann die im Charleston schon steckende Herausforde-*

rung auch noch variieren. Man kann so schwingen, daß man vom Außenski abspringt und wieder auf diesem Ski zu landen kommt, nur muß dieser Ski jetzt bereits der neue Innenski sein. Kurz nach der Landung wird der andere Ski (als Außenski) abgesetzt, belastet und zum Absprung für den nächsten Schwung benutzt.
Auch bei den beiden letzten Schwungformen sei noch einmal daran erinnert, daß man sie nicht notwendig können muß. Ihre Aneignung ist jedoch Ausdruck für spielerischen Umgang mit dem Ski auf hohem Könnensniveau.

Schwingen mit Asymmetrien: La-Ola-Schwingen

Die bisherigen Variationen ergaben sich durch Zusatzaufgaben, die sich aus dem Modifizieren des Belastungswechsels von Schwung zu Schwung ergaben. Wie gesagt: in ihrer Aufgabenstellung steckte keine Notwendigkeit. Niemand muß einen solchen Schwung fahren. Um Richtungen zu ändern und gezielt abzufahren, muß man diese Bewegungsmuster nicht auswählen. Man kann sie aber (freiwillig im Sinne einer persönlichen Herausforderung) so probieren.
In gleicher Weise gilt dies für das asymmetrische Schwingen. Man muß so nicht schwingen. Man kann aber in ihm eine große Herausforderung sehen. Was ist unter asymmetrisch fahren zu verstehen? Ganz einfach ausgedrückt: Der linke Schwung ist nicht das Spiegelbild des rechten Schwungs; links wird etwas anderes gemacht als rechts. Symmetrie liegt nicht wie beim Schwingen in der bisherigen Form von Schwung zu Schwung vor. Sie ergibt sich jetzt erst nach zwei Schwüngen. Daher kann man die asymmetrischen Schwünge auch als Doppelschwünge bezeichnen. Das wichtigste Beispiel: das La-Ola-Schwingen
Beim La-Ola-Schwingen wird – grob gekennzeichnet – die eine Hälfte des Doppelschwungs im Hochgehen und die zweite Hälfte im Tiefgehen ausgeführt (also nicht wie bei zwei »normalen« Schwüngen zweimal hoch- und zweimal tiefgegangen).
In einer großen Gruppe synchron gefahren ähnelt dieser Bewegungsablauf der berühmten La Ola, daher die Benennung.
Weitere asymmetrische Schwünge:
- Den Schwung nach links als Kurzschwung anlegen, den Schwung nach rechts mit größerem Radius fahren.
- Den Schwung nach links als Parallelen Grundschwung, den Schwung nach rechts aber nur auf dem Innenski fahren.

Asymmetrie gestalten

Was bisher geschildert wurde, waren asymmetrische Schwünge, die mehr oder weniger ohne besonderen Übergang aneinandergereiht wurden. Das ist für den Anfang ganz gut und zur Gewöhnung an die neue Fahrweise auch sinnvoll.
Als echte Herausforderung zeigt sich das asymmetrische Fahren aber erst dann, wenn der Schwungwechsel, der Übergang vom einen in den nächsten (völlig anderen) Schwung »makellos« ausgeführt werden soll. D. h., **es soll der voraus-**

La-Ola-Schwingen

gehende Schwung so geformt werden, daß er zugleich den Auftakt für den nachfolgenden Schwung beinhaltet. Es darf also nicht der eine Schwung erst fertiggefahren und dann mit dem nächsten neu begonnen werden. Es muß zur Verschmelzung der beiden ungleichen Schwünge kommen. Im Fahren-Können dieser echten Verschmelzung liegt nun die Herausforderung. Die Asymmetrie muß gestaltet werden.

Welche Aufgabenbeispiele gibt es hierzu?

- ***Hoch- und Tiefschwingen verschmelzen:*** *Um das schon beschriebene La-Ola-Schwingen richtig verschmelzen zu können, muß der Beginn des Tiefgehens in der zweiten Hälfte des Hochschwingens gegenüber dem Tiefgehen beim Parallelen Grundschwingen wesentlich verzögert werden. Man muß also länger, bis weit über die Fallinie hinaus, in hoher Körperstellung bleiben und soll das nachfolgende Tiefgehen dementsprechend auch weit über den Schwungwechsel hinausziehen und dieses erst nach Überfahren der Fallinie im neuen Schwung zum erneuten Hochgehen überleiten. Insbesondere darf keine Pause dort eingefügt werden, wo man beim symmetrischen Schwingen zum nächsten Schwung übergeht.*
- ***Tief- und hochgehen verschmelzen, dabei das Hochgehen mit einem Scherschritt bergwärts verbinden:*** *Das Aufrichten aus dem tiefen Schwingen auf der einen Seite zum hohen Schwingen auf der anderen Seite kann man sehr gut in der Form eines Scherschritts bergwärts ausführen. Nach dem Schritt auf das Bergbein ist der Körper ganz aufgerichtet, das Abstoßbein wird in weiterhin aufrechter Körperhaltung nachgeholt, dabei wechselt der Körper die Kurvenlage, und dann beginnt das Weiterschwingen mit Tiefgehen. Dieses wird wieder über den Schwungwechsel hinaus in eine möglichst tiefe Position hinein ausgeführt. Danach beginnt man wieder mit dem Schritt bergwärts.*
- ***Das Hochgehen beim La-Ola-Schwingen bis zu einem Absprung dynamisieren:*** *Den im Tiefgehen gefahrenen Schwung nach rechts kann man auch zu einem Auftaktschwung für einen mit Absprung begonnenen Schwung nach links umgestalten. Bei dieser Verbindung ist Asymmetrie und richtige Phasenverschmelzung schon in der Aufgabe selbst enthalten. Der eine Schwung dient direkt als vorbereitender Auftakt für den mit Absprung (also »fliegend«) begonnenen zweiten Schwung; er muß daher kurz und dynamisch gefahren werden. Beide zusammen ergeben erst dann das gesamte Doppelschwunggebilde.*
- ***In den Innenskischwung hinein springen:*** *Die eben gestellte Aufgabe läßt sich noch abändern. Der Sprung in den zweiten Schwung kann so ausgeführt werden, daß nach ihm auf dem Innenski gelandet und ein Schwung auf dem Innenski angefügt wird. Man springt also mit einem Auftaktschwung in den Schwung auf dem Innenski hinein. Der Doppelschwung besteht somit aus einem kurzen, in tiefer Position gefahrenen Auftaktschwung und einem eingesprungenen Schwung auf dem Innenski in hoher Körperposition.*

Wissenswertes für Skischüler

Es mag sein, daß für viele Skischüler das erfolgreiche Bewältigen der alpinen Gelände- und Schneesituationen das einzige erstrebenswerte Ziel ist. Aber was in anderen Lebensbereichen gilt, dürfte auch beim Skifahren zutreffen: Hat man einmal den Eindruck, daß man das gesetzte Ziel erreichen kann, dann entsteht auch schon das Interesse an etwas Neuem. Wenn man in dieser Phase Hinweise erhält, was im Skifahren auch noch alles möglich ist, dann braucht man sich keine Sorgen über die weitere Gestaltung der zukünftigen Skiausfahrten zu machen.
Allerdings: zum Thema »formen- und variatenreich fahren« gehört dazu, daß man als Schüler zu jenem Typ gehört, der sich herausfordern läßt, der sich also auch an Vorhaben wagt, bei denen er unter Umständen scheitern kann.
Ob man ein solcher Typ ist, das weiß man manchmal gar nicht. Das wird einem vielleicht erst dann (positiv) bewußt, wenn man sich in eine Skigruppe begibt, für die die unterschiedlichsten Herausforderungen zum Skifahren gehören und für die es auch dazugehört, daß man nicht alles können, aber doch vieles probieren kann. Es empiehlt sich daher, nicht immer nur in seinem gewohnten Bekanntenkreis skizufahren (und sein Schwünge immer nur dort zu machen, wo man sie schon jahrelang gemacht hat). Man sollte Kontakt mit anderen knüpfen und sich neue Impulse von Skilehrern und Skischulen geben lassen, auch wenn auf Anhieb nicht alles so gelingen will.
Das Schöne am Skifahren ist, daß mit großer Zuverlässigkeit für jeden immer wieder Formen oder Varianten auftauchen, deretwegen es sich lohnt, etwas Mühe und die übliche Frustration bei den ersten Lernversuchen in Kauf zu nehmen. Wenn sich später dann der Erfolg einstellt, ist die Freude groß und

das Selbstbewußtsein darf berechtigt zunehmen. »Diesesmal habe ich doch wieder etwas Neues gelernt«, das ist eine Feststellung, die einen möglichst lebenslang begleiten soll.

Wissenswertes für Skilehrer

Das Thema »formen- und variantenreich fahren« ist für den Skilehrer das, was für den Zauberer die Trickkiste ist: Immer wieder läßt sich eine Form oder Variante aus der »Schwungkiste« holen, die Bewunderung und Begeisterung hervorrufen kann. Ein Unterschied ist allerdings wichtig. Mit den Sachen aus der Schwungkiste kann nicht nur der Skilehrer umgehen, sie sind immer auch für die Skischüler gedacht.
Ob man nun den Skikurs mit neuen Formen auflockern will, ob man mit seiner Skikursgruppe anderen etwas zeigen will oder ob man den einzelnen Kursteilnehmern neue Aufgaben stellen will, stets bietet das Skifahren in seinem Formenreichtum entsprechende Möglichkeiten.
Auf das asymmetrische Fahren lege man insofern besondere Aufmerksamkeit, als es anfangs durchaus zu Verwirrung führen kann: was bislang üblich war, muß jetzt fast vollständig anders gestaltet werden. Nach dem Aufrichten auf der Seite des Hochschwingens geht man nicht sofort wieder zurück in die Mittelstellung, sondern bleibt bis kurz vor Schwungende in sehr aufrechter Stellung. Denn nur dann gelingt das Schwingen im Tiefgehen auf der anderen Seite ohne eigene Auftaktbewegung, in direktem Übergang also.
Besonderen Wert kann man als Skilehrer im Bereich des formen- und variantenreichen Fahrens auf individuelle Vorgaben legen. Es wird so sein, daß dieser Schüler diese Form und jene Schülerin eine andere Form leicht und schnell lernen oder besonders gut ausführen kann. Das gibt Gelegenheit, die einzelnen in ihren Besonderheiten jeweils bestätigen zu können.

Wissenswertes für Skischulen

Skischulen sollten großes Interesse haben, ihre Skilehrer intensiv im Bereich des formen- und variantenreichen Fahrens zu schulen. Man wird auf diese Weise das Angebot erweitern können und solche Skischüler ansprechen, die man bislang noch nicht gewinnen konnte.

Synchron- und Formationsfahren

Skifahren ist über Jahrzehnte hinweg fast ausschließlich als Einzelleistung gesehen worden. Man fuhr zwar meist in einer kleinen oder größeren Gruppe, fuhr auch häufig hinter einem anderen her, um dessen Spurverlauf zu nutzen. Trotzdem blieb jede Abfahrt die Leistung eines einzelnen; die Aufmerksamkeit galt vor allem der eigenen Fahrt.

Wirkliches Fahren in und mit einer Gruppe ergibt sich erst mit dem Synchron- und Formationsfahren.

Es lenkt die Aufmerksamkeit weg von der Beobachtung der eigenen Skispur, der eigenen Aktivität, der selbstvollbrachten Leistungen. Es rückt die gemeinsame Leistung, das Zusammen-Fahren, die gegenseitige Abstimmung, das Gefühl, daß »wir« alle zusammen etwas machen, in den Blickpunkt. Und diese gemeinsame Leistung ist es, die fasziniert und auch »ansteckt«: wenn eine Gruppe am Hang mit Formationsfahren beginnt, dann folgen ihr in Kürze auch andere.

Was soll unter Synchronfahren verstanden werden?

Wie etwa beim Synchronschwimmen oder Trampolinturnen so soll auch im Skifahren das Synchronfahren eine Form des Bewegens sein, bei der mehrere zusammen fahren und zwar so, daß sie – einfach ausgedrückt – zur gleichen Zeit die gleichen Aktionen machen.

Was soll unter Formationsfahren verstanden werden?

Von Formationsfahren soll dann gesprochen werden, wenn mehrere gemeinsam so abfahren, daß sie ihrer Abfahrt eine ganz

Synchronfahren

bestimmte, gegenseitig aufeinander ausgerichtete Form geben.
Es ist leicht einzusehen, daß das Synchronfahren im Formationsfahren enthalten ist, daß letzteres aber durchaus sehr viel mehr enthalten kann. Wir werden daher zunächst auf das Synchronfahren eingehen.

Das Synchronfahren

Was kann man beim Skifahren alles synchronisieren? Welche Synchronaufgaben bieten sich an?
Ziel allen Synchronfahrens dürfte für viele das gemeinsam ausgeführte Kurzschwingen sein. Es gibt kaum ein größeres Erlebnis (für Beobachter, wie Fahrer) als das perfekt synchronisierte Kurzschwingen.
Synchronfahren funktioniert aber auch schon bei viel einfacheren Bewegungen. Bereits nach den ersten Erfahrungen auf Ski gibt es immer wieder Möglichkeiten des Synchronisierens, und je früher man sich ans Synchronisieren gewöhnt, desto leichter ist es, später auch bei komplizierteren Fahrten die Gleichförmigkeit einzuhalten.

Synchronfahren mit Fahrformen aus der Grundschule

- *Zusammen schußfahren und gleichzeitig hoch- und tiefgehen.*
- *Zusammen schußfahren und gleichzeitig einen Spurwechsel vornehmen.*

Synchronfahren in der Grundschule

- *Zusammen schußfahren und gleichzeitig in Pflugstellung gehen.*
- *Abfahren und dabei gleichzeitig mit den anderen Kursteilnehmern vom Pflug zum Schußfahren und wieder zum Pflug wechseln.*
- *Synchron pflugbogendrehen.*
- *Synchron pflugschwingen.*
- *Synchrones Paralleles Grundschwingen.*
- *Abfahren und synchron bogentreten bergwärts.*
- *Bei wenig fallendem Gelände Schlittschuhschritte synchronisieren.*

Synchronfahren mit anspruchsvolleren Fahrformen

- *Synchrones Ausgleichsschwingen auf planem (breitem) Gelände.*
- *Synchrones Schwingen bei mittlerem Schwungradius.*
- *Synchrones Kurzschwingen mit betontem Aufrichten.*
- *Synchrones Schwingen mit verzögerter Hochbewegung.*
- *Synchrones Schwingen mit ruhigem Aufrichten und Schritt bergwärts.*
- *Synchrones Schwingen mit Scherschritt bergwärts und betonter Hochbewegung bei der Schrittbewegung.*
- *Synchrones Schwingen mit Scherschritt talwärts.*

Besonderen Eindruck auf Beobachter wie Fahrer machen Synchronfahrten, bei denen asymmetrische Schwünge gefahren werden, bei denen also z. B. auf der linken Seite Schwünge mit Tiefgehen und auf der rechten Seite Schwünge mit Hochgehen gefahren werden.(vgl. S. 139).

- *Synchrone Doppelschwünge: links tief, rechts hoch.*
- *Synchrone Doppelschwünge: links tief, rechts gesprungen hoch.*
- *Synchrone Doppelschwünge: links tief schnell, rechts hoch langsam.*
- *Synchrone Doppelschwünge: links tief, rechts hoch auf dem Innenski.*
- *Synchrone Doppelschwünge: links tief umsteigend, rechts hoch umsteigend.*

Werden diese Schwünge in einer größeren Gruppe gut synchronisiert, dann entsteht der Eindruck einer Welle. Man bezeichnet daher diese Schwünge auch als La-Ola-Schwünge. Der La-Ola-Charakter kommt besonders gut zur Geltung, wenn die Fahrer die Wellenbewegung noch mit Armen unterstützen.

Rhythmusbetontes Synchronschwingen

Bislang war das Synchronfahren vorrangig ausgerichtet auf das gemeinsame, zeitgleiche Fahren von verschiedenen Schwungformen. Es kann auch sehr viel Spaß machen, verschiedene Rhythmen zur Synchronisationsaufgabe zu machen.

- *Synchron in einem von einem Kursteilnehmer vorgegebenen Rhythmus schwingen.*
- *Synchronschwingen mit Rhythmuswechsel, also z. B. zwei Kurzschwünge und dann einen Schwung, der genau so lange dauert, wie die beiden Kurzschwünge zusammen (kurz – kurz – la-ang – kurz – kurz – la-ang).*
- *Synchronschwingen mit eingelegten Schwungpausen, also 3 Kurzschwünge und dann den vierten nicht ausführen, dann wieder 3 Kurzschwünge und den vierten nicht ausführen, usw.*

Wie kann man am besten synchronisieren, was muß man dabei beachten?

Skifahrer sind Menschen, keine Roboter. Synchronisation kommt also nicht zustande, indem alle Teilnehmer einfach miteinander »verschaltet« werden. Die Synchronisation erfordert ein hohes Maß an Koordination. Dieses kann erreicht werden, wenn einige Regeln besonders beachtet werden.

Stets gute und markante Rhythmisierungen zugrundelegen:
Eine Synchronaufgabe sollte (bewußt oder unbewußt) einen sehr einprägsamen, eigenen Rhythmus haben. Dieser muß den Fahrern vorher bekannt und während der Fahrt präsent sein. Vielfach hilft es, wenn alle diesen Rhythmus sich zunächst vorsprechen, dann bei der Fahrt laut mitsprechen oder gar mitsingen oder manchmal auch mit dem Ski mitstampfen oder den Stöcken mitklopfen.

Möglichst homogenes Gelände und gleichartige Beschaffenheit der Piste auswählen:
Besonders schön ist es, wenn man zum Einüben des Synchronfahrens eine Piste wählen kann, die jedem Fahrer die gleichen guten Bedingungen stellt; man muß dann neben dem Synchronisieren nicht auch noch das Gelände beobachten. Wenn das nicht der Fall ist, dann beschränke man sich auf einzelne Stücke einer Piste mit diesen Eigenschaften.
Nach den ersten Erfahrungen wird man aber bald merken, daß – zumindest bei den etwas aktiveren Skifahrern – auch Hangstücke gewählt werden können, die keineswegs nur homogen sind. Solche Bedingungen erfordern allerdings von den Teilnehmern, daß sie ihren Rhythmus dem Gelände aufzwingen können, daß sie also auch dort einen Schwung beginnen können, wo man das aus ökonomischen Gründen vielleicht nicht gemacht hätte.

Die richtige Leitfigur wählen:
Für die meisten kann das Synchronisieren leichter gelingen, wenn sie sich visuell an einer vorne fahrenden Leitfigur orientieren können: Man sieht, was man zu machen hat, und man bekommt zugleich Vertrauen, daß das zu Machende auch tatsächlich machbar ist.
An diese Leitfigur werden beim Synchronfahren allerdings wesentliche Forderungen gestellt und daher sollte eine Gruppe stets genau überlegen, wen sie dafür vorsieht.

- Die Leitfigur sollte sehr rhythmussicher sein. Je besser sie den vorgenommenen Rhythmus einhalten kann, desto geringer ist die Gefahr, daß sie ihre Mitfahrer verwirrt.
- Die Leitfigur sollte ihre Bewegungen übertrieben deutlich ausführen. Je besser sie das kann, desto leichter ist es für die Mitfahrenden, allein durch »peripheres Sehen« das mitzubekommen, was zu machen ist.
- Die Leitfigur muß auch ein gutes Raumgefühl haben. D. h., sie muß die Abfahrt in der Raumausnutzung und im Tempo so anlegen, daß nicht nur sie, sondern auch alle anderen noch genügend Platz haben.
- Sie muß mit sehr viel Geduld die Synchronabfahrt beginnen. Je größer eine Gruppe ist, desto länger wird es dauern, bis alle ihre Gedanken auf die kommende Abfahrt ausgerichtet haben. Daher empfiehlt es sich, erst einmal ein gutes Stück im Pflug anzufahren, und zwar mindestens so lange, bis alle Mitfahrer die Pflugfahrt aufgenommen haben.
- Besondere Bedeutung erhält die Leitfigur auch wieder beim Anhalten. Denn ohne synchrones Anhalten kann sehr schnell ein ärgerliches und durchaus auch gefährliches Chaos entstehen. Wie kann man das Anhalten synchronisieren? Eine besonders attraktive Form ist das »Auszählen«. Kurz vor Ende ruft die Leitfigur unüberhörbar die Zahl drei. Von da ab zählt jeder die Schwünge (rückwärts) mit: zwei – eins und dann kommt der Halteschwung.(Daß man das Rufzeichen und die Anzahl variieren kann, sei nebenbei erwähnt. Dabei ist allerdings zu beachten, daß dies nur bei eingefahrenen Kleingruppen in Frage kommt. Für alle anderen wirkt jede Veränderung nur verwirrend).
- Die Leitfigur muß genau jenen Rhythmus fahren, den alle – auch die weniger guten Fahrer – übernehmen und durchhalten können. In der Regel ist also nicht der Fahrer, der seine Schwünge möglichst schnell wiederholen kann, am besten geeignet. Er würde die Gruppe ganz sicher überfordern.
- Der Skilehrer kann, er sollte aber nicht unbedingt die Rolle der Leitfigur übernehmen, denn da er keine Augen nach hinten hat, kann er die eventuell auftretenden Probleme nicht beobachten.

Richtige Aufstellung wählen:
Synchronfahren gelingt dann besonders gut, wenn man so fährt, daß man seine hinteren Mitfahrer (zeitweise) beobachten kann. Wie geht das? Es empfiehlt sich, im Duo oder Trio nicht hintereinander, sondern nahezu nebeneinander und nur etwas nach hinten versetzt zu fahren. Die Hinteren sehen die Leitfigur dann problemlos. Aber auch diese kann wegen der V-ähnlichen Anordnung beim Schwung nach links die hinteren auf der linken Seite und beim Schwung nach rechts die auf der rechten Seite kurz beobachten.

Richtige Abstände wählen:
Jeder wählt sich anfangs den Abstand zum Mitfahrer, den er zu benötigen glaubt. Synchronfahren erfordert Vertrauen. Vertrauen in die eigene und vor allem auch in die Fahrkunst der anderen. Vertrauen muß wachsen. Es empfiehlt sich daher, anfangs die Abstände so wählen zu lassen, wie jeder einzelne sie zu benötigen glaubt. Mit zunehmender Sicherheit können dann die Abstände verringert werden. Je enger die Synchrongruppe fährt, desto reizvoller wird die gemeinsame Abfahrt.

Sicher anhalten:
Synchronfahren hört erst mit dem gemeinsamen Anhalten auf. Entweder man macht von vornherein aus, daß nur 5 oder 10 Schwünge gefahren werden oder man geht wie oben schon beschrieben vor, also mit einer mit der Leitfigur getroffenen Vereinbarung.

Synchronfahren hat erfreuliche Nebeneffekte

Nicht verschweigen sollte man Effekte, die sich beim Synchronfahren mehr oder weniger nebenher ergeben. Das ist zum einen der Sicherheitseffekt. Je intensiver man das Synchronfahren verfolgt, desto sicherer werden die Teilnehmer im Abschätzen von Abständen, von Geschwindigkeiten und von eigenem Können. Es ist zum zweiten ein Transfereffekt. Mit häufigem Synchronfahren übertragen sich Feinheiten des Fahrens, die anfangs nur der eine oder andere in der Gruppe kann, auch auf alle anderen Mitglieder. Es ist zum dritten der Effekt, daß man seine Aufmerksamkeit nicht mehr nur auf seine eigenen Aktivitäten, sondern vor allem auf die der Mitfahrer richtet und ohne daß man besonders darauf achtet, übt man schließlich beim Synchronfahren noch eifriger als alleine.

Das Formationsfahren

Bislang ist nur darauf geachtet worden, daß man zu zweit, zu dritt oder auch in einer größeren Guppe so fährt, daß alle Aktivitäten synchronisiert werden. Die Gruppe hat aber noch nicht darauf geachtet, daß man am Einnehmen und Wechseln von bestimmten Gruppenformen und Gruppenfiguren viel Spaß haben kann und daß dieses für viele Gruppen auch als eine interessante Herausforderung empfunden wird. Welche Möglichkeiten gibt es? Welche lassen sich besonders empfehlen? Die wichtigsten werden vorgestellt. Andere können noch entwickelt werden.

Formation »Wolke«

Die Wolke: Ordnung im scheinbaren Chaos

Die grundlegende Ordnungsform für das Formationsfahren ist die »Wolke«. Es ist jene Formation, bei der die Mitfahrenden den Abstand zu den anderen gerade so wählen, wie sie ihn zu benötigen glauben. Zunächst mag die Wolke einem chaotisch vorkommen. Fängt nach einigen Versuchen dieses Gebilde aber an, gemeinsam zu schwingen, dann erkennt man erst, welche Stabilität in ihm steckt und welche Sicherheit dem einzelnen in der Wolke gegeben wird. Wie bei richtigen Wolken so wird es auch hier so sein, daß sich das Gebilde mal etwas verdichtet und dann wieder etwas erweitert. Es stört auch nicht, wenn ab und zu mal einer aus der Reihe tanzt; er hat in der Wolke genügend Platz und Zeit, die gemeinsame Aktivität wieder aufzunehmen.

Die Pfeilspitze: Fahren, wie Vögel fliegen

Niemand weiß so recht, warum eine Vogelschar häufig in der Form einer Pfeilspitze fliegt. Wer aber mit einer Gruppe in einer solchen Form abfährt, der spürt, daß hier ein besonderes natürliches Idealbild imitiert wird. Vor allem im Tiefschnee gibt es kaum ein größeres Vergnügen, als pfeilförmig abzufahren. Daß eine solche Form nicht auf Anhieb zu erreichen ist, muß einem klar sein. Deshalb empfiehlt es sich, diese Figur vorher in Kleingruppen auszuprobieren.

Der Pfosten: leichte Orientierung bei maximalem Effekt

Fahren alle Gruppenmitglieder direkt hintereinander, so wirken sie wie ein stabiler Pfosten. Auch diese Gruppenform ist einfach (und wegen ihrer Einfachheit auch besonders beliebt): Man macht genau das, was der Vordermann macht. In der Pfostenformation können allerdings auch Schwierigkeiten stecken. Wer einen ungleich-

Formation »Pfeilspitze«

mäßigen Hang für ihn auswählt, der muß davon ausgehen, daß alle Mitfahrer auch dort, wo Buckel, Kanten und dergleichen nicht gerade zum Schwingen einladen, schwingen können. In der Wolke hat man immer noch ein bißchen Platz, seine Fahrlinie auf das Gelände oder die Schneesituation wenigstens etwas anzupassen. Beim Pfosten-Fahren muß man dagegen der Synchronisation wegen mehr oder weniger blindlings agieren. Dieses Fahren bietet sich daher zunächst eher dort an, wo das Gelände relativ homogen ist und man an jeder Stelle gleich gute Bedingungen für das Schwingen hat. Ebenso sollte man bei der Pfostenformation zunächst nur ganz sichere Schwungformen auswählen.

Der Balken: Macht und Überlegenheit demonstrieren

Wenn alle nebeneinander auf gleicher Höhe (und möglichst dicht beieinander) fahren, dann wirkt die Gruppe wie ein (sperriger) Balken: den anderen Pistenteilnehmern bleibt nur noch die Möglichkeit, an den Rand der Piste zu fahren. Macht und Überlegenheit kann so demonstriert werden. Ob das allerdings sein muß, darüber läßt sich streiten. Die Überlegung lohnt sich, ob man nicht auf diese Figur verzichten kann.

Die Schlange: Immer in der Spur der Vorderen bleiben

Eigentlich muß man die Schlange nur der Vollständigkeit halber erwähnen. Gefahren wird sie seit eh und je. Sie macht den Vordersten zur zentralen Figur, alle anderen versuchen, in der gegebenen Spur zu bleiben.
Vor allem für die Fahrer zeigt die Schlange besonderen Anreiz, wenn man ganz dicht am Vordermann bleibt.

Formation »Schlange«

Formation »Buchstabe A«

Buchstaben, römische Zahlen oder geometrische Formen: Nachdenken und ausprobieren

Es ist keine Frage, daß ein großer Reiz auch darin liegt, sich einen bestimmten Buchstaben auszudenken und diesen in eine fahrende Formation umzusetzen. Das »T« bietet sich fast von alleine an, aber auch das »A«, das »M« oder das »W«. Wie wäre es, wenn man z. B. am Geburtstag von Wiebke ihr zuliebe das »W« vorführt. (Beim Interskikongreß in St. Anton 1991 bildeten alle Mannschaften zum Abschluß noch die Buchstabenfolge S/E/R/V/U/S.)
Ebenso kann man mit römischen Ziffern und einfachen geometrischen Formen umgehen. Die II, III oder X oder das Rechteck, das Quadrat, die Raute, verschiedene gleichmäßige Dreiecke, aber auch Kreise oder kreisähnliche Formen lassen sich mehr oder weniger gut in der Gruppe fahren.
Besonders beeindruckend sind die meisten dieser Formen, wenn sie von einem gegenüberliegenden Hang gefilmt werden können, und man dann am Abend prüfen kann, ob das T, das W oder der Kreis auch erkennbar genug gelungen sind.

Spiegelbildlich fahren

Bislang sind alle Formationen so dargestellt worden, daß die gesamte Gruppe als Ganzheit möglichst immer synchron fährt. Das ist sicherlich jene Möglichkeit, die zu Beginn des Formationsfahrens am sinnvollsten ist. Mit zunehmendem Vertrauen in das Gruppenfahren kann man aber auch neue Aufgaben angehen. Eine erste Aufgabenmenge ergibt sich, wenn man die Gruppe halbiert in eine linke und eine rechte Hälfte und wenn die eine Hälfte beim Fahren zum Spiegelbild der anderen wird: die linke Hälfte schwingt genau dann nach rechts, wenn die rechte nach links schwingt und umgekehrt. Die Aufteilung der Gruppe muß aber nicht unbedingt eine linke und eine rechte Hälfte ergeben. Man kann auch aufteilen in die, die Rot und die, die Weiß im Skianzug haben, usw. Und spiegelbildlich fahren kann man auch in der Pfostenformation (oder in anderen Formen), und zwar dann, wenn der zweite, vierte, sechste, ... Fahrer gegengleich zum ersten, dritten, fünften ... fährt.

Spiegelbildlich fahren

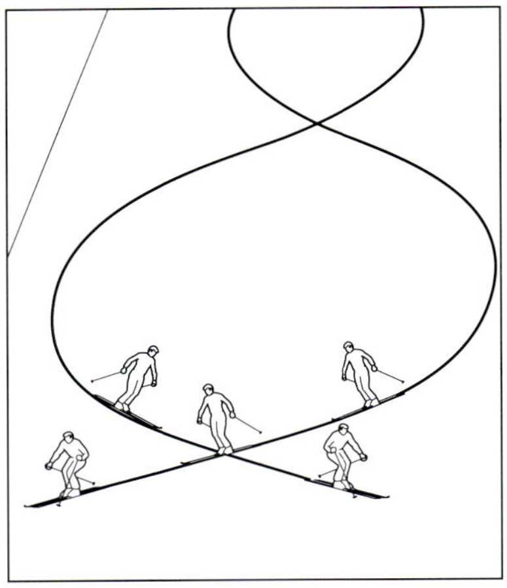

Kreuzen

Eine andere Art von Spiegelbild ergibt sich schließlich, wenn die einen hoch und dann tief, die anderen aber erst tief und dann hoch fahren.

Kreuzen: Formationen mit erhöhtem Risiko

Spannend wird die Gruppenaufteilung besonders dann, wenn mit ihr auch ein Platzwechsel angestrebt wird. Das ergibt sich z. B. beim »Kreuzen«: Die Fahrer der beiden Hälften fahren oder schwingen aufeinander zu, passieren einander, um dann auf der neuen Seite wieder weiterzufahren oder weiterzuschwingen.
Kreuzen in der einfachsten Form sollte man schon beim einfachen Schrägfahren beginnen. Wenn vorher ganz klar abgesprochen wurde, wer durch welche Lücke bzw. wer hinter und wer vor wem zu fahren hat, dann kann dabei nichts schief gehen. Etwas mehr unter Stress gerät man beim Kreuzen mit Schwüngen. Aber auch hier wird alles gut funktionieren, wenn eindeutig festgelegt wird, wer wo auf die andere Seite schwingt.
Volle Aufmerksamkeit wird schließlich verlangt, wenn in zwei Pfosten spiegelbildlich im Kurzschwung gefahren wird und z. B. nach dem dritten Schwung zur anderen Seite gewechselt wird, um dort wieder in Pfostenformation drei Kurzschwünge zu fahren und dann erneut die Seiten zu wechseln.
Nur für sehr gut aufeinander abgestimmte Gruppen kommt schließlich noch das Kreuzen in Schlangenformation in Frage. Die beiden Hälften fahren hierbei jeweils in Schlange aufeinander zu und nutzen die mehr oder weniger kleinen Abstände zwischen den Fahrern, um auf die andere Seite zu wechseln. (Weil dabei ab und zu auch schon mal Kollisionen vorkommen können, sagen die Experten zu dieser Form des Kreuzens ganz einfach »crash«.)

Ordnungen auflösen und (neue) wiederfinden

Eine besonders reizvolle Aufgabe kann man sich als Gruppe stellen, wenn man eine vorgegebene Ordnung – z. B. die T-Formation beim Kurzschwingen – aufgibt und sie in eine Wolke übergehen läßt, um dann wieder eine neue Ordnung zu suchen und etwa in die A-Formation zu wechseln. Wenn der Hang genügend lang ist, dürften dabei bestenfalls konditionelle Probleme auftreten, weil es lange dauern kann, bis alle ihre neue Position gefunden haben. Wenn allerdings nicht sehr viel Raum zur Verfügung steht, dann muß man die nötigen Platzwechsel schon sehr genau aufeinander abstimmen.

Positionen wechseln

Ebenfalls sehr reizvoll für die Beteiligten ist das Wechseln der Positionen während des Formations- oder Synchronfahrens. Es ähnelt sehr dem Radfahren in der Mannschaft. Wer anfangs vorne fährt, muß seitlich rausfahren und sich langsam, aber immer unter Einhaltung des zugrundegelegten Schwungrhythmus hinten wieder anschließen.
Oder auch: wer anfangs hinten fährt, muß seitlich überholen, um vorne dann solange die Führung zu übernehmen, bis der nächste von hinten nach vorne geschwungen ist.
Eine andere Art von Positionswechsel ergibt sich, wenn man eine geometrische Form, also etwa ein Dreieck oder ein Rechteck, wählt und beim Abfahren diese Figur »rotieren« läßt. D. h., wer im Rechteck rechts hinten beginnt, bewegt sich schwingend zunächst nach links hinten, dann nach links vorne, dann nach rechts vorne und schließlich wieder zurück nach rechts hinten. Zeitgleich versetzen auch die anderen ihre Positionen. Solche Positionswechsel bedürfen der genauen Abstimmung unter den Beteiligten. Ihre Wirkung nach außen ist nämlich dann nicht mehr beeindruckend, wenn durch den Wechsel die Figur so stark verzerrt wird, daß sie gar nicht mehr erkennbar ist.

Fahrformen und Bewegungsrhythmen gemeinsam wechseln

Die Außenwirkung ist dagegen wieder besonders groß, wenn

in der Formation die Fahrformen und möglichst auch die Bewegungsrhythmen gemeinsam gewechselt werden. Hierfür empfehlen sich in besonderer Weise die La-Ola-Schwünge, also die Schwünge mit unterschiedlichem Verlauf und unterschiedlicher Ausführung der linken und der rechten Kurve, jedoch mit wohl gestaltetem Schwungübergang. An eine Schar fliegender Fische oder hüpfender Heuschrecken erinnert es z. B., wenn auf der linken Seite ein schneller, im Tiefgehen ausgeführter Schwung als Auftaktschwung gefahren wird, aus dem heraus explosiv hochgesprungen wird, um mit dem Sprung einen (in hoher Körperhaltung gefahrenen) Schwung auf der rechten Seite einzuleiten, von dem aus dann wieder zum schnellen, im Tiefgehen ausgeführten Auftaktschwung auf der linken Seite übergegangen wird, usw.

Die Gruppengestaltung: Höhepunkt allen Synchron- und Formationsfahrens

Ein Höhepunkt besonderer Art ist es, wenn zum Ende eines Skikurses ein Vorführtermin eingerichtet wird, bei dem die verschiedenen Kursgruppen eine ganze Gruppengestaltung, also »ihre« Formation zeigen. Eine solche Gestaltung gewinnt vor allem dann, wenn man sich um Details kümmert, die besonderen Eindruck machen. Solche Details könnten sein:

- **Ein besonderer Auftakt**, indem z. B. alle Kursmitglieder mit einer Seitwärtsrolle auf Ski oder mit einer 1/1-Skiwalzerdrehung beginnen,

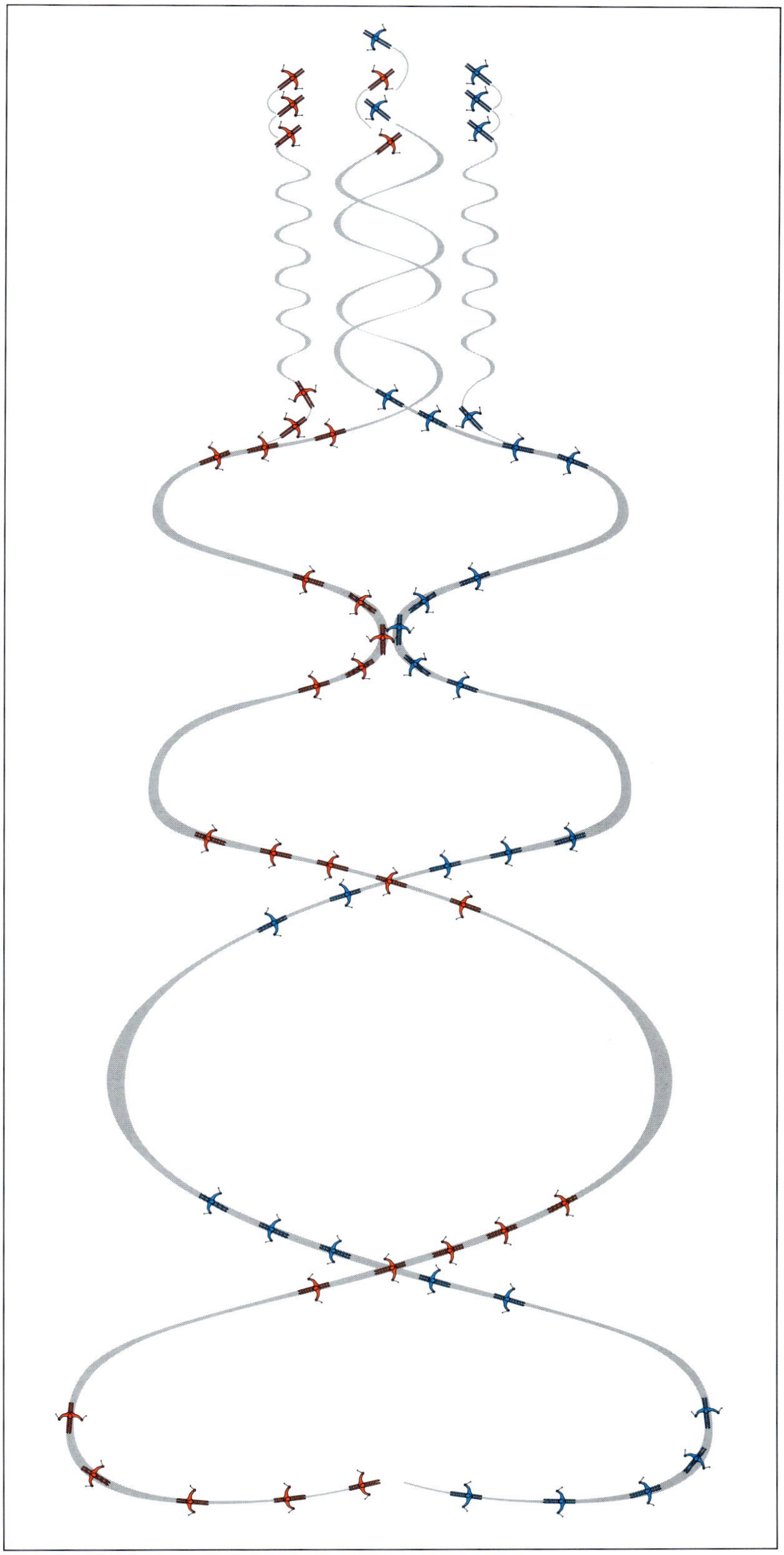

Abschlußformation der Deutschen Demonstration beim Interskikongreß in St. Anton (1991)

- **originelle Schwungformen**, die durch zusätzliche Arm-, Stock- oder Körperbewegung besonders expressiv dargestellt werden,
- **Rhythmuswechsel**, die zur Unterstützung auch laut mitgerufen oder mitgesungen werden oder auch
- **ein einfallsreicher Abschluß**, der das Ganze gewissermaßen noch mit einem Ausrufezeichen versieht.

Wissenswertes für Skilehrer

Den meisten Skilehrern wird das Synchron- und Formationsfahren als das Privileg der nationalen Demonstrationsgruppen bei Skikongressen bekannt sein. Nach wie vor wird man dort auch zukünftig diese Art des Skifahrens bewundern können. Doch ist dies kein Grund, diese spezielle Zielsetzung nicht auch mit einer Kursgruppe anzugehen. Im Gegenteil: Es zeigt sich, daß eine Gruppe durch die gemeinsamen Erfahrungen und Erlebnisse beim Synchron- und Formationsfahren zu dem wird, was eine Gruppe erst ausmacht; zu einer kleinen Gemeinschaft mit gemeinsamer Zielsetzung, bei der sich im Verfolgen dieses Ziels ein »Wir«-Gefühl entwickelt. Man orientiert sich am anderen, man achtet z. B. darauf, daß der Rhythmus gewählt wird, den alle – nicht nur die besten – fahren können, man greift einen Vorschlag auf, probiert ihn, verändert ihn, probiert ihn wieder, usw. Man erlebt, daß man zusammen mehr zustandebringen kann, daß einem in der Gruppe plötzlich Dinge gelingen, die man alleine nicht gewagt hätte und daß manche Fahrformen erst in der Mehrfachausführung wirkungsvoll werden.
Am Anfang wird man als Skilehrer die Rolle der Leitfigur übernehmen. Wichtig ist dabei allerdings, daß man, obwohl man vorne fährt, immer auch mitbekommt, wer an welcher Stelle welche Probleme hat. Und wichtig ist auch, daß man behutsam in das Synchron- und Formationsfahren einführt. Jeder muß soviel Platz bekommen, daß er sich nicht beengt fühlt; »Wolke« und »Pfeilspitze« sind da sicherlich die besten Aufstellungen. Und schließlich ist auch noch wichtig, daß alle mal am Ende fahren können, denn genau dort hat man die beste Position, um die eigene Formation sehen und bewundern zu können.
Als Skilehrer denke man auch noch daran, daß das Synchron- und Formationsfahren schon bei einfachstem Könnenstand aufgegriffen werden kann und daß es keineswegs immer nur aus synchronem Kurzschwingen bestehen muß. Ob man das Pflügen, den Spurwechsel, den Schlittschuhschritt, das Seitrutschen oder den Pflugbogen nimmt, stets gibt es Möglichkeiten, mit Synchronfahrten zu zweit zu beginnen und diese nach und nach zu einer gemeinsamen Formation zu erweitern.
Nur nebenbei sei erwähnt, daß durch das Formationsfahren auch Sicherheit geschult und Selbstvertrauen gestärkt werden kann.
Den Höhepunkt eines jeden Kurses (oder vielleicht auch jeden Kurstages) könnte jeweils eine kleine, gemeinsam gestaltete Formation bilden. Ist sie gelungen, dann werden sich alle – und vielleicht auch die, die sie gesehen haben – freuen. Ist sie nicht so gut gelungen, dann gibt es Stoff zur Diskussion, wie man sie beim nächsten mal noch verbessern kann.

Wissenswertes für Skischulen

Was für die Skikursgruppe gilt, das gilt erst recht für die Skilehrer einer Skischule: Kaum irgendwo anders kann man besser zur Gruppe werden und ein für die Skischule wichtiges »Wir«-Gefühl entwickeln als beim Formationsfahren. Leider ist es noch nicht überall üblich geworden, daß alle Skilehrer einer Skischule, bevor sie zum Unterricht gehen oder wenn sie vom Unterricht kommen oder wenn sie zur Mittagspause gehen, die Zeit nutzen, um durch eine Formation auf ihre Skischule aufmerksam zu machen. Es gibt kaum eine bessere Möglichkeit, in sinnvoller Weise Reklame für das eigene »Produkt« machen zu können.
Viele Bedingungen sprechen für beste Voraussetzungen: Die Skilehrer beherrschen viele Fahrformen, sie kennen ihr Gelände, sie treten in derselben Kleidung auf und sie haben immer auch mal wieder zusammen ein bißchen Zeit, um nach einer ersten auch eine zweite, dritte und vierte Formation einzustudieren.
Eine Skischule könnte auch dafür sorgen, daß bestimmte Pistenstücke vorrangig für das Formationsfahren präpariert und bereitgestellt werden. Das wird auf der einen Seite das Einüben von Formationen insofern erleichtern, als man keine Angst zu haben braucht, daß rasende Individualisten, mit denen man auf Skipisten leider immer mal rechnen muß, den Betrieb durcheinander bringen können. Es wird auf der anderen Seite aber zugleich auch so etwas wie eine kleine Schaubühne des Skilaufs entstehen, auf der gerade diejenigen »auftreten« können, die durch die Skischule dazu in die Lage versetzt worden sind. Welche Werbung könnte besser sein?

Vorbereitung auf das Skifahren

Längst ist es eine allgemeine Übung, im Herbst an einer Skigymnastik teilzunehmen. Es ist dabei unerheblich, ob man sich nun wirklich auf das Skifahren einstimmen will, ober ob man nur aus Überlegungen zur Fitneß an den Trainingstunden teilnimmt. Mehr als in anderen Sportarten ist die Skigymnastik zur »verpflichtenden« Vorbereitung auf die Sportart selbst geworden und mehr als in anderen Sportarten hat sie sich von der Sportart gelöst und verselbständigt. Die Skigymnastik allein reicht jedoch als Übung nicht aus. Ebenso bedeutend ist die körperliche Einstimmung auf den Skitag und die unmittelbare Aufwärmung vor einer Abfahrt z. B. nach einer längeren Liftfahrt.

Vorbereitung auf den Skiwinter (Skigymnastik)

Wie bereits erwähnt, ist die Skigymnastik fester Bestandteil der körperlichen Fitneß geworden. Häufig gilt das Motto: je härter, desto besser, je größer der Muskelkater, desto effizienter und wertvoller die Gymnastik. Dabei geht es auch ganz anders: Langsam die Leistung steigern ohne Muskelkater! Erst im Dezember hat man, wenn man im September beginnt, die Leistungsvoraussetzung für ein intensiveres Training erreicht. Und noch eines: Mit einem einmaligen Training pro Woche kann man kaum eine Leistungssteigerung erzielen. Besser ist es, bei einer kürzeren Gymnastik mitzumachen, dafür aber öfter. Eine einfache Kombination aus Kniebeugen und Liegestütze in der Wohnung ist besser als nichts.
Dort kann man mitmachen:
- Skigymnastik in Skischulen und Vereinen
- Teleskigymnastik am Fernsehen
- Skigymnastische Übungen zuhause

Für die häusliche Durchführung gibt es viele Bücher, aus denen man die entsprechenden Übungen entnehmen kann.

Vorbereitung auf den Skitag

Aufwärmen

Wenn man von Aufwärmen beim Skifahren spricht, dann versteht man im allgemeinen das Aufwärmen am Hang vor der Abfahrt. Dabei ist es so wichtig, Kreislauf und Bewegungsapparat noch in normaler Kleidung – also nicht eingemummt und mit schweren Stiefeln – in Fahrt zu bringen. Man kann auf die gewohnten Übungen aus der Skigymnastik zurückgreifen. Ziel dieses »Aufwärmens« am Morgen eines Skitages ist:
- Anregung des Kreislaufs
- Mobilisation des Bewegungsapparates, d. h. Dehnen und Kräftigen

Die Übungsdauer soll ca. 10 Minuten betragen.

Cool down

Ebenso wenig, wie man an das Aufwärmen vor einem Skitag denkt, erinnert man sich an das Cool-down **nach** einem Skitag. Was heißt Cool down? Übersetzt könnte man sagen: Abkühlen. Cool down bedeutet in der Praxis nichts anderes, als z. B. einseitige Belastungen oder Überlastungen durch eine Funktionsgymnastik zu lindern oder zu beheben, den Körper in eine Ausgleichssituation zu bringen, damit er den Beanspruchungen des nächsten Tages wieder gewachsen ist.
Beim Cool-down greift man am besten auf Stretchingformen (Dehnen) zurück. Beispiele sind bei den Übungssammlungen aufgeführt. Auch beim Cool-down benötigt man eine ca. 10minütige Übungsdauer.

Vorbereitung auf die Abfahrt

Viele Skifahrer machen immer noch den Fehler, daß sie sich nach einer langen Sesselliftfahrt sofort in den Hang stürzen. Nicht selten kommt es zu Stürzen mit Verletzungsfolgen. Das Aufwärmen ist deshalb dringend nötig. Zum einen muß sich der Kreislauf auf die durch die plötzliche Höhenverschiebung veränderten Druckverhältnisse einstellen, zum anderen ist die Muskulatur, die bei großer Kälte schnell auskühlt, funktionsfähig zu halten.
Wichtig ist, daß das Aufwärmen nicht nur vor der ersten Abfahrt durchgeführt wird, sondern

nach jeder längeren Fahrpause. Dabei muß nicht das gesamte Programm wiederholt werden, es genügen dann fünf oder sechs Kniebeugen oder ein paar Dehnübungen.
Übungsdauer: ca. 30 – 60 Sekunden.

Übungen *(Auswahl)*
Herz-Kreislauf:
Ohne Skikleidung:
Joggen, Traben am Ort, Skipping, Springen am Ort (in leichter Schritt- und Grätschstellung) und in der Bewegung, Hampelmann, Laufen am Ort mit Armbewegungen, Spiele.
Mit Skikleidung:
Ohne Ski stampfen im Kreis, mit Ski aufsteigen im Treppenschritt, im Grätenschritt (mit zunehmender Dauer Geschwindigkeit steigern!), Abschlagspiele in der Gruppe, Laufen am Ort (langsam beginnen), Spiele mit Bällen.
Muskulatur:
Dehnen (Stretching):
Voraussetzungen:

1. *Grundsätzlich nur bei aufgewärmter Muskultur durchführen.*
2. *Dehnintensität subjektiv erfühlen (keine Schmerzen)*
3. *Mit Dehnen der Arm- und Beinmuskulatur beginnen, dann Rumpfmuskulatur.*
4. *Weniger bewegliche Körperteile zuerst dehnen.*
5. *Haltezeit 15 – 30 Sekunden.*
6. *Ruhig weiter atmen. (Luft nicht anhalten, »pressen«).*
7. *Nicht federn.*

Übungen (skitypisch):

- ❏ *Hintere Unterschenkelmuskulatur:*
  In mittlerer Schrittstellung (Arme stützen an der Wand oder am Stock) werden das rückwärtige Bein gestreckt und die Arme leicht gebeugt.
- ❏ *Hintere Oberschenkelmuskulatur:*
  Leichte Schrittstellung (halber Fuß), Oberkörper in Vorbeuge, Beine strecken (vor allem das rückgestellte Bein).
- ❏ *Vordere Oberschenkelmuskulatur:*
  Unterschenkel im Stand oder in Bauchlage zum Gesäß ziehen.
- ❏ *Vordere Hüftmuskulatur:*
  Tiefe Schrittstellung: bei rückgestelltem Bein Oberschenkel nach vorne ziehen (nicht federn!).
- ❏ *Bein- und Gesäßmuskulatur:*
  Stand auf einem Bein. Das andere Bein beugen, am Unterschenkel fassen und zum Körper ziehen.
- ❏ *Beinbeugemuskulatur:*
  Stand auf einem Bein, Gegenbein senkrecht vor dem Körper (auf Ski oder Tisch gestützt), beide Beine gestreckt, Oberkörper nach vorne abgestützt.
- ❏ *Seitliche Rumpfmuskulatur:*
  Leichte Grätschstellung, Arme schulterbreit gestreckt oder gestreckt mit Handfassung, Beugen des Oberkörpers nach links und rechts, einige Sekunden in Endposition halten.

Kräftigen:
2 x 10 bis 15 Wiederholungen – Untrainierte
3 x 10 bis 15 Wiederholungen – Trainierte

- ❏ *Beinbeuge- und Beinstreckmuskulatur:*
  In Grätschstellung, Arme stützen in der Hüfte, Beine beugen.
- ❏ *Beinbeuge-, Beinstreck- und Gesäßmuskulatur:*
  Im Stand Kniebeugen bis zur Schußfahrtstellung, dort einige Sekunden verharren.
- ❏ *Armstreck-, Schulter- und Rückenmuskulatur:*
  Liegestütz
- ❏ *Ober- und Unterschenkelmuskulatur:*
  Aus dem Stand beide Beine beugen und Knie wechselseitig nach rechts und links führen, dann Beine wieder strecken.

Diese Übungen stellen nur eine Auswahl für die beim Skilauf wichtigsten Muskelgruppen dar. In der Spezialliteratur sind viele ergänzende Formen zu finden.

Sicherheits- erziehung im Skiunterricht

Die Sicherheitserziehung im Skiunterricht war immer schon ein erklärtes Ziel der Deutschen Skischule. Daran ändert sich auch mit dem neuen Lehrplan nichts. Wir müssen im Skiunterricht die Sicherheitserziehung weiterhin in den Vordergrund stellen. Mehr als bisher ist aber die Erziehung zu einem sicherheitsbewußten Verhalten der Schüler zu betonen, das im Unterricht erlernt und überprüft wird. Zu viele Unfälle fordern uns dazu auf. Wir wollen uns erst zufrieden geben, wenn die Zahl der Unfälle im Skilauf nicht über das normale Risiko (Sturzverletzungen) hinausgeht.
In die Sicherheitserziehung müssen Lehrer und Schüler, aber auch Liftbetreiber und Skischulen in gleicher Weise eingebunden sein. Nur die konzertierte Aktion wird zu besseren Ergebnissen führen.

Sicherheitserziehung in der Skilehrerausbildung

Sicherheitserziehung wird in der Ausbildung von Skilehrern und Übungsleitern nach wie vor wesentlicher Gegenstand sein. Aufstellungsformen, Betriebsformen z. B. mit Haltepunkten, geeigneter Auswahl des Übungsgeländes, Spuranlage, Auswahl des Übungsgutes, Bindungseinstellung u. a. spielen bei der Beurteilung von Lehrversuchen und Lehrproben eine entscheidende Rolle. Doch dies alleine, häufig unter dem Gesichtspunkt Haftung im Skiunterricht mit der Überprüfung der Fahrlässigkeit behandelt, reicht nicht aus. Darüber hinaus muß der Skilehrer lernen, wie er Sicherheitserziehung im Skiunterricht unterrichtsbegleitend oder als alleinigen Gegenstand darstellt. Lehrprobenthemen werden sich deshalb in Zukunft nicht mehr nur auf technische Aspekte beschränken, sondern sicherheitsorientierte Fragestellungen aufgreifen.

Sicherheitserziehung im Skiunterricht

Während die Betriebssicherheit im wesentlichen die Verantwortlichkeit des Skilehrers beim Skiunterricht betrifft, geht es bei der Sicherheitserziehung im Skiunterricht um den Schüler. Der Skischüler muß mit dem Problem vertraut gemacht werden. Dies geschieht in drei Ebenen: Ebene des Wissens, des Könnens und der Einstellung.
Wissen: Hierzu gehören die Kenntnis der von Organisationen (z. B. DSV-Regeln zum Schleppliftfahren, FIS-Regeln u. a.) herausgegebenen Regeln ebenso wie das Wissen über Skipräparierung, Einstellung von Sicherheitsbindungen, Verfahrensweisen beim Aufwärmen. Zum »Wissen« gehört aber auch die Kenntnis über die richtige schnee- und geländeorientierte Anwendung technischer Lösungen. Gerade unter dieser Frage wird sich der Skiunterricht umstellen, er wird sich wegentwickeln von der reinen Technikschulung hin zur Vermittlung der Funktionalität der Fahrformen und Schwungelemente.
Können: Die Kenntnis der Funktionalität der Formen und Elemente ist immer gekoppelt mit der Praxis. Das sichere skiläuferische Können wird vermittelt. In der Deutschen Skischule haben wir für diesen Lernbereich sehr positive Ansätze. Der Sicherheitsparcour oder methodisch orientierte Lernvorschläge wie Beobachten, Agieren, Reagieren sind gute Vorschläge. Vielleicht sind diese Dinge deshalb etwas verlorengegangen, weil sie sich zu sehr verselbständigten. Wir müssen Ausweichen, Notsturz, Stoppschwung u. a. wieder mehr in die Unterrichtspraxis zurückholen.
Einstellung: Einstellungen sind natürlich kaum lehrbar und man kann keine Lehrstrategie aufzeigen, wie man als Lehrer vorgeht. Dazu gehören aber sicher z. B. Beobachtungen von falschem und vor allem richtigem Verhalten auf der Piste oder beim Anstehen am Lift. Auch die unmittelbare Korrektur von eigenem Verhalten des Schülers kann dazu führen, daß der Schüler akzeptiert, daß sein Verhalten unter Umständen falsch war. Tut er dies, so entwickelt sich oft eine sicherheitsorientierte Einstellung.

Methodik der Sicherheitserziehung

Die Psychologie hat wertvolle Vorschläge unterbreitet, wie derartige verhaltensorientierte Schulungen ablaufen sollten. Zwei Vorschläge sind dabei besonders herauszustellen:

1. **Erzeugen von Offenheit,**
2. **Vermitteln von Wissen und Können.**

Für den Skiunterricht bedeutet das, daß sich Sicherheitserziehung nicht auf Regeln oder losgelöste technische Fertigkeiten beschränken darf (wie es immer noch geschieht), sondern daß in der Praxis, also unmittelbar im Skiunterricht draußen am Hang diese Themen behandelt werden müssen.

Umwelterziehung im Skiunterricht

Umwelterziehung im Skiunterricht muß ein wichtiger Bestandteil der Tätigkeit eines Skilehrers und Übungsleiters sein. Weniger deshalb, weil der Skilauf von verschiedenen Seiten als Umweltproblem aufgefaßt wird, vielmehr, weil der Skiunterricht eine gute Plattform darstellt, um zu einem natur- und umweltorientierten Verhalten, das den vernünftigen Ausgleich zwischen den Bedürfnissen des Menschen unserer Zeit und dem Schutz der Natur und Umwelt anstrebt, zu gelangen. Der Skilehrer, der ein besonders ausgewogenes Verhältnis zur Natur hat, d. h. daß er einerseits von seinem Sport begeistert ist, andererseits ihm aber auch die Natur, der Schutz der Natur sehr am Herzen liegt, ist der beste Garant, eine ausgleichende Einstellung zu entwickeln. Nicht umsonst haben die Skilehrer ihre pädagogische Leitlinie festgeschrieben:

Über das Skierlebnis zum Naturerlebnis,
über das Naturerlebnis zum Naturschutz.

Alle Verbände, die mit Skisport und Skiunterricht befaßt sind, haben sich intensiv mit der Problematik auseinandergesetzt und Lösungsmöglichkeiten aufgezeigt. Damit das erklärte Ziel, zwischen Skisport und Natur ein gutes Verhältnis herbeizuführen, auch erreicht werden kann, ist es notwendig, im Skiunterricht diese Thematik aufzuzeigen. Dabei bringt das Theoretisieren wenig. In der Unterrichtspraxis muß der Schüler auf die Probleme hingewiesen werden. Ehrlichkeit, keine Beschönigungen sind gefragt.

Problembereiche zwischen Skisport und Natur

Wenn über Skisport und Natur diskutiert wird, dann kristallisieren sich meist folgende Themen heraus, die im Skiunterricht angesprochen werden müssen:

- Einschränkung des Naturverbrauchs durch Pisten- und Liftbau.
- Überlegte Planung der Besiedelung der Alpenlandschaft und der zur Versorgung notwendigen Infrastruktur (Hotelbauten, Restaurants, Parkplätze u. a.).
- Lösung der Verkehrsproblematik (Belastung des Alpenraumes durch Individualverkehr).
- Vermeidung von Abfall: Entsorgungsprobleme im Alpenraum.
- Schutz von Fauna und Flora.
- Schutz der Einrichtungen der Bergbauern.

Zielsetzung des Unterrichts muß es sein, dem Schüler zu verdeutlichen, daß das Skifahren selbst den rasanten Ausbau von Liften, die Erdplanierungen von Pisten gar nicht benötigt. Der Skifahrer braucht keine »Autobahn«, er braucht keine Liftkapazität, die keine Wartezeit an den Liften mehr bedingt. Es ist eines mittlereweile deutlich geworden: Geringe bzw. keine Wartezeiten an den Liften haben eine flächenmäßige Vergrößerung der Pisten zur Folge. Man muß zu einem ausgewogenen Verhältnis von Lift- und Pistenkapazität kommen. Und eines noch muß klar werden: Das Lift- und Pistenangebot im Alpenraum reicht aus, um das skiläuferische Bedürfnis zu befriedigen. Der Skisport braucht keinen weiteren Ausbau – im Gegenteil: unrentable Lift- und Pistenanlagen sollen abgebaut und renaturiert werden.
Das gleiche gilt für die Infrastruktur im Alpenraum. Auch hier sind Zuwächse nicht mehr notwendig. Kluge Verantwortliche versuchen, Aspekte wie »landschaftsgebundenes Bauen«, autofreie Dörfer, unterirdische Parkplätze u. a. zu verwirklichen. In diesem Zusammenhang ist eine Akzeptanz beim Gast für manche Unannehmlichkeit zu entwickeln, da die Schonung der natürlichen Umgebung Vorrang hat.
Ein großes Problem für den Alpenraum ist der Individualverkehr. Andererseits sind die öffentlichen Verkehrsmittel nicht in dem Maße entwickelt, wie man sie benötigt. Man kann heutzutage noch nicht auf das Auto als Zubringer verzichten. Deshalb sind Lösungen anzustreben, die den Individualverkehr reduzieren. Es sollte selbstverständlich sein, daß man zumindest nicht alleine mit dem Auto zum Skifahren fährt.
Das Angebot an Verpflegungsstationen ist reichlich. Aber man muß wissen: Die Entsorgung von Abfall und Müll ist im sensiblen Alpenraum noch schwieriger als im städtischen Bereich. Mehr als bisher muß sich der Skifahrer vor allem um Müllvermeidung bemühen. Recyclingverfahren sind nur der letzte Ausweg.
Der Schutz von Fauna und Flora muß dem Skisportler im besonderen am Herzen liegen. Nur über eine umfangreiche, nicht reduzierte Fauna und Flora bleibt das Gebirge liebenswert. Fauna und Flora sind gerade jene Bereiche, die der Städter mit Begierde aufsucht, weil er sie in den Häuserschluchten der Städte nicht mehr findet. Es liegt nahe, daß man schützenswerte Bereiche meidet und eine Einstellung gewinnt, daß bei unzureichender Schneeauflage Skilauf nicht möglich ist.
Wer Fauna und Flora schützt, geht auch mit den Einrichtungen der ortsansässigen Bevölkerung schonend um. Weide-

zäune und Almhütten sind wichtige Einrichtungen zur Bewirtschaftung der Almen und sollen nicht beschädigt werden.
Wenn man die Themen, die in den Skiunterricht Eingang finden sollen, betrachtet, wird man feststellen, daß die eingangs formulierte Aussage, der Skilehrer sei Garant für den Ausgleich, nicht unbegründet ist. Er kennt die Problematik. Nur, wie ist das alles im Skiunterricht umzusetzen?

Methodik der Umwelterziehung

Ähnlich wie bei der Sicherheitserziehung ist auch die Behandlung der Naturproblematik zum Unterrichtsgrundsatz zu erheben; dabei ist von der Praxis auszugehen, d. h. vom Skifahren, vom Bewegen mit dem Ski. Ohne Verknüpfung mit der Praxis ist alles Bemühen fragwürdig. Auch in der Umwelterziehung müssen wir vom Erleben der Situation in der Praxis ausgehen. Das Erlebnis wird dann aufgegriffen und besprochen, d. h., es werden die Fakten vermittelt. Nur aus dem Dreiklang Erlebnis, Wissen, Einsicht kann sich eine Verhaltensveränderung entwickeln.
Also:
Erleben + Wissen → Einsicht
Wie sieht das in der Praxis aus?
Beispiel: Individualverkehr – Parkplätze.
Jeder Skifahrer kennt die riesigen Flächen, die um die Liftstationen herum mit Autos vollgestopft werden, und ehrlicherweise stört diese Autolawine jeden Betrachter. Das Auto ist Fremdkörper! Nachdem der Skikursteilnehmer nach dieser Beobachtung ohnehin ein schlechtes Gewissen hat, muß die Problematik von der Kursgruppe aufgegriffen werden. Natürlich nicht übertrieben und tendenziös, sondern realitätsnah, verbunden mit der entsprechenden Information und dem Aufzeigen von praktikablen Lösungsmöglichkeiten! Nur wenige Kursteilnehmer verschließen sich solchen Gesprächen, und die Gesprächsbereitschaft signalisiert eine Offenheit, eigene Einstellungen zu verändern. Vielleicht gelingt es z.B. schon während des Kurses, die Skischüler dazu zu bewegen, mit öffentlichen Verkehrsmitteln zum Übungsgebiet anzufahren.
Das Thema Umwelt- und Naturerziehung in der Unterrichtspraxis ist nicht einfach zu bewältigen, aber es muß Eingang in den Skiunterricht finden, um uns einerseits die skisportliche Betätigung und andererseits eine intakte und damit liebenswerte Natur zu erhalten.

FIS-Regeln

1. Rücksicht auf die anderen Skifahrer
Jeder Skifahrer muß sich so verhalten, daß er keinen anderen gefährdet oder schädigt.

2. Beherrschung der Geschwindigkeit und der Fahrweise
Jeder Skifahrer muß auf Sicht fahren. Er muß seine Geschwindigkeit und seine Fahrweise seinem Können und den Gelände-, Schnee- und Witterungsverhältnissen sowie der Verkehrsdichte anpassen.

3. Wahl der Fahrspur
Der von hinten kommende Skifahrer muß seine Fahrspur so wählen, daß er vor ihm fahrende Skifahrer nicht gefährdet.

4. Überholen
Überholt werden darf von oben oder unten, von rechts oder links, aber immer nur mit einem Abstand, der dem überholten Skifahrer für alle seine Bewegungen genügend Raum läßt.

5. Einfahren und Anfahren
Jeder Skifahrer, der in eine Skiabfahrt einfahren oder nach einem Halt wieder anfahren will, muß sich nach oben und unten vergewissern, daß er dies ohne Gefahr für sich und andere tun kann.

6. Anhalten
Jeder Skifahrer muß es vermeiden, sich ohne Not an engen oder unübersichtlichen Stellen einer Abfahrt aufzuhalten. Ein gestürzter Skifahrer muß eine solche Stelle so schnell wie möglich freimachen.

7. Aufstieg und Abfahrt
Ein Skifahrer, der aufsteigt oder zu Fuß absteigt, muß den Rand der Abfahrt benutzen.

8. Beachten der Zeichen
Jeder Skifahrer muß die Markierung und die Signalisation beachten.

9. Hilfeleistung
Bei Unfällen ist jeder Skifahrer zur Hilfeleistung verpflichtet.

10. Ausweispflicht
Jeder Skifahrer, ob Zeuge oder Beteiligter, ob verantwortlich oder nicht, muß im Falle eines Unfalles seine Personalien angeben.

Stichwortverzeichnis

A
Abfahren
– ökonomisch 120, 133
– mit viel Aufwand 133
Abheben 23
Abschnallen 13
Abspringen 23
Abstoßbein 17
Abstoßski 17
Aktion 31
Andrehen 60, 78, 97
Anhalten 20
Anhocken 79,92,98
Anpflügen 48, 49
Anschnallen 13
Armbewegung 32, 33, 34, 66, 93
Asymmetrie, gestalten 139
Aufrichten 25
– verändern 60, 94
– explosiv 60, 89, 94
– ruhig 61,121
Ausgleichen 81
Ausgleichsschwingen 82
Ausscheren 15, 17, 18, 21
Außenbein, Drehen 33,44,55,56,57,78,82,99
Außenskibelastung 34,44,69,78,121

B
Ballenbelastung 34, 121
Beindrehen (Beindrehbewegung) 33, 39, 40, 44, 55, 56, 57
Beisetzen, Innenski 21, 45
Beidrehen, Innenski 43, 45
Belastung 69, 88, 99
– variable 69, 70, 98, 99
Belastungswechsel 34, 39, 40
Belastungsveränderung 69, 70, 90, 93, 99
Bergstemme 62, 91, 124, 129
Beschleunigung 70
Bewegungsästhetik 128
Bewegungsspielräume 36, 39, 40, 42, 47, 48, 50, 54, 57, 58, 79, 82, 88, 90, 92, 98
Bogentreten 20
Bremsen 20

D
Doppelschwünge 114
Doppelstockschub 15
Drehen
– verändern 99
– des Außenbeines 33, 44, 55, 56, 57, 78, 82, 99
– im Strecken 90, 91
Druckaufbau 70

E
Engstelle 84
Entlastung 60, 69, 99

F
Fahrlinie 103, 104, 105, 106
Fahrposition, hohe 121
Fersenbelastung 34, 121
Formationsfahren 143, 146
Funktion 32, 62, 63, 78, 82, 88, 111, 116, 117
Fußsohlenbelastung 19, 69

G
Gegendrehen 64, 92
Gegenhang 84
Geländekante 84
Gleiten 14, 19, 107
Grätenschritt 17

H
Halbpflug 26
Halbtreppenschritt 17
Hilfsfunktion 61, 62
Hochbewegung 32, 56
Hochgehen, Aufrichten 25
Hochtiefbewegung 40
Hochreißen, der Oberschenkel 92
Hockegleiten, geradeaus 107
Hockegleiten, in Kurven 108

I
Innenskibelastung 121
Individuelle Lösungen 53

K
Kanten 33
Kanteneinsatz, aggressiver 87
Kippen 97
Körperlage 19
Körperstellung 19
Kurvenlage 31, 64, 121
– variieren 64
– kurze Schwünge 65
– lange Schwünge 65
Kurvenlagewechsel 32, 33
Kurvenverlauf,
– situationsangepaßt 68
– variieren 105
Kurzschwingen
– in geduckter Körperstellung mit Anhocken 79, 80
– mit Abschnellen und Ausstemmen 79, 80
– mit Abspringen 78, 79
– mit aggressivem Kanteneinsatz 87, 88
– mit begrenztem Rutschen und Bremsen 113
– mit explosivem Strecken 78, 79
– mit hoher Bremswirkung 77, 78
– mit schnellendem Umsteigen 118, 138
– vom Außenski auf den Innenski 138
– von Innenski zu Innenski 138

L
Langlaufski 27
La-Ola-Schwünge 139
Leitfigur 144
Lernareal 24
Lehrerdemonstration 46
Liftbenützung 31
Liftfahren 22

M
mittlere Position 19, 21, 31, 69, 90, 121, 124
Mittellage 87, 97

N
Nachsetzen 21
Notsturz 21

O
Offene Skistellung 34

P
Paralleles Schwingen 31
Paralleles Grundschwingen 31, 42, 44, 49, 51, 56, 57, 60
aus der Talstemme 62
aus der Bergstemme 62, 123
mit Vorausdrehen 63
mit Gegendrehen 64
mit hoher Bremswirkung 63
Pflug 21, 25
Pflugstellung 21, 25
– Abbau 42
Pflugbogen 25
Pflugdrehen 36, 39, 40, 42
Pflugschwingen 36, 46, 48
Prellen 83

R
Rhythmus 134, 135
Rhythmusstabilität 134
Rollern 14
Rumpfbewegung 34
Rumpfdrehung 63
Rücklage 14, 69, 90, 91, 93

S
Schema 72, 81
Schwingen 31
– auf dem Innenski 137
– auf einem Bein 138
– in selbstgewählter Veränderung 70

– in Zonen 103, 104
– im Tiefschnee, Grundtechnik 97
– im Tiefschnee, Veränderte Grundtechnik 100
– mit Abspringen 90
– mit Asymmetrien 139
– mit Ausgleichen 82
– mit Bergstemme 62, 91, 124, 129
– mit eng begrenztem Rutschen und Bremsen 110, 111
– mit explosivem Aufrichten 94
– mit explosivem Aufrichten in Rücklage 90, 91, 92
– mit explosivem Aufrichten und Vorausdrehen 89, 91
– mit Gegendrehen 64
– mit Hochreißen (Anhocken) der Oberschenkel 92
– mit Rücklage 69
– mit ruhigem Aufrichten 61, 121
– mit Scheren 112
– mit Talstemme 62
– mit Tiefgehen in Rücklage 90
– mit variabler Belastung 69
– mit variablem Kurvenverlauf 68
– mit Vorausdrehen 63, 121
– ohne Hochgehen 112
– schonend 121, 124
Schlittschuhschritt 17
Schrägfahren 26
Schußfahren 19
Schwungansatzpunkt 106
Schwungeinleitung 32
Schwungsteuerung 33, 34
Schwünge verbinden, verschmelzen 67, 98, 140
Schwungwechsel 44
Seitrutschen 26
Selbstbefehle 43
Skistellung
– offene 34, 121
– verändern 62, 90
Ski tragen 15
Spitzkehre 15
Spurpläne, erstellen und variieren 136
Springen 23, 115
Springen in Hocke 115
Spurwahl 70
Stangenzaun 86
Steigen 17, 18
Stockeinsatz 40, 42, 43, 44, 53, 54, 78, 82, 93, 97, 121
Stemmen 21
Stockbewegung 32, 66
Stockfassen 32, 33, 61
Stoppschwung, »Hockey-Stopp« 21, 56
Streckbewegung explosiv 78
Strecken der Beine 82
Synchronfahren 143

T

Talstemme 62
Technikleitbild 31
Teilziele 36
Treppenschritt 17

U

Umkanten 32
Umlasten 69, 98
Umsteigen 15, 21, 69
Umtreten 15

V

Veränderungsmöglichkeiten, einfache 60
Veränderungsmöglichkeiten, komplexe 67
Vertikalbewegung 40
Vorausdrehen 39, 63, 88, 89, 121, 124
Vorausplanung 69
Vorlage 14, 69
Vorspringen 117

W

Wenden 15, 16
Winkelspringen 36, 54, 55

Z

Zumachen, Kurve zumachen 70